Wolfgang Halm · Carolina Ortiz Blasco

kontakte spanisch

Ein Grundkurs für Erwachsene

Max Hueber Verlag

6. 5. 4. | Die letzten Ziffern
1997 96 95 94 93 | bezeichnen Zahl und Jahr des Druckes.
Alle Drucke dieser Auflage können, da unverändert,
nebeneinander benutzt werden.
1. Auflage

Verlagsredaktion: Elisabeth Stiefenhofer, Ismaning
Layout: Bettina Crusius, Wolfratshausen
Umschlaggestaltung: Atelier Stark und Klingshirn, München
Illustrationen: Hermann Kaubisch, Habach
Satz: Fertigsatz GmbH, München
Druck: Allgäuer Zeitungsverlag, Kempten
Printed in Germany
ISBN 3-19-004060-5

Inhalt

Im folgenden Inhaltsverzeichnis sind die Texte sowie die wichtigsten Sprechintentionen, Themen und grammatischen Strukturen aufgeführt, die in den einzelnen Lektionen eingeführt werden.

Texte	Sprechintentionen / Themen	Gramm. Strukturen u. a.	
1 ¿Qué tal? ¿Cómo está Vd.? 2 ¿Qué te pasa? 3 Creo que sí 4 ¿Cuándo va a ir al médico? 5 Para leer 6 Mi niño está malo ⊙ 7 A mí me gusta 8 A mí no me gusta 9 San Fermín ⊙ 10 ¿Dónde vive Vd.? 11 ¿Dónde vives? 12 Números 13 Sobre México ⊙	vom Befinden sprechen nach Ort und Zeit fragen einen Vorschlag machen Notwendigkeit ausdrücken Gefallen / Mißfallen ausdrücken Monate, Jahreszeiten Adresse erfragen / angeben	estoy cansado, -a ¿dónde? – ¿cuándo? ¿por qué no...? tener que + infinitivo a mí (no) me gusta enero... primavera... ¿dónde vive? / calle, plaza, número adjetivos: -o, -a	**4**
1 ¿Ha estado Vd. en el museo? 2 ¿Conoce Vd. Acapulco? 3 ¿Dónde está? 4 España 5 ¿Qué es? 6 ¿Cómo es? ¿Cuántos habitantes tiene? 7 Comprensión auditiva 8 Vd. necesita un coche 9 Abajo los problemas ⊙ 10 El Museo del Prado ⊙ 11 Valencia ⊙	Definitionen erfragen / geben Eigenschaften erfragen / angeben Häufigkeit angeben ausdrücken, was man getan hat Aussagen verstärken erzählen, wo man war, was man kennt	¿qué es? / es + sustantivo ¿cómo es? / es + adjetivo una vez, x veces haber + participio: he, has, ha... muy / mucho he estado en... / conozco... lo / la conozco	**5**

	Texte	Sprechintentionen / Themen	Gramm. Strukturen u. a.
6	1 ¿Quieren Vds. ver las fotos? 2 ¿Quién puede traer fotos? 3 La familia y los amigos 4 Todavía no conozco a tu novia 5 ¿No conoces a mi hermana? 6 Me gustaría presentarlo a mi mujer 7 Crucigrama 8 Los dos trabajan 9 Una carta ⊙	auf Dinge / Personen hinweisen Zustimmung, Anerkennung ausdrücken Besitz, Zugehörigkeit ausdrücken Personen vorstellen eine Möglichkeit ausdrücken Familie	éste, ésta, esto es… éstos, éstas son… ¡qué + adjetivo! mi, tu, su, nuestro… ¿conoce Vd. a…? poder: puedo, puedes, puede… padre, madre, hijos, etc. verlos (infinitivo + pronombre personal)
7	1 ¿Dónde hay una farmacia? 2 ¿Puede Vd. decirme si…? 3 ¿Dónde está el consulado? 4 Estoy buscando un bar 5 ¿Para ir a la estación? 6 ¿Me dices cómo voy? 7 Está haciendo planes 8 Habla Vd. bien 9 ¿De dónde eres? 10 ¿Puede Vd. hablar un poco más despacio? 11 Comprensión auditiva 12 Joaquín ⊙	das Vorhandensein erfragen / angeben Ortsangaben machen Herkunft erfragen / angeben das Alter erfragen / angeben Entfernung angeben ausdrücken, was jemand gerade tut	¿hay…? / hay un banco en… el banco está en… ¿de dónde es? / ser: soy, eres, es… ¿cuántos años tiene? / tiene 19 años a 50 metros (de) estar + gerundio ver: veo, ves, ve…

	Texte	Sprechintentionen / Themen	Gramm. Strukturen u. a.
24	1 Aquí tiene Vd. mis papeles 2 ¿Dónde he dejado las llaves? 3 En la gasolinera 4 Están de huelga 5 ¿Le da miedo? 6 De la vida diaria de los mayas ⊙	etwas (in der Vergangenheit) vermuten Ortsangaben machen	lo habrás dejado en, bajo, sobre, entre
25	1 Una nota para Vd. 2 Lima ⊙ 3 Pedro, el campesino de Teotitlán ⊙ 4 La cordillera más larga del mundo ⊙	Briefe schreiben indirekte Rede: was jemand sagte	fórmulas para empezar y terminar cartas dijo que no podía – dijiste que pasarías
26	1 Si fuera posible me gustaría verte 2 ¿Qué harías si tuvieras tiempo? 3 Media pensión 4 Vendedora inteligente 5 El bañador 6 ¿Dónde está la policía? 7 Comprensión auditiva 8 Don Quijote, el mejor embajador de España a través de los siglos… ⊙ 9 Del autor del Quijote, Miguel de Cervantes ⊙	sagen, was man tun würde, wenn … Voraussetzungen / Bedingungen nennen Bedauern ausdrücken	condicional: haría – podría – saldría – tendría si tuviera – hubiera – estuviera – fuera – dijera – pudiera – viniera es lástima que + subjuntivo

Textos ⊙

Quellenverzeichnis

S. 21 oben: Federico García Lorca, Dibujos, Madrid 1986 (Ministero de Cultura) **S. 21** unten: © José Lara, Pedraza S. 23: Foto Agentur ESPAÑA, R. A. Steiger, Germering **S. 28** links: Wolfgang Halm, München **S. 28** rechts : Foto Agentur ESPAÑA, R. A. Steiger, Germering **S. 29:** Wolfgang Halm, München **S. 30/31:** Mexikokarte aus Merian-Heft, Hoffmann & Campe, Hamburg **S. 32:** Goya: La familia de Carlos IV, Museo del Prado **S. 34:** Karte aus: «Mi país», Ed. S. M., Madrid 1982 **S. 38:** Diego Velázquez: «Las Lanzas» o: «La rendición de Breda», Museo del Prado **S. 40** oben: Werner Neumeister, München **S. 40** unten: Manfred Vollmer, Essen **S. 41** oben: Maximilien Bruggmann, Yverdon **S. 41** unten: Foto Agentur ESPAÑA, R. A. Steiger, Germering **S. 42, 43:** Wolfgang Halm, München **S. 59** oben: Hermann Kaubisch, Habach **S. 64** oben: © Juantxu Rodríguez/COVER **S. 64** unten: © Paco Junquera/COVER **S. 65** oben: © Carlos de Andrés/COVER **S. 65** unten: © Luis Mangán/COVER **S. 72** oben: Martin Thomas, BILDARCHIV BUCHER **S. 72** unten: IFA BILDERTEAM, München **S. 73** oben: Martin Thomas, BILDARCHIV BUCHER **S. 73** unten: Adelheid Heine-Stillmark, Karlsruhe **S. 74:** Wolfgang Halm, München **S. 77:** Hans Patzelt, München **S. 79:** © Luis Mangán/COVER **S. 81:** Süddeutscher Verlag, München **S. 84:** Foto Agentur ESPAÑA, R. A. Steiger, Germering **S. 85:** Goya: «Doña Tadea Arias de Enríquez», Museo del Prado **S. 86:** © González/COVER **S. 87:** Foto Agentur ESPAÑA, R. A. Steiger, Germering **S. 88:** COVER **S. 89, 90:** Foto Agentur ESPAÑA, R. A. Steiger, Germering **S. 91:** Wolfgang Halm, München **S. 92:** Foto Agentur ESPAÑA, R. A. Steiger, Germering **S. 94:** aus «El Camino de Santiago», Ed. Everest, León **S. 95:** IFA BILDERTEAM, München **S. 96:** Foto Agentur ESPAÑA, R. A. Steiger, Germering **S. 98** links: © Fernando Herraez/COVER **S. 98** rechts: Süddeutscher Verlag, München **S. 101:** Hermann Kaubisch, Habach **S. 103:** Wolfgang Halm, München **S. 104/105:** Maximilien Bruggmann, Yverdon **S. 109:** COVER **S. 112** oben: © Ana Turbau/COVER **S. 112** unten: Cogollor y Marsá/Instituto de la mujer **S. 113** oben: Cogollor y Marsá/Instituto de la mujer **S. 113** unten: © Paco Junquera/COVER **S. 114:** © González/COVER **S. 115** oben: © Carlos de Andrés/COVER **S. 115** unten: © Quim Llenas/COVER **S. 118/119:** IFA BILDERTEAM, München **S. 124:** COVER **S. 125:** Toni Schneiders, Lindau **S. 127:** Leonore Ander, München **S. 128, 129, 131:** Hans Patzelt, München **S. 132:** Maximilien Bruggmann, Yverdon **S. 137:** Foto-Archiv für Kunst und Geschichte, Berlin **S. 140, 141, 142** oben: Foto Agentur ESPAÑA, R. A. Steiger, Germering **S. 142** unten: Wolf Strache/BILDARCHIV BUCHER **S. 145:** Süddeutscher Verlag, München **S. 146:** Studio Teubner, Füssen **S. 147** oben: Foto Agentur ESPAÑA, R. A. Steiger, Germering **S. 147** unten: Hans Patzelt, München **S. 150** oben: IFA BILDERTEAM, München **S. 150** unten, **151:** Hans Patzelt, München **S. 152** oben: Greg Smith/Picture Group **S. 152** unten: A. Webb/MAGNUM **S. 153:** Eli Reed/MAGNUM **S. 154:** Maximilien Bruggmann, Yverdon **S. 155:** Martin Thomas, BILDARCHIV BUCHER **S. 156:** Klaus D. Francke, Hamburg

Lección 1

1 ¿Cómo se llama usted?

- Yo me llamo ______________.
  Me llamo ______________.
  Y usted, señor/señora/señorita,
  por favor, ¿cómo se llama usted?
- ¿Yo? Me llamo ______________.
  Y usted, señor, ¿cómo se llama usted,
  por favor?
- ______________.

2 ¿Cómo te llamas?

- Me llamo ______________.
  Y tú, ¿cómo te llamas?
- ______________.

3 ¿Cómo se llama ese señor?

- ¿Cómo se llama ese señor/esa señora/
  esa señorita?
- (Ese señor/esa señora/esa señorita) se
  llama ______________.

4 Buenas tardes. ¿Cómo está usted?

- Buenas tardes / buenos días.
- Ah, buenas tardes / buenos días, señora ______________. ¿Cómo está Vd.?
- Muy bien, gracias, ¿y Vd.?
- Gracias, estoy muy bien.

5 Hola, ¿cómo estás?

- Hola.
- Ah, hola, Miguel. ¿Cómo estás?
- Bien, gracias, ¿y tú? ¿Qué tal?
- Muy bien.

6 ¿Vamos a aprender español?

¿Vamos a aprender español?
¿Aprender español? ¿Para qué?
Para hablar, para entender, para leer.
Para hablar con los españoles y los latino-americanos.
Para oír la radio, para ver la televisión.
Para escribir cartas.
Para leer las cartas de nuestros amigos.
Para ir a España, a México, a Perú o a Colombia…
Para ir al hotel y al restaurante.
Para comprar cosas en España o en Bolivia.
Bien. Vamos a aprender español, juntos, en grupo.

Piel
RESTAURANTE
TAPAS
Sardinas
Calamares
Rusa
verde
Pts.

Lección 2

1 Números de teléfono

- Por favor, ¿qué número de teléfono tiene Vd?
- Tengo el 224053. / – No tengo teléfono.
  Y Vd., ¿qué número tiene?
- 963875.

2 ¿Tienes teléfono?

- ¿Tienes teléfono?
- Sí, tengo el 386439.
  Y tú, ¿qué número tienes?
- El 214153.

3 Yo no tengo teléfono

- ¿Tienes teléfono?
- ¿Yo? No, no tengo teléfono. ¿Y tú?
- Yo tampoco.

4 Muchas gracias

- Por favor, ¿qué número de teléfono tiene el señor A/la señora B/la señorita C?
- Tiene el número 273945.
- Muchas gracias.
- De nada.

0	1	2	3	4	5
cero	uno	dos	tres	cuatro	cinc

5 ¿Cómo se escribe?

- ¿Cómo se llama Vd.?
- Azcárate.
- ¿Cómo se escribe?
- a, zeta, ce, a acento, erre, a, te, e.

7	8	9	10	20	30	40	50
(s)eis siete	ocho	nueve	diez	veinte	treinta	cuarenta	cincuenta

6 ¿Quiere Vd. apuntar los números?

Hotel de la Catedral, tel. 58 76 934

Hotel del Castillo, tel. 1032908

Pensión del Museo, tel. 4312057

Pensión Carmen, tel. 3967580

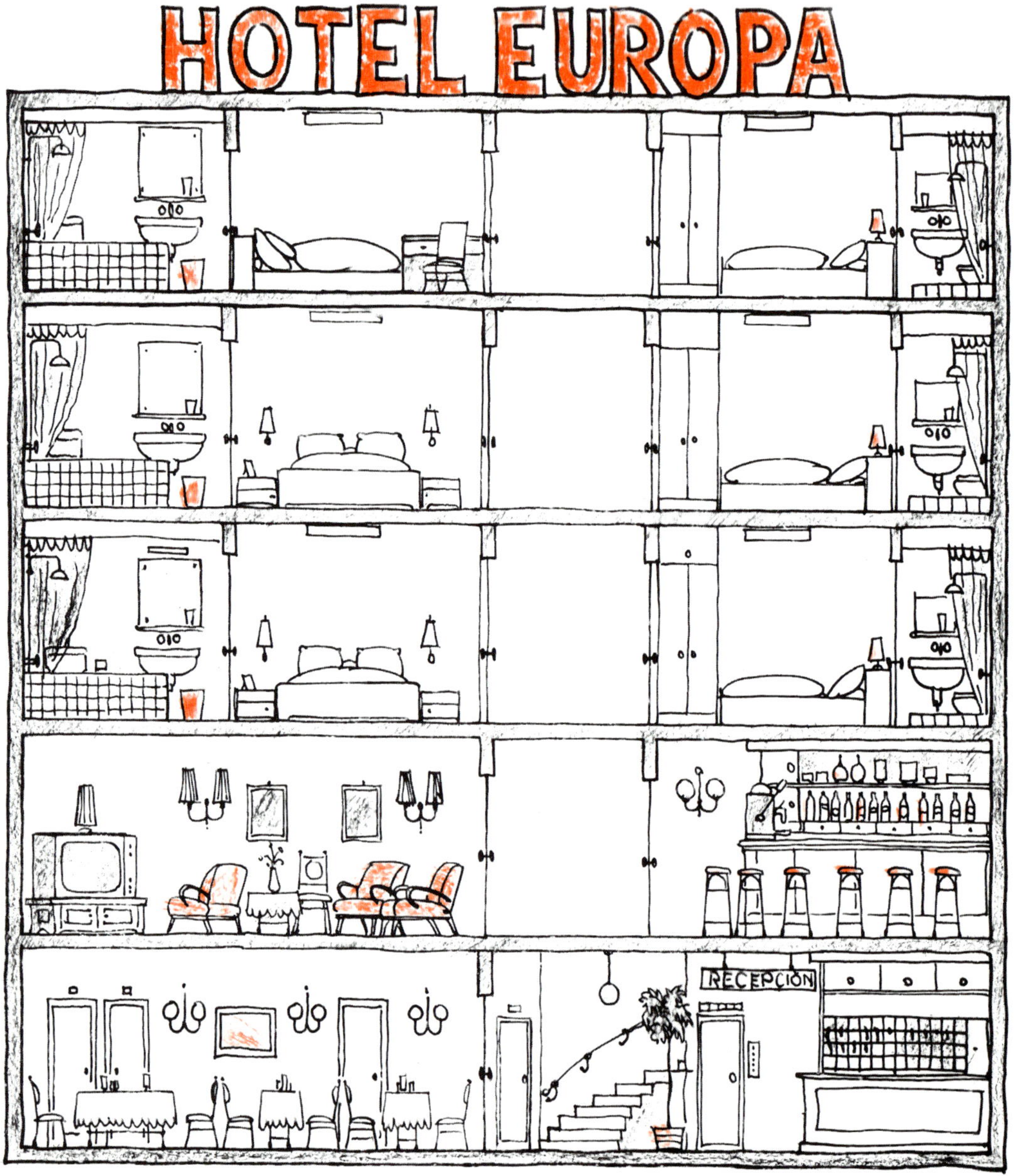

7 **Hotel Europa** * * *

Es un hotel moderno, en el centro de Madrid.
50 habitaciones
(40 dobles, 10 individuales, 30 con baño, 20 con ducha)
Salón de televisión

Garaje
Restaurante internacional «Europa»
Teléfonos 2 234 156 y 2 278 901
Telegramas: Eurotel Madrid
Calle de Gerona, 10 (cerca de la Plaza Mayor)

8 Poesías ⊙

La plaza tiene una torre,
la torre tiene un balcón,
el balcón tiene una dama,
la dama una blanca flor.

(De una poesía de Antonio Machado)

Castilla tiene castillos,
pero no tiene una mar.
Pero sí una estepa grande,
mi amor, donde guerrear.

Mi pueblo tiene castillos,
pero también una mar,
una mar de añil y grande,
mi amor, donde guerrear.

(Poesía de Rafael Alberti)

9 Canción de niños ⊙

Tengo, tengo, tengo,
tú no tienes nada,
tengo tres ovejas
en una cabaña:

Una me da leche,
otra me da lana,
y otra mantequilla
para la semana.

▲ *«Dama en el balcón»*
Dibujo de Federico García Lorca

◄ *Un pueblo castellano (Pedraza)*

Lección 3

1 ¿Qué va a hacer Vd. en las vacaciones?

- ¿Qué va a hacer Vd. en las vacaciones?
- ¿En las vacaciones? Pues, no sé. Todavía no sé.
  Quizás voy a ir a la Costa Brava.

Voy a ir
- a España.
- a Francia.
- a Italia.
- a Austria.
- a Suiza.
- a ….

2 Y Vds., ¿qué van a hacer?

- Y Vds., ¿qué van a hacer? ¿Qué planes tienen? ¿Ya saben Vds. adónde van a ir?
- Sí, nosotros vamos también a España.
  Para eso aprendemos español.
  Ya hablamos un poco…

3 ¿Qué vas a hacer en las vacaciones?

- ¿Qué vas a hacer en las vacaciones?
- ¿Yo? Pues, no sé todavía...
  Y vosotras, ¿qué vais a hacer?
- Nosotras vamos a Sevilla en julio.
- Ah, ¿vais juntas? Es una buena idea.
- Sí, sí, vamos juntas, así es más divertido. Vamos a ir a un camping, cerca de Sevilla, y no sé..., vamos a hacer muchas cosas. Ya sabes que tenemos muchos amigos en Sevilla.

Vamos a
- hacer un viaje.
- ir a la pensión Carmen.
- hablar con la gente.
- comprar cosas.
- ver la televisión.

Dos vistas de Sevilla: ▲ *La Plaza de América y* ▼ *la Plaza de España*

4 ¿Cómo vamos?

- ¿Y cómo vamos a la Costa Brava?
- Hay varias posibilidades. Podemos ir en autobús, por ejemplo.
- El autobús es barato, claro, pero me gustaría más ir en avión. Es más cómodo.
- Pero también es más caro.

Podemos ir
- en autobús.
- en avión.
- en tren.
- en coche / en auto.
- en auto-stop.
- en barco.
- en bicicleta.
- ⊙ ....

5 Comprensión auditiva

	sí	no
Ya sabe adónde van a ir.	☐	☐
Van a ir en tren.	☐	☐

¿Qué es
- más interesante
- más caro
- más barato
- más cómodo
- más rápido
- ⊙ ....

?

6 Mercé ⊙

Mercé es catalana, de Tarragona. Mercé tiene 18 años y trabaja en el camping que tiene la familia en Rosas, cerca de la playa. De mayo a septiembre, en el camping hay mucha gente. Vienen muchos turistas. Mercé sabe algunas palabras en varios idiomas y habla un poco con los turistas. Trabaja hasta muy tarde en la noche. A la entrada del camping hay un bar que es también de la familia, y ella hace prácticamente todo. A los turistas les gusta mucho beber hasta muy tarde.

A Mercé no le gusta la playa. Quizá porque está tan cerca de ella todo el año. A Mercé le gustaría un verano ir también de vacaciones, tomar un avión, ir lejos, muy lejos, a un país frío, con montañas y con poca gente...

Lección 4

Dr.
TOMAS GOMEZ SANZ

MEDICINA GENERAL
RAYOS X

CONSULTA: MAÑANA: 10 - 13 TARDE: 17 - 21
PISO 2° - 2ª

ON PARLE FRANCAIS - WE SPEAK ENGLISH - MAN SPRICHT DEUTSCH

1 ¿Qué tal? ¿Cómo está Vd.?

- Hola, ¿qué tal?
- Hola, muy buenas tardes, ¿cómo está Vd.?
- Pues, no estoy muy bien.
- Hombre, ¿qué le pasa?
- No sé, tengo dolor de cabeza...
- ¿Quiere tomar una aspirina?
- Pues sí, ¿Vd. tiene? ¿Puede darme una?

No estoy muy bien.
Estoy — enfermo. / malo/mal. / cansado.

No estoy muy bien.
Estoy — enferma. / mala/mal. / cansada.

Tengo — gripe. / fiebre. / dolor de cabeza.

Siempre / A veces / Nunca — estoy cansado.

2 ¿Qué te pasa?

- ¿Qué te pasa? ¿No estás bien?
- No sé. Tengo dolor de cabeza...
- ¿Por qué no tomas una aspirina?
- ¿Tienes una?
- Sí, aquí la tienes.

3 Creo que sí

- ¿Qué le pasa? ¿Tiene Vd. fiebre?
- Creo que sí. / Creo que no.

4 ¿Cuándo va a ir al médico?

- ¡Qué mala cara tiene Vd., señor García! ¿Cuándo va a ir por fin al médico?
- Sí, no sé qué me pasa. Estoy muy cansado. Y yo creo que tengo algo. Me parece que tengo que ir hoy mismo al doctor Carrillo. Voy a pedir hora.
- Me parece que el doctor Carrillo está de vacaciones ahora. En julio no está nunca.

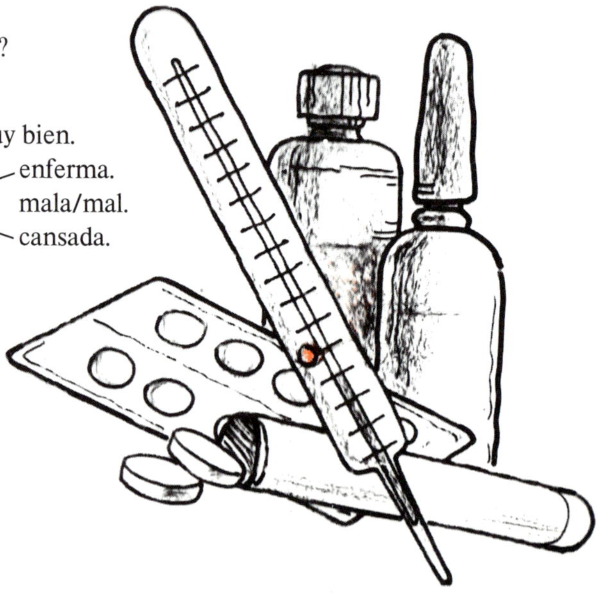

5 Para leer:

a. Hay dos tipos de aspirina. ¿Cómo se llaman?

b. Una persona de cinco o seis años es un niño.

c. Una persona de veinte, treinta o cincuenta años es un adulto.

d. - ¿Cuándo toma Vd. una aspirina?
   - Cuando tengo fiebre.
   - Cuando estoy mal/a.

e. La aspirina normal es para adulto.

f. La aspirina infantil es para niños.
   Es contra dolores.

g. ¿Es bueno tomar mucha aspirina / muchas (o demasiadas) medicinas? ¿Hay personas que toman cada día una aspirina o dos o tres? No es bueno

6 Mi niño está malo ⊙

A mi niño, a mi niño
le duele la cabeza.
El médico le va a poner
una gorrita negra.

A mi niño, a mi niño
le duele la garganta.
El médico le va a poner
una bufanda blanca.

A mi niño, a mi niño
le duele la nariz,
y el médico le va a dar
agüita con anís.

A mi niño, a mi niño
le duele el corazón,
y el médico le va a dar
gotitas con limón.

(Canción popular)

7 A mí me gusta

- El otoño no me gusta.
- A mí me gusta mucho, ¿por qué no le gusta a Vd.?
- Porque es muy triste. Prefiero la primavera.

8 A mí no me gusta

- ¿A ti te gusta el invierno? A mí no me gusta…
- A mí, sí, porque me gusta la nieve y esquiar.

la primavera	**el verano**
marzo	junio
abril	julio
mayo	agosto
el otoño	**el invierno**
septiembre	diciembre
octubre	enero
noviembre	febrero

¿Le gusta la televisión?
¿Le gusta el café?
¿Le gusta el vino?
¿Le gusta el Jerez?

9 San Fermín ⊙

Uno de enero, dos de febrero,
tres de marzo, cuatro de abril,
cinco de mayo, seis de junio,
siete de julio: San Fermín…

(De una canción popular)

10 ¿Dónde vive Vd.?

- ¿Dónde vive Vd.?
- En la calle de Mallorca número 125.
  ¿Y Vd.?
- Calle de la Montera numero, 16

11 ¿Dónde vives?

- ¿Dónde vives?
- En la plaza de santa Ana número quatro ¿Y tú?
- Calle de Preciados no. 1

12 Números

Aprenda Vd. los números hasta 1.000.
→ Gramática, 23.1

E. E. U. U.

(ESTADOS UNIDOS DE AMÉRICA)

13 Sobre México ⊙

México tiene más de 60 millones de habitantes. (España: 40 millones). La Ciudad de México tiene más de 18 millones. (Madrid: 3 millones). El 87 por ciento de los mexicanos son mestizos, el 10 por ciento son indios, el resto son blancos y asiáticos.
La Ciudad de México está a 2.400 metros. El Popocatépetl, cerca de la Ciudad de México, tiene 5.452 metros. Pero no es el punto más alto de México. El Pico de Orizaba tiene 5.747 metros.
La Ciudad de México tiene una temperatura media de 15 grados en enero y de 18 en julio.

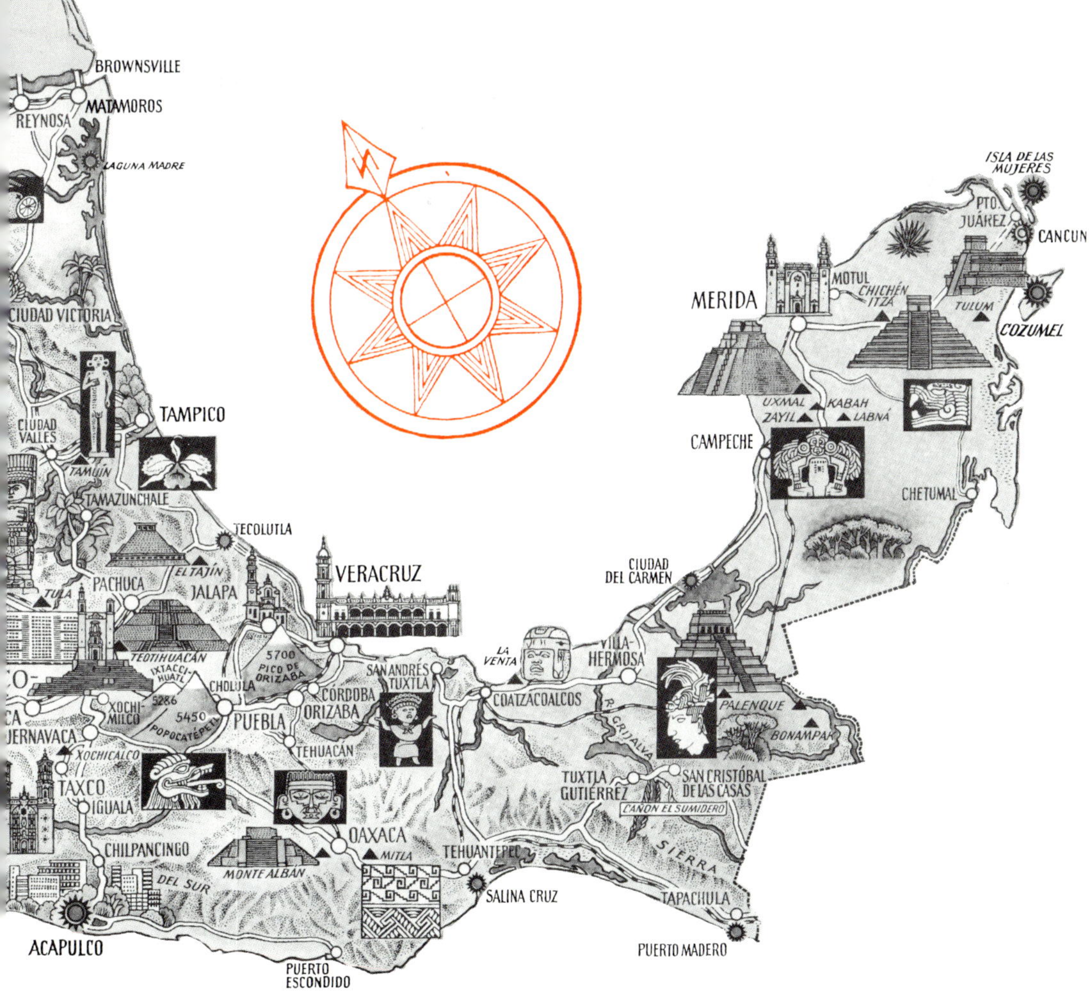

Lección 5

Francisco de Goya: La familia de Carlos IV

1 ¿Ha estado Vd. en el museo?

- ¿Ha estado Vd. en el Museo del Prado? Yo todavía no lo conozco.
- Pues yo, sí. He estado ya varias veces. ¡Me encanta Goya!

2 ¿Conoce Vd. Acapulco?

- ¿Conoce Vd. la playa de Acapulco?
- No, no la conozco, ni me interesa.
- Pues creo que le gustaría, ¡es tan bonita!
- Eso es sólo para turistas ricos…

3 ¿Dónde está?

- ¿Adónde podemos ir en la Semana Santa?
- A Mojácar, ¿qué te parece?
- ¿A Mojácar? ¿Y dónde está eso?
- En el sur, cerca de Almería. He oído decir que es un pueblecito precioso. ¿No te gustaría ir también?

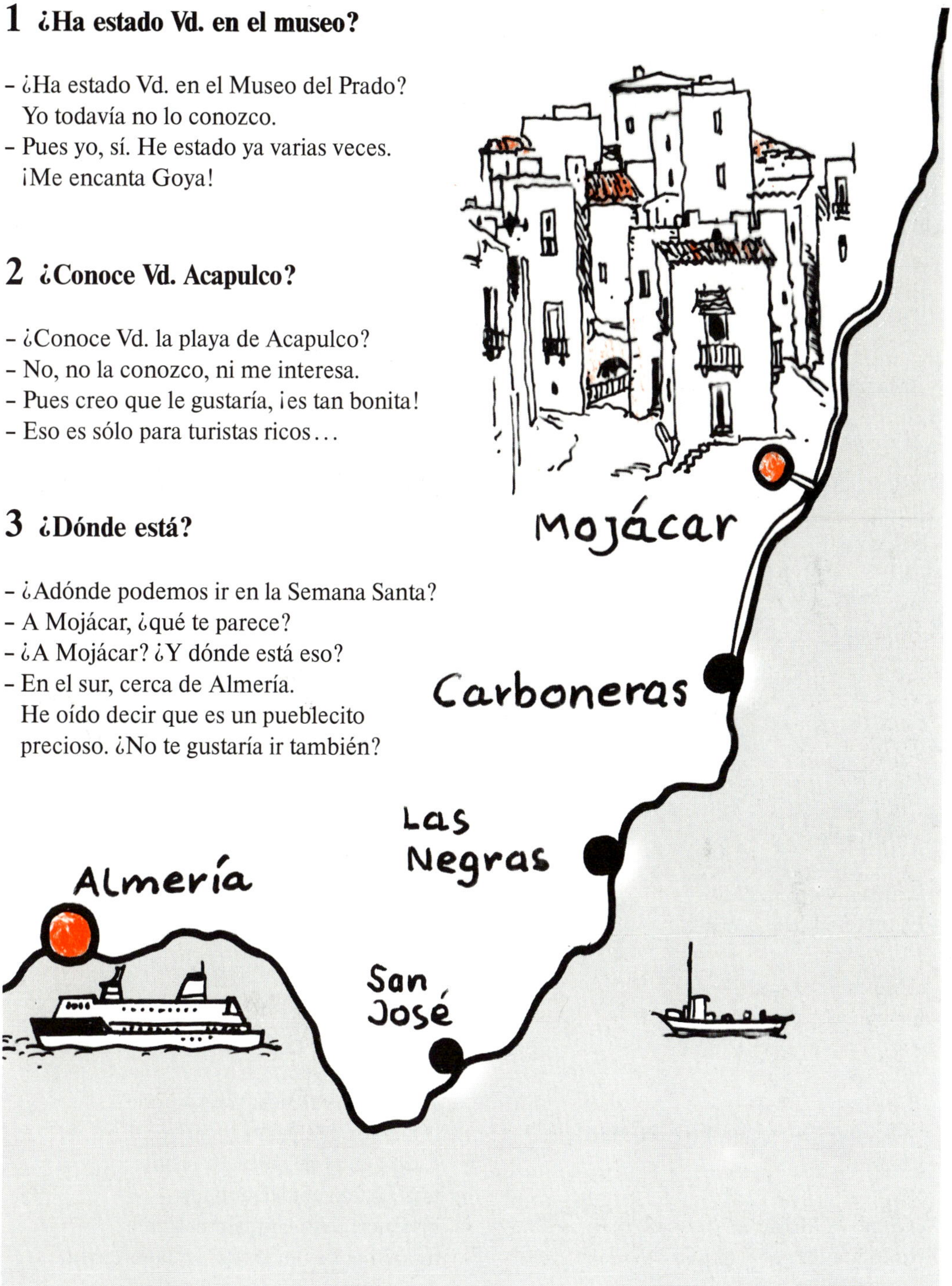

4 España

España tiene una extensión de 504.681 kilómetros cuadrados y una población de 38 millones de habitantes.

España tiene 17 Comunidades autónomas, y cada comunidad tiene una o varias provincias.

X. está en…
- Cataluña
- el País Vasco (Euzkadi)
- Galicia
- Andalucía
- las islas Baleares
- las islas Canarias
- Castilla-León
- Castilla-La Mancha

X. está en
- el norte (de España)
- el sur
- el oeste
- el este
- el centro
- la costa
- la montaña/la sierra

5 ¿Qué es?

- ¿Qué es Mojácar?
- Es un pueblo en la costa.

- ¿Qué es Lanzarote?
- Es una de las Islas Canarias.

6 ¿Cómo es? ¿Cuántos habitantes tiene?

- ¿Cómo es Mojácar?
- No es grande, es pequeño.
  Es un pueblo bonito y simpático.

- ¿Cómo es Valencia? ¿Es grande?
  ¿Cuántos habitantes tiene?
- Creo que tiene cerca de ochocientos mil. Es una ciudad antigua, histórica, pero también bastante moderna. Es un centro de exportación de naranjas. Es una gran ciudad…

FRANCIA
PAIS VASCO
CANTABRIA
Vizcaya
Guipúzcoa
Alava
NAVARRA
ANDORRA
lencia
Burgos
A-LEON
LA RIOJA
Huesca
Lérida
Gerona
Barcelona
adolid
Soria
ARAGON
CATALUÑA
Zaragoza
Segovia
Tarragona
Guadalajara
Teruel
vila
MADRID
Castellón
Cuenca
BALEARES
oledo
COMUNIDAD
VALENCIANA
CASTILLA-
LA MANCHA
Valencia
Ciudad Real
Albacete
Alicante
oba
Jaén
MURCIA
LUCIA
Granada
Almería
laga
Santa Cruz
de Tenerife
CANARIAS
Las Palmas

7 Comprensión auditiva

Escuche Vd. la cassette y apunte la dirección del Hotel Miramar:

Hotel ______________________

Paseo ______________________

(Provincia de G __________)

8 Vd. necesita un coche

Vd. necesita un coche para dos días. Vd. alquila un coche. Una casa como Avis, Hertz, etc. le alquila el coche. ¿Y el precio? No es barato, pero tampoco es demasiado caro para toda la familia. Un anuncio:

La fuerza de los hechos.

AVIS tiene más coches de alquiler que nadie. Más nuevos. En más ciudades. En más aeropuertos. Y además a precios competitivos. ¡Alquile siempre un *AVIS!* Precios especiales para alquileres a largo plazo. También alquilamos vehículos comerciales.

AVIS

Nuestra fuerza es nuestro esfuerzo.

9⊙ ABAJO LOS PROBLEMAS

10 El Museo del Prado ⊙

Diego de Velázquez: «Las lanzas»

Con más de 6.000 cuadros, el Museo del Prado, de Madrid, es uno de los museos de pintura más ricos del mundo. Está instalado en un edificio neoclásico en el Paseo del Prado desde 1819.
Hay tantos cuadros importantes que ver que es imposible hacerlo en pocas horas. Por eso, si no se tiene mucho tiempo, lo mejor es ver con detalle una parte, por ejemplo las salas de la escuela española o de la flamenca o de la italiana.

Las mejores horas para visitar el Museo son las horas de la mañana, cuando las salas tienen la mejor luz del día.

En otro edificio, cerca del museo, está uno de los cuadros más famosos de nuestro siglo: el Guernica, de Pablo Picasso (1881–1973).

Los pintores españoles más conocidos son El Greco (Dominico Theotocópuli, 1541–1614, nacido en Creta),
Diego de Velázquez (1599–1660),
Francisco de Zurbarán (1598–1664),
Bartolomé Esteban Murillo (1618–1682),
y Francisco de Goya (1746–1828).
Sus obras más famosas están en el Museo del Prado.

11 Valencia ⊙

Valencia es una ciudad que tiene muchos encantos. Uno de ellos es su luz, su cielo completamente azul, casi los 365 días del año. Un sol tibio en invierno, dulce en primavera y otoño, cálido en verano.

Otro encanto de Valencia es la simpatía y la actividad de su gente. Valencia es una ciudad con mucha vida. Cada mañana, hombres y mujeres compran, venden, y «tratan» de sus negocios, no sólo en tiendas, oficinas y bancos, sino también en las terrazas de los cafés y los bares del centro de la ciudad.

Las «Fallas» de Valencia (19 de marzo, día de San José), son una de las fiestas más características de España, junto con los Sanfermines de Pamplona y la Feria de Abril de Sevilla.

Lección 6

1 ¿Quieren Vds. ver las fotos?

- ¿Quieren Vds. ver las fotos? Podemos verlas ahora, miren Vds.:

1 Estas son mujeres de un pueblo de Andalucía.
2 Esta es la plaza de un pueblo de Cataluña. La gente baila la sardana.
3 Este es el mercado de Pisac, en Perú.

- Y esto, ¿qué es?
- Estos son pescadores cerca de Denia, en la Costa Blanca. (4)

▲1

2 ▼

▲3

▼4

2 ¿Quién puede traer fotos?

- ¿Quién puede traer fotos o diapositivas la próxima vez? Pueden Vds. traer fotos de España o de Latinoamérica, o simplemente de sus vacaciones.
- Yo tengo fotos de este verano. Si quieren, puedo traerlas. Pero diapositivas no tengo.
- Y vosotros, ¿podéis traer algo también?
- Yo tengo una película muy bonita de las vacaciones de verano. Diapositivas tampoco tengo. Pero si queréis, puedo traer la próxima vez la película y la vemos juntos. A ver si no lo olvido.
- Y tú, ¿has traído el libro sobre Perú?
- Ay, no, lo he olvidado otra vez...

3 La familia y los amigos

- Aquí tengo fotos de este verano. Vd. todavía no las ha visto, ¿verdad? Mire: nuestro hotel...
- ¿El hotel que nos ha recomendado Vd.?
- Sí, exacto. Esta es mi familia. A la izquierda, nuestro hijo con su perro. A la derecha, nuestra hija con su amiga Mari Carmen. La hemos invitado para las próximas Navidades.
- Y la señora rubia es su mujer, ¿verdad?
- Sí, es mi mujer.

Este es mi padre / mi marido / mi novio, ¿lo conoce Vd., no?

Esta es mi madre / mi novia / mi amiga, ¿la conoce Vd., no?

Estos son mis padres, ¿los conoces, verdad?
Estas son mis amigas, ¿las conoces, verdad?

4 Todavía no conozco a tu novia

- Oye, todavía no conozco a tu novia...
- Ah, claro, todavía no os habéis visto. Mira, aquí tengo una foto.
- Ah, sí, con vuestros amigos catalanes, ¿no? ¡Qué guapa!

5 ¿No conoces a mi hermana?

- ¿Quién es esa chica tan morena?
- Es mi hermana. ¿No os conocéis? ¡No es posible!... Oye, Charo, ¿tú no conoces a Andrés?
- No, hola, ¿qué hay?
- Hola.

6 Me gustaría presentarlo a mi mujer

- Ah, allí está mi mujer. Todavía no se conocen Vds., ¿verdad? Mira, María, el señor Carreras.
- Ah, mucho gusto. Mi marido ya me ha hablado de Vd.
- Encantado, señora.

7 Crucigrama ⊙

Las letras en L forman una frase que Vd. dice cuando le presenta su amigo a su mujer.

a. Un kilómetro tiene mil ____________.
b. Un número:
c. Esa mujer tiene marido. Está ___________.
d. Hijas de una familia:
e. Septiembre, octubre, noviembre:
f. Varias personas:
g. ¿Cómo está ____________?
h. Siete días:
i. No voy en coche, voy en ____________.
j. Para ir de Madrid a Portugal, se va al ____________.
k. Mujer:

Solución en la página 228.

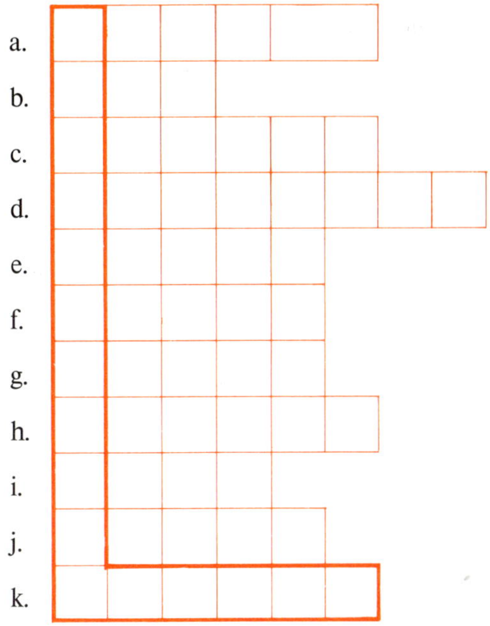

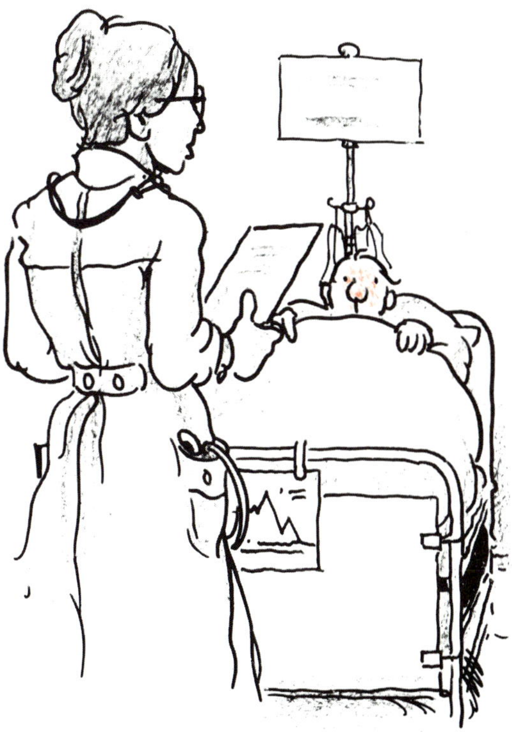

8 Los dos trabajan

- Tengo una hermana que vive en Quito.
- ¡En Quito! ¿Qué hace ella en Ecuador?
- Está casada allí, su marido es ecuatoriano. Los dos son médicos, él tiene una consulta y ella trabaja en un hospital.
- ¿Tienen hijos?
- No, hasta ahora no.

Yo trabajo en
- una oficina.
- una fábrica.
- una tienda.
- un taller de reparaciones.
- una estación de servicio.
- ⊙ ....

9 Una carta ⊙

Quito, 20 de Marzo

Queridos hermanos:

Esta vez por fin una carta de verdad, y no una tarjeta postal, como siempre. Pero las primeras semanas no han sido fáciles para mi. No sé si por mi trabajo, o por el cambio de clima, estoy en general bastante cansada. Aquí el aire es muy seco, no sé si sabéis que Quito es, después de La Paz, la capital más alta del mundo, estamos a 2.280 metros, y aunque hay poco cambio de temperatura, tenemos una media al año de 13 grados. No sé, al sol siempre tengo calor y a la sombra, frío...

Vivimos en las afueras de la ciudad, cerca de la plaza de toros. Pablo me ha presentado a toda su familia y a sus amigos, así que ya conozco a bastante gente. Hasta ahora me parecen todos bastante agradables, y me entiendo bastante bien con todos ellos.

Quito me gusta mucho. Es una ciudad tranquila y tiene una parte antigua bellísima, que es, en realidad, como un "museo al aire libre" por la gran cantidad de iglesias y casas de estilo colonial. (Hay 90 iglesias en esta ciudad...). Dicen que Quito es la ciudad que tiene más arte colonial de toda Latinoamérica, pues aquí ha habido pocos terremotos.

La ciudad también es maravillosa desde ariba, desde el monte Pichincha. Quito está al pie de esta montaña. Desde allí se puede ver a lo lejos los picos de todas las montañas, con volcanes activos como el Chimborazo y el Cotopaxi. Este último, con sus 6.005 metros de altura, es el volcán activo más alto de la Tierra. Desde el Pichincha se puede ver abajo Quito, y al fondo estos volcanes con nieve. Es el paisaje más bello que he visto hasta ahora.

El fin de semana próximo vamos a ir con unos amigos a visitar el mercado de Otavalo, que está a unos 120 kilómetros de aquí. Los indios otavaleños venden allí sus productos, frutas, verduras, animales, y también sus famosos textiles. Me han dicho que es muy interesante, y como el mercado empieza ya muy pronto queremos ir ya el viernes por la noche y dormir allí. Lo malo que tiene es que está lleno de turistas que vienen de muchos sitios a visitarlo.

Ya sabéis que nosotros de momento tenemos que estar aquí. Pablo trabaja muchísimo en su consulta, a veces también trabaja los domingos. Pero, ¿y vosotros? ¿No os gustaría ver de cerca todo lo que yo cuento?

Hasta la próxima. Abrazos

Bárbara

Lección 7

1 ¿Dónde hay una farmacia?

- Oiga, por favor.
- Sí, ¡dígame!
- ¿Sabe Vd. dónde hay una farmacia por aquí?
- Lo siento, no lo sé. Yo no soy de aquí.

¿Hay
- una farmacia
- un médico
- un banco
- un garaje
- un supermercado
- un buen hotel

por aquí?

2 ¿Puede Vd. decirme si...?

- Por favor, señor.
- Sí, dígame.
- ¿Puede Vd. decirme si hay un banco por aquí?
- ¿Un banco? Pues sí, hay dos.
  El uno está allí enfrente de la iglesia.
  Y el otro, pues . . ., es un poco difícil explicarlo.
- Bueno, muchas gracias.

Hay una farmacia enfrente de / al lado de / cerca de la oficina de Correos.

Hay un banco
- allí enfrente.
- al otro lado de la calle.
- en la primera calle a la izquierda.
- en la segunda calle a la derecha.
- a cien metros de aquí.

3 ¿Dónde está el consulado?

- Perdón, ¿puede Vd. decirme dónde está el consulado alemán?
- No sé, lo siento, pregunte Vd. a un guardia.

¿Dónde está
- el consulado alemán?
- la catedral?
- la iglesia de San Vicente?
- el Museo del Prado?
- la estación (del ferrocarril)?
- la parada del autobús para ir a la estación?
- la próxima estación del Metro?

4 Estoy buscando un bar

- Perdón, estoy buscando el bar «La Habana». Debe estar por aquí, pero no lo encuentro.
- Sí, mire Vd., está un poco más arriba, junto a la parada del autobús, a unos 50 metros de aquí.
- Ah, sí, ahora lo veo. Gracias.

5 ¿Para ir a la estación?

- Por favor, señora, ¿para ir a la estación?
- Tome Vd. el autobús número 23. La parada está al otro lado del puente.

6 ¿Me dices cómo voy?

- ¿Me dices cómo voy a la estación?
- Muy fácil. Tomas/toma el autobús número 23. Mira ahí, ésa es la parada.

aquí	ahí/allí
este bar	ese bar
esta calle	esa parada

7 Está haciendo planes

Manuel está hablando por teléfono. Su madre y una amiga de ella están charlando.

- Cuando Manuel está en casa, no puedo llamar a nadie, ni nadie puede llamar aquí. Está siempre telefoneando sin parar. De momento está haciendo planes para las vacaciones.
- ¿Es que no va de vacaciones con vosotros?
- ¿Este? ¡Qué ideas tienes! Manuel tiene ya 18 años…

8 Habla Vd. bien

- Vd. es extranjera, ¿verdad?
- Sí, soy inglesa, soy de Londres.
- Ah, inglesa. Pues habla Vd. muy bien español...
  ¿Habla también otros idiomas?
- El francés, un poco. Pero hablo mejor el español.

9 ¿De dónde eres?

- No eres española, ¿verdad?
- No, soy alemana. Y vosotras, ¿de dónde sois?
- De aquí. Somos vascas.

10 ¿Puede Vd. hablar un poco más despacio?

- No le entiendo bien. ¿Puede hablar un poco más despacio?
- Ah, sí, perdone. Los españoles hablamos tan de prisa...

¿Puede Vd. — repetir? / hablar más alto?

⊙ Por favor, aprenda Vd. sólo las palabras que le interesan:

Soy de	Alemania.	Soy	alemán/alemana.	Hablo	alemán.
	Austria.		austríaco/austríaca.		alemán.
	Francia.		francés/francesa.		francés.
	España.		español/española.		español.
	Inglaterra.		inglés/inglesa.		inglés.
	Suiza.		suizo/suiza.		alemán, francés, italiano.
	....		....		....

11 Comprensión auditiva

Escuche Vd. la cassette.

a. Vd. busca un supermercado.
   ¿Qué número es en el plano? ____________
b. Vd. busca la consulta del doctor Ezquerda.
   ¿Qué número es en el plano? ____________
c. Vd. busca el hotel Granada.
   ¿Qué número es en el plano? ____________
d. Vd. busca la parada del autobús número 21.
   ¿Qué número es en el plano? ____________

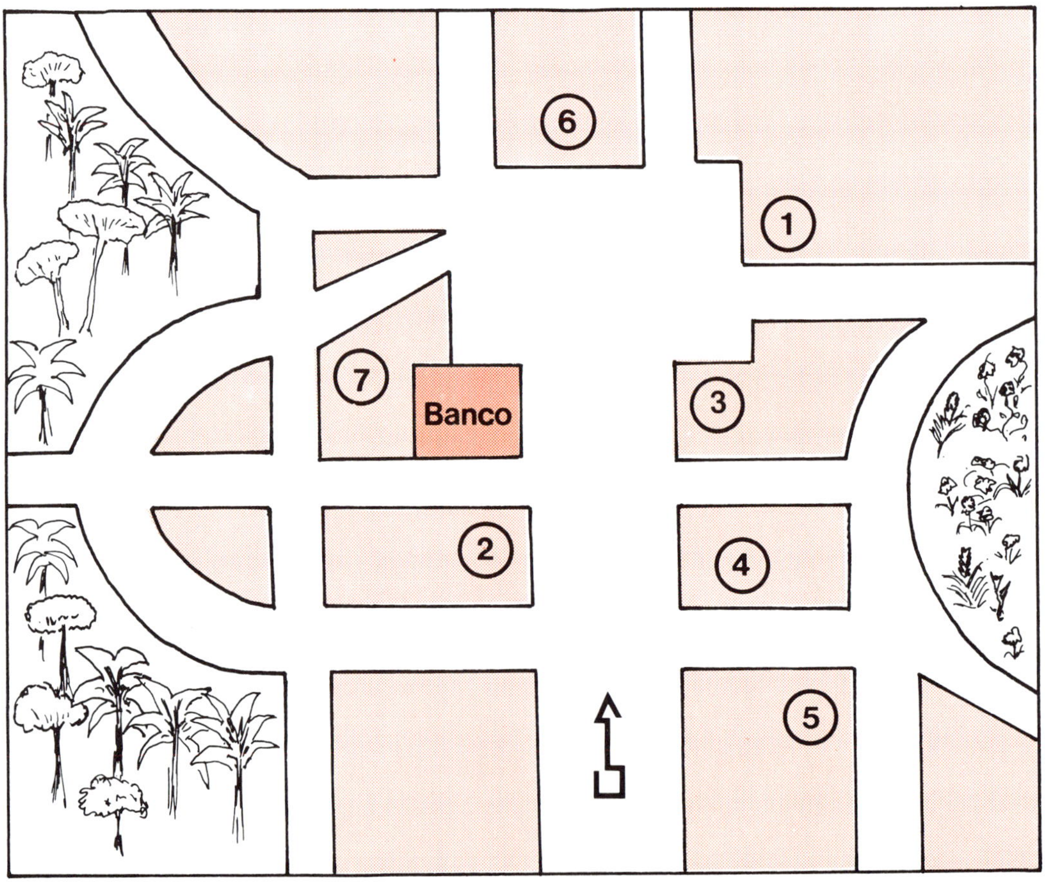

12 Joaquín ⊙

Joaquín es andaluz. Es mecánico en un taller de reparaciones de Sevilla. A Joaquín le gusta su trabajo y se entiende bastante bien con su jefe. Tiene suerte porque su jefe es simpático, y es bastante agradable trabajar con él. A veces van juntos a un bar, a tomar una copa.
Cuando no hablan del trabajo, siempre hablan de fútbol. Los dos entienden muchísimo. Leen todo lo que se escribe sobre fútbol en los periódicos, y ven todos los partidos en la televisión. A veces, cuando no es muy caro, Joaquín va al estadio a ver jugar a su equipo, el Betis de Sevilla. Joaquín y su jefe sólo discuten cuando hablan de fútbol, porque el jefe de Joaquín es del Real Madrid...

Lección 8

1 ¿Qué hora es?

es la una

son las dos

son las tres

a. ____________

b. ____________
(en punto)

son las tres
y 5 (minutos)

son las tres
y cuarto

son las nueve
y media

c. ____________
____

d. ____________
____

son las cuatro
menos 25

son las cuatro
menos cuarto

son las cuatro
menos 2

e. ____________
____

f. ____________
____

g. ____________
____

h. ____________
____

i. ____________
____

j. ____________
____

k. ____________
____

2 ¿A qué hora?

- ¿A qué hora tiene que irse Vd.?
- Pues, yo tengo que irme ya a las siete. Mi avión sale a las ocho y media.
- Ah, bueno. Son las cinco. Le quedan dos horas. ¿Tomamos otro café?
- Sí. Camarero, por favor, dos cafés y un vaso de agua. Tengo una sed...
  Y Vd., ¿cuándo se va? ¿Hoy o mañana?
- Yo me voy también esta noche, y vuelvo mañana probablemente.

3 ¿Te vas?

- ¿Por qué te vas, Paco? ¿No quieres quedarte para la cena?
- No, gracias, me voy. Me están esperando en casa...
- ¿Por qué no llamas por teléfono y dices que cenas con nosotros?

4 ¿Cuándo podríamos vernos?

- Me gustaría volver a verte. ¿Cuándo tienes tiempo? ¿El próximo fin de semana? El domingo por la tarde, por ejemplo, ¿tendrías tiempo?
- ¿Y por qué no por la mañana ya? Podríamos salir fuera todo el día, ¿no te parece?
- Sí, no estaría mal. Entonces, a las nueve de la mañana paso por tu casa, ¿de acuerdo?
- A las nueve, no sé... Sería un poco pronto, ¿no? Mejor hablamos por teléfono el sábado por la noche y te digo a qué hora. Ahora tengo que marcharme, adiós.

5 Vamos a comparar

¿Qué es igual y qué es diferente en nuestro país?

- ¿A qué hora abren las tiendas?
- ¿A qué hora las cierran?
- ¿A qué hora empiezan los cines?
- ¿A qué hora termina el programa de Televisión Española (TV.E.)?
- En España, mucha gente empieza a trabajar a las 9.
  ¿A qué hora empieza Vd. a trabajar?
- En España, mucha gente no sale del trabajo antes de las 7. ¿Y a qué hora sale Vd.? Salgo __________.
- ¿A qué hora llega Vd. a casa después del trabajo?
- En España, la gente generalmente desayuna a las ocho, come de dos a tres y cena a las diez de la noche.
  ¿A qué hora desayuna, come y cena Vd.?

6 Comprensión auditiva

Escuche Vd. la cassette.

a. En el aeropuerto, Vd. está esperando a un amigo que viene de Buenos Aires, en un vuelo de Iberia. Le interesa saber si el avión llega a la hora normal o si tiene retraso/llega tarde.

	sí	no
El avión de Buenos Aires ha llegado ya.	☐	☐
El avión llega media hora más tarde.	☐	☐
El avión va a llegar en pocos minutos.	☐	☐

b. Vd. está en la estación del ferrocarril esperando a una amiga que viene de Bilbao. Le interesa saber si el tren llega a la hora normal o si tiene retraso.

	sí	no
El tren está llegando.	☐	☐
El tren ya ha salido de la estación.	☐	☐

7 ¿A qué hora hay un avión?

¿A qué hora hay un avión para ______________________________?
¿A qué hora llega a ______________________________?

HORARIO

29 MAR/24 OCT

IBERIA
LINEAS AEREAS DE ESPAÑA

Passenger Services

De/From Madrid *(Cont.)*

Validez Validity	Dias Days	Salida Departure	Vuelo Flight	Llegada Arrival	Via Via	Salida Departure	Vuelo Flight	Llegada Arrival	Servicio Service
A/To El Cairo									**CAI**
– 14 Jun	4	**08.20**	**IB876**		1 stop			**14.25**	727/FYM
27 Sep –	4	**08.20**	**IB876**		1 stop			**15.25**	727/FYM
15 Jun – 26 Sep	4	**08.20**	**IB876**		1 stop			**14.25**	AB3/FCYM
	6	14.45♦	MS888					19.15	767/FY
– 15 May	2	16.30	MS890		1 stop			22.30	767/FY
16 May –	2	16.40♦	MS890		1 stop			23.00	767/FY
27 Sep –	3 7	**17.35**	**IB872**		1 stop			**00.30+1**	727/FYM
– 26 Sep	3 7	**17.35**	**IB872**		1 stop			**23.30**	727/FYM
A/To Estambul									**IST**
01 Jun –	3 7	**08.50**	**IB742**		1 stop			**15.15**	72S/CMK
– 31 May	3 7	**08.50**	**IB740**		2 stops			**16.40**	72S/CMK
01 Jul – 31 Jul	2	15.00	TK622					19.35	727/Y
01 Ago – 29 Sep	2 5	15.00	TK622					19.35	727/Y
– 30 Jun	2	15.00	TK622		1 stop			21.05	D9S/Y
01 Oct –	2	15.00	TK622		1 stop			21.05	D9S/Y
– 26 Jun	5	15.00	TK622		1 stop			21.50	D9S/Y
01 Oct –	5	15.00	TK622		1 stop			21.50	D9S/Y
A/To Estocolmo/Stockholm									**STO**
	12345 7	16.20	SK582		1 stop			21.30	D9S/CM
04 Abr –	6	**10.55**	**IB502**	14.00	CPH	14.50	SK977	**16.00**	CMK/CMK
	1234567	**10.55**	**IB502**	14.00	CPH	15.05	SK684	**16.15**	CMK/CM
A/To Filadelfia/Philadelphia Pa									**PHL**
– 04 Abr	12345 7	**13.25**	**IB951**	14.10	JFK	16.05	AL1219	**16.45**	PCYM/YQMK
05 Abr –	12345 7	**13.25**	**IB951**	15.10	JFK	17.59	AL1720	**18.45**	PCYM/YQMK
05 Abr –	1234567	**13.25**	**IB951**	15.10	JFK	18.40	AL1263	**19.25**	PCYM/YQMK
– 04 Abr	1234567	**13.25**	**IB951**	14.10	JFK	18.40	AL1263	**19.25**	PCYM/YQMK
A/To Francfort/Frankfurt									**FRA**
	1234567	**09.25**	**IB510**					**12.00**	72S/CMK
	1234567	13.10	LH1881					15.40	310/FCM
	1 3 5	**16.40**	**IB516**					**19.15**	72S/CMK
	2 4 67	**16.40**	**IB516**					**19.15**	D9S/CMK
A/To Fuerteventura									**FUE**
	3	**10.40**	**IB029**		1 stop			**13.30**	D9S/CYB
	2 6	**11.55**	**IB025**	14.55	LPA	18.25	**IB138**	**19.00**	CY/Y
	2	**15.50**	**IB857**	17.35	LPA	18.25	**IB138**	**19.00**	FCY/Y
A/To Ginebra/Geneva									**GVA**
	1234567	08.15	SR655					10.00	D9S/FCY
	1234567	**15.50**	**IB550**					**17.35**	727/FYK
A/To Gotemburgo/Gothenburg									**GOT**
	1234567	**10.55**	**IB502**	14.00	CPH	15.15	SK438	**15.55**	CMK/CM
A/To Granada									**GRX**
30 Mar – 31 Jul	12345	09.35	AO229					10.35	D9S/Y
01 Sep –	12345	09.35	AO229					10.35	D9S/Y
	1234567	18.30	AO231					19.30	D9S/Y
A/To Guatemala/Guatemala City									**GUA**
– 26 Sep	4	**02.55**	**IB935**		2 stops			**10.10**	D10/PCYMK
27 Sep –	4	**02.55**	**IB935**		2 stops			**11.10**	D10/PCYMK

Lección 9

1 ¿Quién es? ¿Dígame?

- Oiga, ¿Está la señorita Ana, por favor?
- Sí, dígame, soy yo.
- Soy Hernández. La llamo para decirle que salgo mañana de viaje y me gustaría hablar con Vd. de algunas cosas antes de irme.
- Esta tarde ya he quedado con unos amigos, pero no importa. Puedo llamarlos y decirles que no puedo. ¿A qué hora quiere Vd. verme?
- Hacia las siete. Puedo pasar por su casa a buscarla con el coche, si quiere.
- No se moleste, a las siete puedo estar en la oficina. De acuerdo.
- ¡Cuánto lo siento! Pero tiene que ser hoy mismo, ¿comprende?
- Sí, claro. Entonces, hasta luego, señor Hernández.

4 PLANTA

Señoras. Confección. Punto. Peletería. Boutiques Internacionales. Lencería y Corsetería. Futura Mamá. Tallas Especiales. Complementos de Moda.

SERVICIOS:

Peluquería Señoras. Conservación de pieles. Cambio de moneda extranjera. Devolución IVA.

5

6 PLANTA

Muebles y Decoración. Dormitorios. Salones. Lámparas. Cuadros. Tienda Dalí. **Hogar Textil.** Mantelerías. Toallas. Visillos. Alfombras y Moquetas. Cortinas. Edredones. Ropa de cama y mesa.

SERVICIOS:

Enmarque de cuadros. Realización de Retratos. Estudio de decoración. Centro de Comunicaciones. (Llamadas telefónicas nacionales e internacionales).

2 Ya es tarde

- Tengo que cambiar dinero.
- Ya es tarde. Los bancos han cerrado ya. Pero no te preocupes. A mí me queda dinero. O si quieres, cambia en Galerías. En los grandes almacenes siempre puedes cambiar.
- Déjalo, lo puedo cambiar mañana temprano.

3 Llegan a tiempo

- ¿A qué hora sale el tren?
- A las quince treinta y cuatro (15.34).
- Ay, ya son las tres, no queremos llegar tarde...
- No se preocupen, llegan a tiempo. Pero tomen un taxi, es mejor.

4 ⊙

RENFE INFORMA:

Madrid-Alicante en 5 horas.

Con los nuevos servicios especiales de verano, usted llega a Alicante directo. Sin atascos. En poco más de cinco horas.

Horarios	
Salida de Madrid-Atocha	8,45 horas
Llegada a Alicante	14,10 horas
Salida de Alicante	15,55 horas
Llegada a Madrid-Atocha	21,20 horas

Fechas de circulación: 8, 9, 15, 16, 29, 30 y 31 de Julio; 1, 2, 3, 4, 5, 6, 12, 13, 15, 16, 19, 20 y 31 de Agosto.

Este tren enlaza con los autobuses a las playas de Villajoyosa, Benidorm, Altea y Caspe.

Además continúan en servicio todos los trenes regulares a Alicante.

Reserve ya sus plazas para los trenes Rápidos Especiales a Alicante, en Renfe o en las Agencias de Viaje.

RENFE

5 Va a hacer un día estupendo

- Mañana salimos de excursión a la Cordillera Blanca. Hay que levantarse a las cinco...
- ¿A las cinco? ¡Qué barbaridad! ¡Tan temprano!
- Sí, pero vale la pena, va a hacer un día estupendo. Así que, por favor, no os levantéis en el último momento, como siempre, y desayunad deprisita...

Hace
- buen tiempo.
- un día estupendo.
- sol.
- calor.
- 30 grados.
- mal tiempo.
- viento.
- frío.
- 5 grados bajo cero.

¿Qué tiempo hace?
¿Qué tiempo ha hecho?
¿Qué tiempo va a hacer?

Llueve mucho.	Ha llovido mucho.	Va a llover.
Nieva todo el día.	Ha nevado todo el día.	Va a nevar.
Hace buen tiempo.	Ha hecho buen tiempo.	Va a hacer buen tiempo.

6 El tiempo va a cambiar

– ¿Qué ha dicho la radio del tiempo para el fin de semana?
– No sé, pero Paco dice que va a cambiar.
– Yo creo que lo dice porque no quiere venir con nosotros de excursión.
– Pues, podría decirlo claramente, digo yo ...

7 Comprensión auditiva

a. Escuche lo que le dice su amigo, que ha estado una semana en Mallorca.

	¿Lo dice? sí	no
No le ha gustado tanto como otras veces.	☐	☐
No ha hecho mucho calor.	☐	☐
Se ha bañado en el mar.	☐	☐
Ha hecho un tiempo muy bueno.	☐	☐
Ha hecho más de 20 grados.	☐	☐
Por la noche ha hecho mucho frío.	☐	☐
No ha podido hacer excursiones.	☐	☐
Ha visto la montaña del norte de la isla.	☐	☐
Ha llovido alguna vez, pero no mucho.	☐	☐

b. Escuche lo que le dice su amigo sobre el tiempo que va a hacer mañana.

	¿Lo dice? sí	no
Su amigo ha oído la radio.	☐	☐
Ve algo que no le gusta.	☐	☐
Dice que el tiempo ha cambiado bastante.	☐	☐
Mañana vale la pena ir a la montaña.	☐	☐
Mañana va a llover.	☐	☐
Mañana va a hacer mucho frío.	☐	☐
En la montaña puede hacer 10 grados bajo cero.	☐	☐
El ha estado 3 ó 4 semanas en la montaña.	☐	☐

8 El tiempo ⊙

EL TIEMPO

Todavía inestable

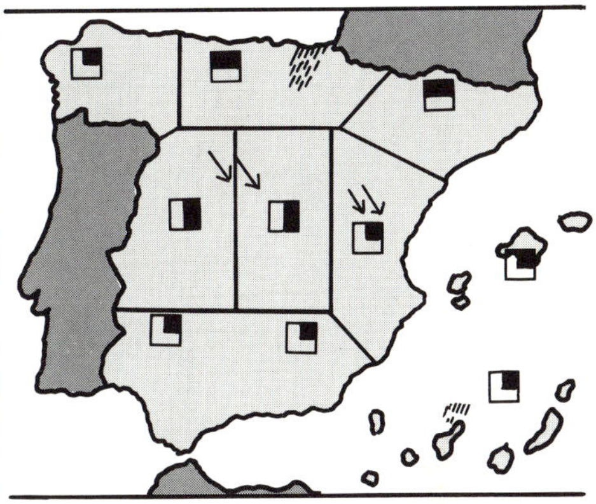

TORMENTAS NIEBLAS VIENTOS LLUVIAS
CIELO DESPEJADO NUBES ALTERNAS NIEVES
MUY NUBOSO CIELO CUBIERTO

Temperaturas extremas de ayer

ESPAÑA	MAX.	MIN.
Avila	7	1
Barcelona	16	8
Bilbao	16	7
Córdoba	18	9
Coruña (La)	12	9
Gerona	16	5
Granada	15	5
Ibiza	17	10
Madrid	11	4
Málaga	19	5
Palma	17	7
Palmas (Las)	20	15
Pamplona	16	7
San Sebastián	14	8
Segovia	8	1
Sevilla	19	10
Tenerife	21	15
Valencia	22	10

EXTRANJERO		
Amsterdam	7	3
Bonn	15	4
Bruselas	8	5
Copenhague	13	7
Estocolmo	6	–4
Londres	8	3
París	13	7
Roma	20	6

Lección 10

1 ¿Qué le gusta hacer los domingos?

- ¿Y a Vd., qué le gusta hacer los domingos?
- Pues no sé... Nos levantamos tarde, y si hace buen tiempo, vamos a dar una vuelta y nos reunimos con otros amigos. A veces vamos de paseo, y en invierno, al cine o al teatro. ¡Todo depende de si estamos a primeros o a finales de mes...!

2 ¿Qué te gusta hacer los domingos?

- ¿Y a ti, qué te gusta hacer los domingos?
- Huy, hago tantas cosas... En verano, voy a la piscina, y en invierno, a esquiar, sobre todo. De todas formas, como durante la semana todos los días estoy sentado, estudiando o en las clases, hago algo de deporte.

3 Pues yo, generalmente …

- ¿Qué va a hacer Vd. el domingo que viene?
- Pues no lo sé exactamente todavía, pero generalmente

voy al campo, a la montaña, a la playa.
voy a la piscina a bañarme.
voy a ver a unos amigos.
salgo a comer con unos amigos.
voy al fútbol, a los toros.
me quedo en casa para leer y oír música.
me quedo en casa para ver la «tele».
duermo una buena siesta.
⊙ …….

4 ¿Qué hace Vd. en su tiempo libre?

- ¿Qué hace Vd. en su tiempo libre?
- Mire Vd., tengo tan poco tiempo libre en realidad, pero me gusta

hacer fotos, sobre todo diapositivas en color.
leer el periódico o una revista.
leer un buen libro.
oír música, discos, cassettes …
hacer un poco de deporte.
salir con los amigos.
jugar con mis niños.
tocar la guitarra.
no hacer nada y descansar.
⊙ …….

5 ¿Qué deporte haces tú?

- ¿Tú haces algún deporte?
- Prácticamente ninguno. Me gustaría esquiar, pero ya sabes que resulta bastante caro …
  Pero cuando tengo tiempo, hago fotos, oigo música o leo, salgo con mis amigos o juego al ajedrez con ellos …
- ¿Vas al fútbol?
- No, no voy nunca, a los toros tampoco.

⊙ Aprenda sólo las palabras que le interesan:

Me gusta
nadar.
jugar al tenis.
esquiar.
pescar.
jugar al fútbol.
montar a caballo.
montar en bicicleta.
el wind-surf.
…….

6 La juventud española en su tiempo libre ⊙

A la pregunta «¿Qué te gusta hacer en tus ratos libres?», de 3.252 jóvenes entre los 15 y los 20 años, la mayoría han contestado que prefieren las ocupaciones «activas», como

- salir al campo
- hacer deporte
- tocar un instrumento musical
- salir con la novia o los amigos.

Los menos prefieren pasar el tiempo de una forma más «pasiva», como

- escuchar música
- ver la televisión
- ir al cine o teatro
- leer.

El 30% de los jóvenes lee el periódico diariamente. Las revistas más leídas son «Cambio 16», «Interviú», y «Semana».

FUTBOLINES
EL PINO

Celestion
Celestion

Lección 11

LOS CARACOLES

BOFARULL HNOS

Escudellers, 14 - Tel. 302.32.85 - 258.20.41 - BARCELONA -2-
Servicio continuo desde la una del mediodia hasta la una de la madrugada

MINUTA

Consomé
Sopa de pescado
Paella
Tortilla española

Caracoles
Ensalada mixta con huevo duro
Espárragos al natural con mahonesa
Jamón
Surtido de fiambre
Gazpacho

Merluza frita o al horno
Rape a la marinera
Calamares a la romana
Langostinos
Gambas frescas a la plancha
Fritura de pescado

Bistec con patatas
Lomo de cerdo con patatas
Entrecot de ternera con patatas
1/2 conejo
Cordero asado
Costillas de cordero

Fruta variada natural
Melocotón en almíbar
Flan al ron
Queso manchego
Café exprés
Licores

Vinos recomendados:
Bodegas TORRES,
casa fundada en 1870

VIÑA SOL:	mariscos
ROSADO:	pescado
TRES CORONAS:	parrilla
SANGRE DE TORO:	vino tinto de gran carácter

1 Hay que saber adónde ir

- Le invito a cenar, ya he reservado una mesa.
- Hombre, ¡qué bien!, muchas gracias.
- Vamos a «Los Caracoles», es un restaurante muy famoso, tienen muchos platos típicos, sobre todo de mariscos y de pescado. Ya sabe Vd. que la cocina española es excelente. Desde luego, hay que saber adónde ir.
- Y en su casa, ¿qué comen generalmente?
- Pues depende. De primer plato, por ejemplo, una sopa de verdura, luego un plato de carne o pescado. Los domingos, encargamos de vez en cuando una paella. Y después, claro, siempre café para terminar.

2 ¿Me trae el menú?

- Buenos días, señor.
- Por favor, ¿me trae el menú?
- Sí, aquí lo tiene.
- ¿Qué me recomienda?
- El plato del día.
- ¿Y qué es?
- Gazpacho, ternera asada o pollo con patatas fritas y ensalada. Y de postre, fruta, flan o helado.
- ¿Y qué es gazpacho?
- Es una especie de sopa fría, picante, hecha con tomate, pepino y pimiento. Es muy refrescante. ¡Le gustará mucho con este calor!
- De acuerdo, ¡tráigamelo! La carne, ¿no tiene mucha grasa?
- No, señor, es muy buena. ... ¿Y de beber?
- Un vino blanco de la casa.
- Gracias.

3 No tengo hambre

- Son las dos. Podríamos comer ya.
- Con este calor no tengo mucha hambre. Lo que tengo es una sed enorme.
- Entonces lo que podríamos hacer es comer más tarde.
- Sí, es lo mejor.
- Yo, de todas maneras no voy a tomar más que un bocadillo y una cerveza.

Lección 12

1 ¿Quiere que le deje algo?

- Huy, estoy casi sin dinero. ¡Siempre me pasa lo mismo! Y me doy cuenta precisamente cuando no se puede cambiar en ningún sitio ....
- No se preocupe. ¿Quiere que le deje algo? Yo tengo suficiente, ¿cuánto necesita?
- Pues, es sólo hasta mañana. Si puede dejarme mil pesetas, o mejor dos mil ....
- Eso no es ningún problema, aquí las tiene.

2 Si quiere, le acompaño

- Mañana hay un concierto de guitarra de Paco de Lucía.
- ¿A qué hora?
- No lo sé todavía, tengo que preguntar.
- Si le parece, le acompaño y lo miramos en un momento. Yo, de todas formas tengo que pasar muy cerca del teatro. A lo mejor voy también, me interesaría.

Si le parece,
- llamamos por teléfono al teatro.
- pasamos por el teatro.
- vamos a preguntar si quedan entradas.

3 ¿Quiere que le acompañe?

- ¿Ya sabe el horario de los autobuses?
- No, desgraciadamente he olvidado informarme.
- ¿Quiere que le acompañe a la estación y que lo miremos?

¿Quiere que
llamemos por teléfono a la estación?
pasemos por una agencia de viajes?
le lleve a la estación en mi coche?
vayamos a la estación para sacar el billete?
compre algo?
le llame por teléfono?
apunte el horario?
pregunte a un guardia?
apunte el nombre del médico?
alquile un coche?
mire las fotos?
invite a su amigo?
le presente a mi mujer?
trabaje con Vd. mañana?
me quede hasta la tarde?
escuche la radio?
pase por su casa a buscarla?
cambie dinero?

4 No se moleste Vd.

- ¿Quiere Vd. que nos informemos en la estación y saquemos el billete?
- No, déjelo. Hay muchos trenes que salen en dirección a Madrid...

¿Quiere que . . . ?
- No, déjelo. Mañana lo hago yo mismo.
- No muchas gracias, no se moleste Vd.
- No, es Vd. muy amable, pero no es necesario.

5 Comprensión auditiva

a. Vd. ha olvidado un reloj en el hotel y llama por teléfono. Escuche lo que le dicen.

¿Lo dice?	sí	no
Van a buscar.	☐	☐
Han encontrado el reloj.	☐	☐
Probablemente Vd. se ha dejado otra cosa más.	☐	☐

b. Hoy, Vd. no tiene nada que hacer. Escuche lo que le dice su amigo.

¿Lo dice?	sí	no
Vd. puede hacer algo por él.	☐	☐
Quiere que Vd. pase por la farmacia.	☐	☐
Quiere que Vd. vaya al banco.	☐	☐
Quiere que Vd. pregunte si hay un buen concierto.	☐	☐

6 ¿Puede Vd. hacer algo por él?

Vd. va a Buenos Aires la semana que viene. Su compañero de trabajo ha estado varias veces allí. El va a ir quince días después de Vd. Allí tiene contacto con un señor Montoya. A ver si Vd. puede hacer algo por su compañero:

Vd. podría
- llamarle desde Buenos Aires.
- reservarle un hotel.
- informarse sobre algunos problemas de importación y exportación.
- visitar a alguien.
- hablar con el señor Montoya.
- llevar algo al señor Montoya.
- ⊙ . . . .

Vd. habla con su compañero:
- ¿Quiere Vd./Quieres que _____ ?

7 El folklore musical en los Andes ⊙

La música ha sido siempre un elemento muy importante en la vida de los indios de Ecuador, Bolivia y Perú. Ya relatos españoles del siglo XVI hablan de la musicalidad de este pueblo, de la gran variedad de sus melodías y canciones. Los indios quechuas y aimarás han conservado intactas gran parte de ellas a través de los siglos. Por eso las podemos oír todavía hoy día, también en numerosos discos. Acompañadas con los instrumentos musicales originales, son de una gran alegría y belleza...

Lección 13

1 En una librería

- Señorita, ¿han llegado ya los dos libros y la guía sobre Perú que le he encargado?
- Los libros ya los tenemos. Se los puedo dar ahora mismo. Pero la guía todavía no. Si quiere, se la puedo mandar por correo. Seguro que llega esta semana.

2 En el mercado del puerto

- ¡Qué mariscos tan frescos!
- Acaban de llegar hace una hora del mar…
- ¿Cuánto cuesta el kilo de langosta?
- Dos mil novecientas ochenta.
- ¿Cómo ha dicho? Dos mil nove…
- Dos mil novecientas ochenta pesetas. Sí, señor, sí. El pescado ha subido este verano muchísimo.

3 A ver qué tenemos que comprar

- A ver, ¿qué tenemos que comprar?
- Lo tengo apuntado:

2 botellas de agua mineral
1 litro de leche
aceite
pau
mantequilla
1 kilo de azúcal
1 paquete de sal
medio kilo de arroz

4 ¿Nos pone 200 gramos de jamón?

- El viaje va a ser bastante largo. ¿Nos llevamos algo de comida? Así no perdemos tanto tiempo en un restaurante… Mira, allí hay una tienda que vende de todo.
(Los dos entran en la tienda.)
Por favor, ¿nos pone 200 gramos de jamón, y un cuarto de kilo de queso, de ése que tiene ahí?
- Sí, enseguida se lo pongo. 200 gramos de jamón… y un cuarto de kilo de queso. De éste, ¿verdad?
- Sí. También tienen fruta, ¿no?
- Sí, también tenemos.

⊙ Aprenda Vd. las palabras que le interesan.

Fruta

naranja

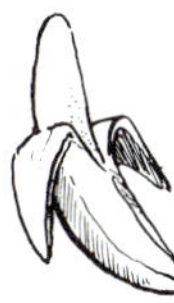
plátano

manzana

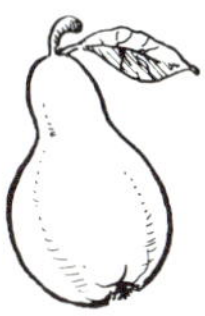
pera

melocotón

albaricoque

melón

cereza

ciruela

fresa

Verdura

tomate

guisantes

espinacas

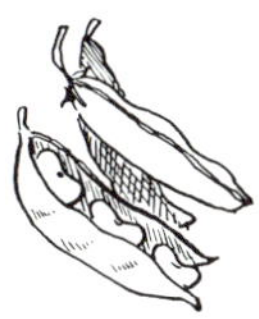
judías verdes

coliflor

lechuga (para hacer ensalada)

alcachofa

zanahorias

5 Es para un regalo

- ¿Es todo, señora? Se lo meto en una bolsa de plástico.
- No, gracias, tengo aquí mi bolsa. Pero el Jerez, por favor... Es para un regalo.
- Entonces se lo envuelvo con un papel bonito, ¿quiere?

6 Comprensión auditiva

a. Vd. quiere comprar un carrete para sacar fotos. Escuche en la cassette lo que le dicen en una tienda.

	¿Lo dice? sí	no
Tienen material fotográfico, arriba.	☐	☐
Vd. tiene que ir a otra tienda.	☐	☐
Es un poco complicado ir a la otra tienda.	☐	☐

b. Vd. entra en una tienda para comprar algunas cosas: leche, jugos, etc. Escuche en la cassette lo que le dice una chica de la tienda.

	¿Lo dice? sí	no
En la pequeña tienda, la gente compra más o menos como en un supermercado.	☐	☐
Las bebidas las tiene Vd. todas a un lado de la tienda.	☐	☐

7 Gazpacho andaluz ⊙

Ingredientes y cantidades:
Tomates 1/4 kilo
Pimientos 2
Pepino 1/2
Ajo 1 diente
Pan 150 gramos
Aceite 2 cucharadas
Vinagre 2 cucharadas
Sal

Modo de hacerlo:
En un mortero se pone el ajo, el pimiento cortado y un poco de sal. Se machaca. Se añaden los tomates cortados en trozos, el pan mojado y estrujado. Se mezcla bien. Se añade poco a poco el aceite trabajándolo todo como para una salsa mahonesa. Se añade un poco de agua y se vierte a través de un colador en la sopera. Se va añadiendo agua muy fría (hasta litro y medio). Al final se añade el vinagre y el pepino cortado en cuadraditos pequeños. Se sirve muy frío. (Cuando se quiere hacer rápidamente, se echan todos los ingredientes en una batidora eléctrica. Luego se deja algún tiempo en la nevera o se le añaden cubitos de hielo al servirlo.)

8 Canción popular española ⊙

De la uva sale el vino,
de la aceituna el aceite,
y de mi corazón sale
¡ay!, cariño para quererte.

En todo el pueblo se dice
que nos queremos los dos.
Niégalo tú, vida mía,
que también lo niego yo.

9 El alegre día de los muertos ⊙

El día de los muertos es en México un día de alegría, una fiesta. Los niños reciben juguetes y dulces que representan cabezas de muerto o esqueletos de chocolate, azúcar o mazapán. Para el indio la muerte no es triste. Ve su vida como una flor que se abre lentamente y se vuelve a cerrar. Quizás por eso nunca se ven tantas flores por todas partes como en ese día. Algunos pueblos conservan todavía la costumbre de llamar a los muertos con campanas que se oyen en todas partes para invitarlos, mientras se prepara una comida festiva, en una mesa adornada con muchas flores. A la segunda llamada de las campanas, el ama de casa llama a todos los muertos por su nombre para invitarlos a comer. En la mesa ya tienen su parte de comida y bebida reservada y un sitio para sentarse. Se bebe mucho, se hacen visitas, y se come finalmente lo que los muertos han dejado sin comer... Y todos creen que los muertos les han visitado.

Lección 14

1 Carta a un hotel

José Garrigues Montaner 14, Barcelona

25 de enero de 1987

Hotel Carlos I

Granada

Muy señores míos:

Por favor, ¿podrían reservar una habitación doble y una individual, las dos con ducha o baño, para los días 16 y 17 de febrero próximos?

Atentamente les saluda

José Garrigues

2 En el hotel

- Buenas tardes. He reservado dos habitaciones.
- ¿A qué nombre?
- José Garrigues.
- Señor Garrigues, a ver... Aquí no tengo nada reservado. ¿Está Vd. seguro? Este es el hotel Carlos I.
- Sí, claro, no es la primera vez que vengo. ¡Pero esto no puede ser...!
- Ah, sí, aquí está, perdone Vd. Está reservado desde mañana.
  Nos hemos equivocado en el día. Pero no pasa nada, todo se arregla. Les doy dos habitaciones en el tercer piso. Son muy tranquilas. ¿Quiere llenar la hoja, por favor?

el primer
el segundo
el tercer
el cuarto
el quinto
piso

el sexto
el séptimo
el octavo
el noveno
el décimo
piso

3 ¿Es suyo?

- ¿Es suyo el coche que está delante de la entrada del hotel?
- Sí, es el mío, ¿por qué?
- Ahí no puede aparcar Vd. ¿No quiere que le abra el garaje para meter el coche?
- Sí, claro, sí, sólo quiero sacar aquí en un momento las maletas.

4 No importa

- Camarero, por favor, ¿nos podría limpiar la mesa? Lo siento, pero el niño ha tirado el vaso de leche.
- Sí, un momentito, enseguida lo limpio todo.
- Lo siento mucho.
- No importa, no se preocupe. Ahora mismo le voy a poner un mantel limpio.
- Y tráigale al niño otro vaso de leche caliente, por favor.

5 Servicios: caballeros, señoras

- ¿Los lavabos, por favor?
- Los servicios de caballero, un piso más arriba, subiendo por esa escalera.

6 En un restaurante

- A ver, la cuenta... 1.500 pesetas, pues no es caro, ¿verdad? Y el servicio está incluido. Pero le dejo una propina, ¿no?
- Sí, deja algo.

7 Se han equivocado

- Camarero, por favor, me parece que se han equivocado en la cuenta.
  Aquí, ¿ve Vd.? En las bebidas pone 3 cervezas y 2 cafés, y hemos tomado sólo dos cervezas.
- Ah, sí, tiene Vd. razón. Perdone, ahora mismo le hago otra nota nueva.

8 Una reclamación

- Dígame.
- Oiga, por favor. ¿Hablo con la central? Llamo desde la habitación 37. ¿Me podrían despertar mañana a las siete?
- Sí, señor, naturalmente.
- Ah, y otra cosa: La ducha de la habitación funciona bastante mal. ¿Me la podrían arreglar?
- Ay, siempre hay problemas con esas duchas... Sí, ahora le mando a alguien.
- Muchas gracias.

Algunas reclamaciones

La puerta (del balcón) no cierra bien.
La ventana se abre cuando hace viento.
No sale agua, no puedo ducharme.
Faltan toallas, solamente hay una.
⊙ ....

9 Comprensión auditiva

a. Vd. acaba de llegar a un hotel. Ha reservado, por carta, una habitación tranquila, pero la habitación no le parece nada tranquila. Escuche Vd. en la cassette lo que le dicen.

	¿Lo dice? sí	no
Durante la noche pasan muy pocos coches.	☐	☐
Hoy no hay otra habitación libre.	☐	☐
Le preguntan si quiere Vd. cambiar de habitación, si es posible.	☐	☐

b. Vd. está en un hotel. La ducha de su habitación no funciona. Escuche en la cassette lo que le dicen.

	¿Lo dice? sí	no
Ahora mismo va a subir alguien a verlo.	☐	☐
Puede Vd. tomar la habitación 49.	☐	☐
Lo sienten, pero hoy ya no va a funcionar la ducha.	☐	☐

10 Puerto Rico ⊙

Esta isla del Caribe, con su eterno clima de verano, atrae a gran número de turistas, sobre todo de Nueva York. Muchos se quedan a vivir allí casi todo el año.
Por otro lado, gran número de portorriqueños han abandonado la isla y se han ido a Nueva York, en busca de trabajo, y son allí más numerosos que en San Juan, capital de Puerto Rico...
Todo está en la isla preparado al gusto americano: restaurantes, bares, hoteles, discotecas. Sin embargo, los numerosos museos, palacios, iglesias coloniales, la parte antigua de San Juan, declarada monumento nacional desde 1947, convierten la isla en el centro cultural del Caribe.

Vista de San Juan, la capital de Puerto Rico

Lección 15

1 ¿Me enseña otro modelo?

- Por favor, esos zapatos negros que tienen en el escaparate…
- ¿Cuáles?
- Los de la derecha, los que valen 8.000 pesetas, me gustaría probármelos.
- ¿Qué número tiene?
- El 43.
- Lo siento, pero sólo nos quedan números pequeños.
- Entonces, ¿me enseña otro modelo parecido, en mi número?

2 Por favor, ¿cuánto vale?

- Por favor, quisiera saber cuánto cuesta ese abrigo de cuero gris. El largo ese…
- 19.500 pesetas. ¿Se lo quiere probar?
- Sí, me lo voy a probar.
  Bueno, es muy bonito, pero lo encuentro un poco corto para mí.
- Ya no se llevan tan largos…
- Pues, no sé, no me gusta demasiado cómo me está. Y además, lo encuentro un poco caro. Me lo voy a pensar, y a lo mejor vuelvo a pasar. De todas maneras, muchas gracias.
- Muy bien, hasta cuando Vd. quiera.

¿Qué ropa le gustaría comprar?

una chaqueta	⊙ una camisa
un jersey	una blusa
una falda	medias
un pantalón	calcetines
un vestido	ropa interior
un traje	un sombrero
	un cinturón
	unas botas
	unas playeras

¿De qué material?

de lana	⊙ de algodón
de cuero	de seda
de piel	de nylón
de un material más fino	

¿Y qué color prefiere Vd.?

una falda blanca	una blusa azul
un abrigo negro	una falda verde
un jersey rojo	una chaqueta gris
un pantalón amarillo	una bolsa marrón

3 Tengo ganas de ponerme ropa de verano

– Me alegro de que haga tan buen día. Por fin me puedo poner la ropa de verano. ¿No tienes ganas tú también de quitarte por fin el abrigo? Yo llevo cinco meses sin quitármelo con este tiempo...

4 Me han recomendado una tienda

- Hola, José, ¿qué haces por aquí? Por aquí no te he visto nunca.
- Sí, vivo bastante lejos, pero me han recomendado una tienda que hay en esta calle donde venden máquinas fotográficas de segunda mano, ¿sabes?
  ¿Tú vienes mucho por aquí?
- Sí, vengo casi todos los días a este bar, al salir de la oficina. Es muy agradable.
- Y Juan, ¿qué tal está?
- Pues mira, Juan también suele venir, pero hoy no creo que venga, tiene mucho trabajo de momento.
- Dale recuerdos de mi parte.

5 De colores ⊙

De colores, de colores se visten las flores en la primavera,
de colores, de colores son los pajarillos que vienen de fuera,
de colores, de colores es el arcoiris que vemos lucir.
Y por eso los grandes amores de muchos colores me gustan a mí.
Y por eso los grandes amores de muchos colores me gustan a mí.

Habanera popular, J. Trayter

6 A mí me gusta lo blanco ⊙

A mí me gusta lo blanco,
viva lo blanco, muera lo negro.
Que lo negro es cosa triste,
yo soy alegre, yo no lo quiero.

A mí me gusta la gaita,
viva la gaita, viva el gaitero.
A mí me gusta la gaita
que tenga el fuelle de terciopelo.

Músicos tocando en una fiesta (tamborín y gaita)

Francisco de Goya:
Doña Tadea Arias de Enríquez

7 Eres alta y delgada ⊙

Eres alta y delgada
como tu madre,
morena salada,
como tu madre.
Bendita sea la rama
que al tronco sale,
morena salada,
que al tronco sale.

Toda la noche estoy,
niña, pensando en ti,
yo de amores me muero
desde que te vi,
morena salada,
desde que te vi.

Eres como la rosa
de Alejandría,
morena salada,
de Alejandría:
colorada de noche,
blanca de día,
morena salada,
blanca de día.

Toda la noche estoy,
niña, pensando en ti,
yo de amores me muero
desde que te vi,
morena salada,
desde que te vi.

Lección 16

1 Espero que vengas

– Hombre, Pepe, me alegro de que por fin nos llames. Pero espero que vengas de verdad por aquí a vernos. Tenemos muchas cosas que contarte. Además, no has visto todavía nuestro piso…

2 El piso

Juan y Beatriz se han casado hace tres meses. Su amigo Pepe, después de llamarlos por teléfono, los visita.
(P – Pepe, J – Juan, B – Beatriz)

P – Pero, ¿cómo os habéis venido a vivir a Pozuelo?

J – Pues ya ves, chico, porque el aire de Madrid está cada día peor, y no se tarda nada por la autopista.

B – A mí lo que más me gusta aquí es que hay una piscina para todos, y cuando volvemos de Madrid, después de trabajar, con este calor, me encanta bañarme. Ya no quisiera vivir más en Madrid.

P – ¿Habéis alquilado el piso o es comprado?

J – ¡Comprado, hijo, comprado! Tres milloncetes vale, y buen trabajo nos ha costado reunir el dinero para pagar la entrada. Ahora nos falta el resto, pero para ello dan ocho años para pagarlo poco a poco.

B – Bueno, sólo queríamos alquilar, no comprar, un piso en Madrid, pero, chico, ¡qué precios! Total, pensamos que en realidad lo más barato es esto de aquí.

3 Divertirse - y gastar menos

P - Oye, ¡qué simpático tenéis el piso! ¡Me gusta!

J - Pues no hay casi nada nuevo. Todo lo viejo que había en casa de nuestros padres lo hemos pintado, arreglado, cambiado... A Beatriz le encanta improvisar y coser, así que ella misma ha hecho las cortinas, hemos arreglado el sofá y los sillones, enfin...

B - Y no ha sido sólo para gastar menos, la verdad es que además nos hemos divertido bastante...

Los muebles más importantes:
la cama (para dormir)
el armario (para meter la ropa)
la mesa (para comer, para escribir, etc.)
las sillas (para sentarse a la mesa)
el sofá y los sillones (para sentarse cómodamente a charlar, a leer, a ver la televisión)
Lo más importante que hay en la cocina:
la cocina eléctrica (para hacer las comidas)
la nevera (para tener al frío las bebidas, la carne, la mantequilla, etc.)
los platos, las tazas y los vasos, los cuchillos, los tenedores, las cucharas y cucharillas (para poner la mesa)

◄ *El aire de Madrid está cada día peor.*

▼ *Es más barato vivir fuera de Madrid.*

4 Comprensión auditiva

Vd. quiere comprar muebles de jardín. Escuche lo que le dicen en la quinta planta de unos grandes almacenes, sección de muebles.

¿Lo dice?	sí	no
Tienen muebles de metal, pintados.	☐	☐
También tienen muebles de madera.	☐	☐
Los de madera están pintados en blanco o negro.	☐	☐

5 Nos arreglaremos bien

- ¿Sigues de empleada en el Banco de Bilbao?
- Sí, y pienso seguir. A mí me gusta ganar mi propio dinero.
- ¿Y después, con el niño?
- Tengo suerte, mi madre es bastante joven todavía, y la de Juan tampoco es vieja... Las dos me han dicho ya que me ayudarán, así que creo que nos arreglaremos bien.

6 Nada más de alcohol

- Hombre, quédate un ratito más. Vamos a tomar todavía una copa... la penúltima.
- No, por favor, que tengo que conducir todavía. He venido en moto.
- ¿Pero sólo un vasito más?
- No, por favor, de verdad que tengo que irme. Si no, mañana estoy medio muerto.
- Como quieras...
- Hala, hasta pronto, y muchas gracias por la cena. Ha estado estupenda.

7 ¿Has dejado de fumar?

- ¿Pero otra vez has dejado de fumar?
- Sí, desde hace tres semanas.
- Pues, ¡me alegro que sea así, hombre! Y espero que esta vez no vuelvas a empezar. ¡Lo de tus 40 cigarrillos diarios es una locura!
- Era una locura, quieres decir.
- Bueno, si es así, me alegro por ti...

8 España con tabaquitis ⊙

Dos cartas de lectores de la revista «Blanco y Negro» sobre el problema del tabaco

Me parece bien que el Ministerio de Sanidad se ocupe de la salud de los españoles y que los medios de comunicación hablen de la campaña «No queme su salud», pero creo que por mucho que nos digan, millones de españoles seguiremos fumando... Tratar de meternos el terror al tabaco mientras comemos pescado de un mar con un grado de contaminación que va a acabar con la vida de los que lo habitan, respiramos un aire sucio y bebemos aguas también sucias, nos parece contradictorio. Alguien dirá que el fumar es la gota que colma el vaso. Pues muy bien. De algo hay que morir.

Daniel Casas
Madrid

¡Ya es hora! Mi felicitación al Ministerio de Sanidad y Seguridad Social por su campaña contra el tabaco. Porque no puede ser que en un mundo en que se prohibe la droga (y no sólo las llamadas drogas «duras» sino otras como la marihuana, que según los médicos sólo es peligrosa en alto grado de consumo) tengan vía libre, en cambio, el tabaco y el alcohol. Y no olvidemos que éstos producen más muertes que la droga. Pero en fin, ya se sabe que el mundo está loco...

Aurelia Moreno
Valencia

9 ¿Estamos acabando con la naturaleza? ⊙

Se ha celebrado en todo el mundo la «Jornada del medio ambiente». Si, como dice el «slogan», la naturaleza es igual a futuro, entonces ¿qué nos espera en España, donde tantos animales y tantas plantas – árboles y flores – están desapareciendo, donde las urbanizaciones se comen cada vez más el paisaje, los bosques, el campo, la tierra cultivable...?

El hombre acaba con la naturaleza.

Lección 17

▲ *Visitar museos y palacios…*

…o viajar de otra forma. ►

1 No hay que hacer siempre lo mismo

(Pepe y Manolo, 18 años)

- ¿En las vacaciones vas a viajar otra vez con tus padres?
- Pues, no lo sé, todavía no me he decidido. No tengo muchas ganas. Ya sabes, ellos siempre visitan castillos, palacios, parques y jardines, museos, y tardan horas en verlo todo…
- Y a ti, eso no te interesa, claro.
- Sí, pero también hay otras cosas en el mundo. No sé…, en el extranjero me interesa primero el ambiente, ver cómo vive la gente, qué piensa, cuál es la opinión que tiene de España, cuáles son sus problemas, si ganan lo suficiente para vivir, qué piensa la gente de su gobierno, en fin… Me gusta viajar de otra forma. ¡No hay que hacer siempre lo mismo!

2 España ya no es tan barata

- Veo que España ya no es tan barata como antes, ¿verdad? Yo me acuerdo que...
- Pues sí, ha subido muchísimo: la comida, los transportes, la ropa, los espectáculos, el alquiler de los pisos, la gasolina... Aunque claro, eso pasa en todas partes. Creo que lo peor es la gasolina y la comida, porque hay otras cosas que uno no necesita tanto, ¿no? Pero lo de la comida es grave...
- Pero la gente en general gana mucho más que antes, ¿no?
- Sí, claro, los salarios y los sueldos han aumentado muchísimo si los compara Vd. con los de hace 15 años, por ejemplo. También las pensiones de las personas mayores han aumentado, pero, claro, lo importante es la relación entre lo que gana una persona y lo que tiene que pagar cuando va a la compra. Si esta relación está mal, es la inflación completa, ¿no?

3 Lo hemos pasado muy bien

- ¿Cuánto han tardado Vds. de Barcelona a Valencia? Han venido por la autopista, ¿no?
- No, esta vez nos hemos tomado mucho tiempo y hemos viajado por la carretera nacional. Son algunos kilómetros más, pero vale la pena porque se ve mucho más de la región. Es que tenía ganas de viajar como antes, cuando viajábamos más despacio porque no había autopista, y nos parábamos a tomar un café aquí y una cerveza allí… Y teníamos más tiempo para verlo todo muy bien.
- Tiene Vd. razón. A mí no me gusta tampoco ir siempre por la autopista. Es bastante aburrido.

¿Cuándo prefiere Vd. la autopista?
¿Cuándo prefiere Vd. la carretera?

4 Comprensión auditiva

En la gasolinera

a. Vd. se da cuenta de que su coche va cada vez más despacio. Vd. pregunta en una gasolinera. Escuche lo que le dicen.

	¿Lo dice? sí	no
Hace falta reparar algo, y costará caro.	☐	☐
No es gran cosa, pueden arreglarlo en poco tiempo.	☐	☐
Después, el coche va a necesitar menos gasolina.	☐	☐

b. Vd. no está seguro si es mejor tomar la autopista o no. Pregunta Vd. en la gasolinera. Escuche lo que le dicen.

	¿Lo dice? sí	no
Va a tardar Vd. igual por la autopista que por la carretera general.	☐	☐
De momento hay poco tráfico por la carretera.	☐	☐
La autopista no cuesta nada.	☐	☐

5 El petróleo de Venezuela ⊙

Un geólogo venezolano, hace ya algún tiempo, ha dicho que en Venezuela hay tantas reservas de petróleo como en todos los países del mundo entero juntos. Millares y millares de toneladas, lo suficiente para todos en los próximos treinta años…

La noticia es exacta e inexacta al mismo tiempo. Se sabe ya desde hace 50 años que al norte del río Orinoco hay unas reservas increíbles. Pero se trata de aceite pesado cuya transformación en gasolina o aceite para calefacción cuesta millones de dólares y muchos años de trabajo, porque presenta enormes dificultades técnicas.

De todas maneras, Venezuela es uno de los mayores exportadores de petróleo y uno de los primeros. Ya en 1914 se encontró petróleo en el lago de Maracaibo. Actualmente, el 90% de la producción se exporta a los Estados Unidos. El petróleo ha hecho rico al país, y lo hará todavía más. Pero en Caracas, donde viven dos millones y medio de sus habitantes, los rascacielos están rodeados de las cabañas de los «slums». El petróleo crea riquezas para unos pocos y para el Estado, pero no crea puestos de trabajo para los muchos que los necesitarían…

6 Santiago ⊙

«... y Herodes Agrippa quita la vida con su espada a Santiago, hermano de Juan...» cuenta San Lucas. Y sus discípulos traen sus restos a España a un lugar que más tarde se llamará Santiago de Compostela; son los restos que vuelven a aparecer nueve siglos después.
Según los estudios hechos en 1946 por especialistas bajo el suelo de la catedral de Santiago de Compostela parece ser que se trata verdaderamente de un hecho histórico auténtico. Pero aun dejando la autenticidad de los restos a un lado, lo que importa es el fenómeno histórico, la importancia de las peregrinaciones. La noticia de la aparición de los restos del santo vuela por toda España y el mundo entero, y millones de europeos, africanos y asiáticos llegan hasta Compostela, y su camino se convierte en camino de cultura, de arte, de comercio, de progreso. Hoy no comprendemos este fenómeno. Pero el hombre de la Edad Media era enormemente religioso, y las reliquias le ponían en un contacto casi físico con Dios. Y es el mismo fenómeno que se da con otros lugares de peregrinación: el sepulcro de Confucio para los chinos, Olimpia en el mundo de los griegos, Jerusalén para los hebreos, La Meca para los musulmanes...

Camino de Santiago

7 El peregrino ⊙

El peregrino tenía privilegios a su paso por los pueblos. Le afeitaban y le cortaban el pelo gratis. Le daban agua caliente para lavarse. Recibía comida gratuitamente: pan, queso, carne, vino. Si se le rompían los zapatos, los zapateros tenían permiso de arreglárselos incluso los domingos. Si caía enfermo se le atendía. Y si moría, tenía derecho a un buen entierro.

(Todos estos detalles los sabemos del «Codex Calixtinus» de la primera mitad del siglo XII, que puede considerarse como la primera guía turística europea).

La Catedral de Santiago de Compostela

Lección 18

1 Ayer

- ¿Qué tal ayer en Avila?
- Nos divertimos mucho todos juntos, pero con el tiempo tuvimos una mala suerte enorme y nos llovió. Fue una pena, nos mojamos como pollos y acabamos la excursión metidos en un café.
- ¡Qué suerte que no fui con vosotros! ¿Fue Antonia?
- No, ella tampoco pudo venir. ¿Y tú qué hiciste? ¿Te quedaste en casa?
- Sí, por la mañana estuve leyendo tranquilamente unos periódicos, luego tuve que arreglar la bicicleta que se me había roto, y durante la semana no tengo tiempo de hacer nada. Y por la tarde me llamó Joaquín y salí con él a dar un paseo. Total que no hice nada de especial.
- Yo creí que ibas a salir con Pepe y con Teresa…
- No, quedaron en llamarme, pero no lo hicieron. Seguramente tuvieron otra vez de visita a sus padres. ¡Se presentan siempre sin llamar!

La famosa muralla de Avila

2 El domingo pasado

– ¿Qué hiciste/qué hizo Vd. el domingo pasado?

– Pues,
- me levanté tarde.
- me lavé el pelo/la cabeza.
- visité a mis padres.
- escuché la radio.
- escribí varias cartas.
- salí en bicicleta.
- volví tarde a casa.
- dormí una buena siesta.
- ⊙ ....

– Y tú, ¿qué hiciste? / Y Vd., ¿qué hizo?

– Pues yo
- estuve todo el día en casa.
- no pude salir porque estaba mal.
- hice algunas cosas sin importancia.
- tuve que arreglar algunas cosas que no funcionaban...
- fui al lago a bañarme.
- ⊙ ....

3 ¿Por qué no llamasteis?

Queridos Teresa y Pepe:
¿Por qué no llamasteis ayer?
¿Os olvidasteis de mí o tuvisteis
otra vez visita? Sentí mucho
no veros como habíamos pensado.
Un abrazo, Luis

4 ¿Qué hicieron Vds.?

– ¿Qué hicieron Vds./qué hicisteis?

– Bueno,
- nos levantamos temprano.
- salimos de paseo.
- comimos en casa.
- tuvimos que visitar a mis padres.
- estuvimos en casa.
- no hicimos nada especial.
- no pudimos salir.
- fuimos al cine.

5 ¿Dónde nació Vd.?

– De dónde es Vd.? ¿Dónde nació?
– ¿Yo ? Nací en Lima, pero mis padres vinieron a Europa cuando yo tenía siete años.

6 Canción cubana ⊙

Nunca podré morirme,
mi corazón no lo tengo aquí,
ella me está esperando,
me está esperando que vuelva allí.
Cuando salí de Cuba,
dejé mi vida, dejé mi amor.
Cuando salí de Cuba,
dejé enterrado mi corazón.

7 La siesta ⊙

A la siesta se le ha llamado «el yoga español». Y ya dice el refrán: «Después de comer ni un sobre leer»... Por eso, en las horas de calor, el turista puede observar algunas variedades de la siesta: siestas sobre los bancos de las calles, siestas bajo los árboles de los parques, siestas sobre el suelo, de los obreros que hacen una pausa, siestas en cafés oscuros, siestas en las terrazas de los bares... Lo que no ve el turista, claro, son las siestas «secretas» de aquellos que se avergüenzan del sueño como de una debilidad... Pero en general, el poder dormir, así «por las buenas», se considera como un regalo del cielo. «Uno duerme cuando tiene sueño», solía decir Salvador Dalí. Y tenía razón. En fin, ¡dejemos de reírnos de la siesta como de un defecto típico español!...

8 Un buen amigo ⊙

En Buenos Aires conocí a un escritor argentino, muy excéntrico, que se llamaba o se llama Omar Vignole. No sé si vive aún. Era un hombre grandote, con un grueso bastón en la mano. Una vez, en un restaurante del centro donde me había invitado a comer, ya junto a la mesa, se dirigió a mí y me dijo con voz estentórea que se escuchó en toda la sala: «¡Sentáte, Omar Vignole!» Me senté con cierta incomodidad y le pregunté de inmediato: «¿Por qué me llamas Omar Vignole, a sabiendas de que tú eres Omar Vignole y yo Pablo Neruda?» «Sí – me respondió – pero en este restaurante hay muchos que sólo me conocen de nombre, y como varios de ellos me quieren dar una paliza, yo prefiero que te la den a ti.»

(Del libro «Confieso que he vivido», memorias de Pablo Neruda, chileno, Premio Nobel de Literatura).

Pablo Neruda ►
¿Un defecto español? ▼

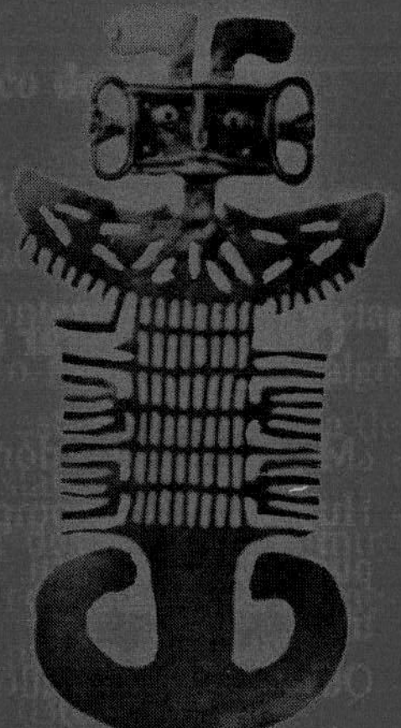

9 El Museo del Oro de Bogotá ⊙

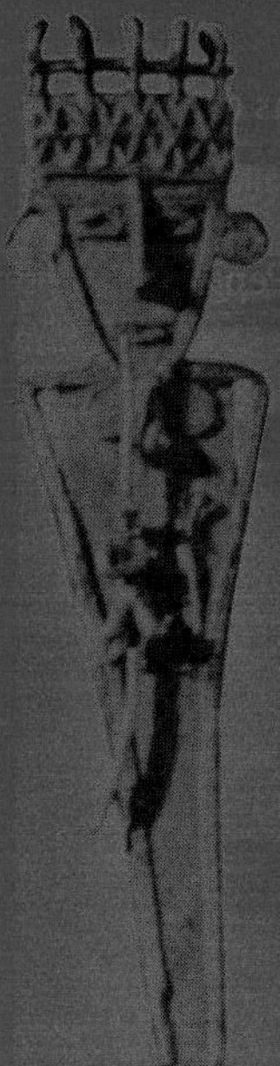

El Museo del Oro, situado en el centro de la capital de Colombia desde 1938, reúne la mayor colección de objetos de oro de arte indio del mundo, unos 18.000. El Museo trata de salvar y conservar en todo lo posible los restos de este arte antiquísimo.
Ya desde tiempos muy antiguos, los indios colombianos conocían la técnica de trabajar el oro e incluso la de mezclarlo con otro metal, el cobre. La materia prima se encontraba en los ríos en forma de polvo o pequeños granos, y en cada región se trabajaba con una técnica un poco diferente y un estilo propio.
Los objetos acompañaban frecuentemente a los muertos en sus sepulcros. Representaban o bien máscaras, la cara o el cuerpo del muerto, o bien animales en los que el muerto después podía seguir viviendo. Siglos más tarde esos sepulcros han sido abiertos, poco a poco, y toda esa riqueza del arte precolombino ha salido a la luz del día.

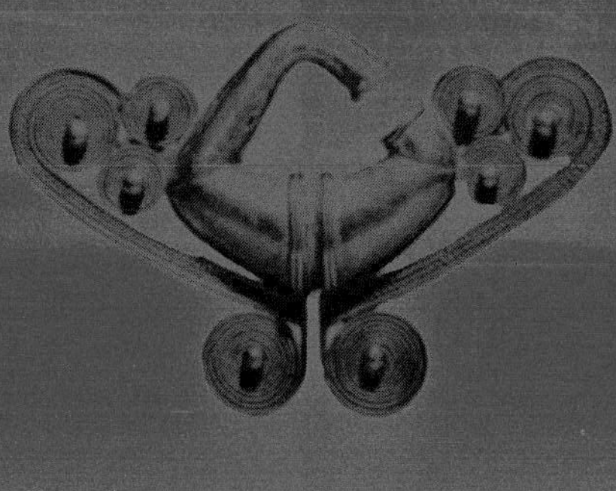

9 Capitales latinoamericanas, el año 2000 ⊙

Según los últimos estudios de expertos sobre la emigración, el movimiento de habitantes del campo y pueblos pequeños en dirección a las grandes capitales va a crear, dentro de algunos años, problemas muy graves.

Como ejemplo de la velocidad con que aumenta la población, se cita el caso de Ciudad de México, que contaba en 1950 con 2.900.000 habitantes, pasó en 1975 a 10.900.000, y en 1979 contaba ya con más de 14 millones... Se cree que para el año 2000 tendrá unos 30 millones.

Las Naciones Unidas cuentan con que en el año 2000 un 40% de la población total de Lima estará formada por la gente que vive en slums, así como en Santiago de Chile una tercera parte vivirá también así, por no nombrar más que dos ejemplos entre muchos...

Los expertos distinguen, sin embargo, dos tipos de recién llegados a las capitales: uno, que se reúne en barriadas cerca de la ciudad, en casas de tipo pobrísimo, pero que llega lleno de optimismo e ilusiones, con su familia, con ganas enormes de trabajar y aprender, de encontrar una vida mejor, y que traen un elemento de alegría y productividad; el segundo tipo es el de los desesperados, que acaban en los slums, en medio de la pobreza, las enfermedades y la suciedad más absoluta.

¿Cómo se va a resolver el problema? Nadie lo puede prever. Pero se dice que los modelos de otras grandes ciudades industriales, en otros países, que atrajeron en su momento gran cantidad de gente, no sirven para el caso de Latinoamérica. Latinoamérica tiene que encontrar su propio camino . . .

Bogotá, una de las capitales latinoamericanas.

Lección 20

1 ¿Cuándo lo verá?

- ¿Cuándo verá Vd. al señor Balsalobre?
- Probablemente mañana.
- Cuando lo vea, le da un saludo de mi parte y le dice que me llame, por favor.

- ¿Cuándo lo hará Vd.?

- Cuando tenga tiempo.
  Cuando haga mejor tiempo.
  Cuando deje de llover.
  Cuando tenga más dinero.
  Cuando venga mi amigo a ayudarme.
  Cuando haya terminado este trabajo.
  Cuando Vd. quiera.
  ⊙ ....

¿Cuándo hará Vd. el viaje?
¿Cuándo me dirá Vd. la dirección de su hotel?
¿Cuándo podrá Vd. salir conmigo?
¿Cuándo tendrá Vd. más tiempo?
¿Cuándo vendrá Vd. a vernos?
¿Cuándo comprará Vd. un coche nuevo?

¿Cuándo dejarás de fumar?
¿Cuándo nos enseñarás tus diapositivas?
¿Cuándo me escribirás?
¿Cuándo nos invitarás por fin?
⊙ ....

2 Perdone Vd. que no le haya escrito

- ¡Ah!, ¿qué tal, señor Aguilera? ¡Cuánto me alegro de encontrarle! Por cierto, ¿no ha recibido Vd. mi carta?
- Sí, por Dios, perdone Vd. que no le haya contestado, pero resulta que he estado enfermo…

Perdone Vd.
- que no haya contestado a su carta, pero…
- que le haya hecho esperar tanto, pero…
- que llegue tarde, pero…
- que se me haya olvidado llamarle, pero…
- que no le haya abierto la puerta, pero…
- que no vaya con Vds., pero…
- ⊙ ....

3 Lo siento, pero…

- Siento mucho que no puedas salir conmigo. Tenía tantas ganas de dar un paseo contigo y hablar un poco…
- Más lo siento yo, pero es que…

…he quedado ya en acompañar a mi madre al médico.
…Carmen ha sacado entradas para ir al teatro conmigo.
…tengo un examen pasado mañana, y como no estudié anoche…
…estoy cansadísima, tengo un trabajo enorme de momento en la oficina.
…estoy invitada a un cumpleaños.
…mi hermano ha vuelto de Francia, y estamos todos juntos.
⊙ …….

4 Tuve un accidente

- Llega Vd. con retraso. ¿Ha tenido un buen viaje?
- Sí, excelente. He conocido en el coche restaurante a un señor que me ha contado bastante sobre la situación social en España. Ha sido para mí muy interesante.
- Perdone que no le ayude con las maletas, desde mi accidente no puedo llevar nada pesado.
- ¿Ha tenido Vd. un accidente?
- Sí, ya hace dos meses. Choqué con otro coche en un aparcamiento. Pero vamos a darnos prisa, si no, no quedará ningún taxi libre a la salida.
- Me alegro de que haya venido a buscarme…

5 Emilio Muñoz, 16 años, profesión: torero ⊙

Casi un niño. Un niño que juega a los toros desde los nueve años, cuando sus amiguitos jugaban a indios y cowboys, y que decía: «Cuando sea mayor, seré torero.»

- ¿Eres ya «mayor», Emilio?
- Hay que ser hombre para hacer frente al toro.
- Pero tú eres todavía niño. La ley dice que tú no puedes votar, la ley dice que tú no puedes conducir un coche, la ley te prohibe administrar tus bienes, pero deja que el toro te haga millonario. No puedes casarte sin el permiso de tu padre, pero ¿le pedirá permiso a tu papá el toro cuando vaya a por ti?
- El toro no es cosa de edad, es cosa de valor.
- Y el valor lo tienes. Los grandes críticos taurinos ya hablan de ti como del ídolo de los próximos años, sólo se espera a que recibas la primera cornada para confirmarlo…
- Y sabe lo que le digo, estoy deseandito que llegue la primera «corná», para pasar la prueba del fuego, para ver cómo reacciono cuando vea la sangre y el dolor y todo eso.
- ¿Te empujó tu padre a los toros?
- No, la cosa empezó así: A los nueve años, estando en un festival de toros, empezó mi hermano a pincharme: «¡A que no te atreves a ponerte delante del toro!» Y yo, como un loco, me tiré a la plaza, cogí un capote que pesaba casi más que yo y empecé a dar pases. Y desde entonces empecé todos los días de fiesta a entrenar y a entrenar… Hasta que mi padre me dijo: «Si quieres ser torero, yo te voy a ayudar, pero me tienes que prometer que te lo tomarás en serio.»
- ¿Y no te entran ganas a veces de dejarlo? ¡Pareces muy cansado!
- ¿Cómo iba a dejarlo? ¡Esto es lo mío! Y además, ¿qué iba a hacer yo sin estudios, sin trabajo, sin ná?
- ¿No tienes la sensación de que te falta algo?
- Sí, ahora veo que nunca tuve vida de niño, que no he jugado casi, pero ya tendré yo tiempo de vivir… Pero es triste, no puedo ni beber ni fumar, no puedo salir por ahí a divertirme. Con el ritmo de vida que llevo de tanto viaje, es imposible.
- ¿Y qué echas de menos ahora mismo?
- Pues la verdad, ¡un buen plato de garbanzos, de los que hace mi madre en el pueblo, que ya estoy harto de tanta ensalada…!

MAYO 1980
MADRID 1980
FERIA TAURINA
DESPACHO
BILLETES
DE TOROS
ON·PARLE·FRANCAIS

Lección 21

1 Es probable que llegue un poco tarde

- Oye, Paco, es posible que invite mañana a los nuevos vecinos de arriba. ¿Qué te parece?
- Bien, pero yo... es probable que llegue un poco tarde a casa. De momento tenemos mucho trabajo en la oficina.
- Ah, siempre «vuestro trabajo». Y yo creía que me ibas a ayudar un poco...
- Vendré lo antes posible, no te preocupes.

2 ¿Te ayuda tu marido?

La revista «Blanco y Negro» ha publicado las siguientes preguntas para que maridos y mujeres puedan darse cuenta de cómo funcionan las cosas en su familia. Si el marido obtiene 10 puntos, deja mucho que desear, y debería tratar de mejorarse . . . Si su mujer le critica o protesta de vez en cuando, tiene razón. De 10 a 20 puntos, es un marido un poco tradicional, pero por lo menos está en buen camino . . . Y de 21 a 30, es un marido modelo. (Con más puntos, casi casi es demasiado, un marido extraordinario, o debe haberse equivocado al contestar las preguntas . . .).

1 ¿Es él quien despierta a los demás?
2 ¿Prepara el desayuno?
3 ¿Ayuda a hacer las camas?
4 ¿Ayuda a limpiar?
5 ¿Hace las pequeñas reparaciones en casa?
6 ¿Lleva a los niños al colegio?
7 ¿Hace la compra al volver de la oficina?
8 ¿Prepara las comidas?
9 ¿Pone la mesa?
10 ¿Lava los platos?
11 ¿Va a hablar con los profesores de los niños?
12 ¿Controla los deberes de los niños?
13 ¿Hace su maleta cuando se va de viaje?
14 ¿Se levanta si el niño llora por la noche?
15 ¿Se encarga él de pagar multas, impuestos, seguros?
16 ¿Se lava las camisas?
17 ¿Cuida a los niños cuando están enfermos?
18 ¿Se compra él solo la ropa?
19 ¿Contesta al teléfono cuando está en casa?
20 ¿Se ocupa del perro o del gato?

En cada pregunta, la contestación
«nunca» vale 0 puntos
«a veces» vale 1 punto
«siempre» vale 2 puntos.

¿Cuántos puntos le da Vd. a su marido?
¿Cuántos puntos tiene Vd., señor?

3 La mujer española y el trabajo ⊙

Según una encuesta, la participación de la mujer española en la vida activa del país es de un 27 por ciento. Es una cifra baja si se compara con Inglaterra, Alemania o Francia (50,1%, 49,9% y 39,4%, respectivamente).
Y según una estadística publicada por el Frente de la Liberación de la Mujer, las profesiones en que más se encuentra la mujer española son
- el servicio doméstico (96%)
- modistas (83%)
- personal de limpieza (81%)
- lavanderías (80%)
- peluquerías (67%).

En cambio, entre los profesionales de nivel su-

perior hay sólo un 27% de mujeres, y entre los de grado medio, un 36%.

Ni que decir tiene que las jóvenes de hoy día están decididas a cambiar estas cifras y que la mayoría de ellas están por lo que se llama «familia simétrica», es decir, les parece normal que todos colaboren en los trabajos de la casa, y que ellas también trabajen fuera.

Es lo que piensan las jóvenes, pero ¿y los españoles en general? A la pregunta de «¿Quién debe hacer los trabajos de la casa?», el 81% de los hombres responden: «La mujer, y el hombre sólo si la mujer se encuentra enferma». ¡Pero todavía más mujeres, el 83%, dicen que los trabajos de la casa son cosa de mujeres! ¿Cómo es posible eso?

4 La juventud ⊙

«La juventud española ve en estos momentos su futuro con gran pesimismo, y encuentra que sus posibilidades de participación social son mínimas.» Con estas palabras se refirió la Directora General de Juventud a la situación de los jóvenes españoles, al cerrar el Simposio Internacional sobre la Juventud. Las principales informaciones que dio sobre la juventud española de hoy día fueron las siguientes:
Los cambios en las actitudes de los jóvenes españoles desde 1980 han sido profundos, y parecidos a los que ha habido en otras sociedades occidentales.
Los padres tienen cada vez menos influencia sobre los hijos. El grupo de amigos y los medios de comunicación social, preferentemente los audiovisuales, tienen mayor influencia sobre ellos.
Los jóvenes empiezan a preferir otras formas de agruparse diferentes al matrimonio tradicional. Nueve de cada diez jóvenes admiten el divorcio. El papel de la mujer ha cambiado: de sólo esposa y madre de los hijos ha pasado a ser también compañera en la vida social.
Con el cambio democrático ha aumentado el interés de los jóvenes por la política. Dan su voto a partidos importantes, pero la mayoría de ellos no son de ningún partido.
Los jóvenes piensan que la sociedad española es injusta con ellos, que les ofrece cada vez menos oportunidades para su desarrollo personal y profesional, y la desilusión que esto produce podría ser la causa de la mayor radicalización política.

6 Comprensión auditiva

Vd. llama por teléfono a la consulta del doctor Méndez para pedir hora. Escuche lo que le dicen.

	¿Lo dicen? sí	no
Le preguntan si le parece mejor el sábado o el lunes.	☐	☐
Le dan hora para la mañana del martes.	☐	☐
Vd. deberá llamar otra vez.	☐	☐

7 Por favor, ven

- Dígame…
- Soy yo, Amalia.
- Hola, Amalia, ¡qué bajito hablas! Dime qué te pasa. ¿Estás mala?
- Sí, por eso te llamo. Hace dos días que no puedo salir.
- ¡No me digas! ¿Quieres que vaya por tu casa?
- Sí, por favor, ven. Para eso te llamaba. Y tráeme de momento un poco de leche, y luego ya te diré otras cosas que necesito. ¡Hasta ahora!

8 Natema ⊙

Mientras la droga produce cada vez más víctimas en todo el mundo, hay indios en las selvas del río Amazonas que emplean hojas de plantas venenosas para hacer una infusión que les lleva a un mundo de sueño, de efectos parecidos a los de la droga. Después de bebérselo caen en un sueño, lleno de visiones, y quedan en un estado de insensibilidad total.

Las hojas se cuecen lentamente durante horas, en las pequeñas cazuelas fabricadas por las indias, hasta que de cuatro litros sólo queda una pequeña cantidad, como para una taza.

Hay infusiones como el «natema» que los curanderos de los indios «schuara» emplean como medicina: dan una parte a beber al enfermo, y ellos mismos beben «para encontrar la fuerza necesaria que sacará el mal del cuerpo del enfermo».

9 ROMAN ELE ⊙

Cuando un niño dice a ser hermoso, no hay nada que le gane. Y aquél lo era: alto, muy derecho, y fino; con el pelo hecho de sortijas tan negras y brillantes como la piel, que parecía, por el brillo, untada en manteca de coco.

Se llamaba Román Elé. Tenía los dientes grandes y separados, las encías rosadas, los ojos como pintados, y era nieto de criados, hijo de criados y criado él también.

Hermoso de cabeza a pies, hermoso por fuera y por dentro era el niño negro. Vivía en la finca más grande del valle: la que tenía junto a la portada la ceiba doble, que era como dos ceibas en una, y donde vivía también Crucita, la niña blanca llamada de verdad Cruz María de los Angeles, hija y nieta de dueños.

Lección 23

1 ¡Felicidades!

- Te invito a un aperitivo, es mi cumpleaños.
- Hombre, ¡felicidades!
- Gracias. ¿Qué tomamos? Podemos empezar con unas gambas a la plancha y unas cervezas...
- Muy bien. Bueno, pues nada, ¡a tu salud! ¡Que cumplas muchos! ... Por cierto, ¿sabes que Andrés ha terminado el colegio?
- ¡Qué bien! ¡Te felicito por los hijos que tienes!

⊙ *¿Qué tapas le gustan más?*

las aceitunas verdes o negras
las aceitunas rellenas
las almendras
las patatas fritas
las gambas al ajillo

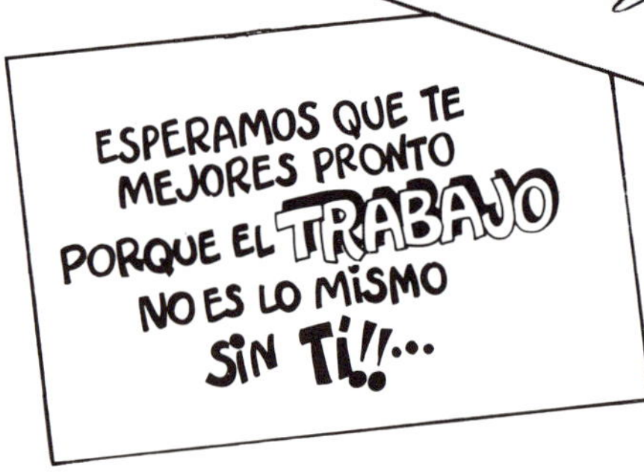

2 ¡Que se diviertan!

- Esta noche vamos al teatro.
- Nosotros vamos a ir a bailar.
- ¡Que se diviertan!
- Gracias, igualmente.

3 No me molesta en absoluto

- ¿Me permite Vd. que fume? ¿No le molesta?
- De ninguna manera. Voy a fumar un cigarrillo con Vd., aunque ya no fumo mucho, la mitad de lo que fumaba antes. ¿Qué cigarrillos fuma?
- Celtas. Son muy populares en España.
- Es tabaco negro, ¿no?
- Sí, y bastante fuerte.

4 ¡Que pase buena noche!

- Hasta mañana, entonces, ¡que pase buena noche!
- Hasta mañana, pero, ¿no quiere que le lleve al hotel en mi coche? Lo hago con mucho gusto.
- Muchas gracias, pero prefiero ir dando un paseo, a pie, ¡qué noche más bonita hace!
- ¿Está contento con el hotel?
- Sí, desde mi habitación veo las torres del castillo, el río y un paisaje precioso...

5 Los emigrantes

- ¿Estás mirando la televisión a estas horas?
- Sí, dan un programa sobre los emigrantes españoles en los países europeos. Me interesa porque lo presenta un amigo mío que conocí cuando tomé parte en un curso para extranjeros en Munich hace dos años.
  Este chico está muy informado de la situación de los obreros, las condiciones en que trabajan, los problemas que tienen a su llegada con los contratos y los seguros, las dificultades que tienen sus hijos en las escuelas de los diferentes países, todo eso...
  Sé que para hacer el programa habló con muchos obreros y patronos, y me dijo también que tenía intención de hacer entrevistas a los jefes de distintos partidos políticos y los sindicatos... ¡Es un muchacho que vale mucho!
- ¿Y cuándo empieza el programa?
- Pues ahora, hijo, después de esta publicidad que nunca acaba.

Los emigrantes:
extranjeros en doble sentido

6 Andalucía ⊙

Lejos, muy lejos de la Andalucía del baile y cante flamenco que todos conocen está la Andalucía real, la del hambre, la que tiene el paisaje económico más triste de España. El campo no puede dar trabajo para todos. Y hoy día, pasado el «boom» turístico que dio trabajo en la construcción a miles de hombres, el problema del paro es gravísimo, pues además, el 50% de ellos no tiene ni seguro de paro. Sólo una industrialización fuerte, aprovechando las materias primas, podría solucionar el problema tan urgente. El problema andaluz es un problema nacional, tan grave como el terrorismo del País Vasco, y en un futuro no lejano será mucho más grave, pues la desesperación andaluza ha llegado a su límite.

Lección 24

1 Aquí tiene Vd. mis papeles

Pepe vuelve muy alegre de una fiesta en su coche, con Marta. Van muy animados, hablando y riendo. De repente, un guardia del tráfico le hace parar.

- ¿Tiene Vd. mucha prisa?
- No, no, ¿por qué lo dice?
- ¿No se ha dado cuenta de que aquí sólo se puede ir a 40 km por hora? A ver, ¿quiere enseñarme su carnet de conducir, por favor?
- Aquí tiene Vd. mis papeles.
- Póngase un poco más adelante… Además, ¿cómo va Vd. a estas horas con las luces apagadas? ¡Enciéndalas!
- Lo siento, no me había dado cuenta de nada.

2 ¿Dónde he dejado las llaves?

- ¿Qué estás buscando?
- Las llaves del coche. Me estoy rompiendo la cabeza para acordarme dónde las he dejado, y no las encuentro en ningún sitio.
- ¿No las habrás dejado puestas en el coche?
- Voy a mirar. Quizás se me hayan caído cuando salí de él… Ay, ¡qué cosas me pasan! Llevabas razón.

- ¿Dónde has buscado ya?
- He buscado ya por todas partes:

  en el coche/dentro del coche
  en el ascensor
  en la mesita redonda/cuadrada
  en el cuarto de estar
  bajo el sofá
  entre mis papeles
  en el bolso de Catalina
  sobre la calefacción
  en el cuarto de baño

¿Qué es lo que más pierde Vd.?

¿Las gafas de sol?
¿Su pasaporte?
¿Su documento de identidad?
¿Su carnet de conducir?
¿Sus nervios?
⊙ …….

¿Le preocupa mucho si pierde cosas?
¿Se pone Vd. muy enfadado o le da igual?
¿Cuál sería la solución para no perder nada?

3 En la gasolinera

- Súper, por favor, y lleno.
- ...45 litros. Parece que estaba totalmente vacío. ¿Quiere que le controle también el agua y el aceite?
- Sí, muy bien. Y por favor, mire el motor, me parece que hay un ruido... Espero que no esté estropeado nada.
- Lo siento, señora, pero hoy ya no podemos reparar nada. Tendrá que pasar Vd. mañana. Un momento, le voy a limpiar el cristal de delante.
- Sí, está muy sucio, gracias.

4 Están de huelga

- Oiga, ¿sabe Vd. si hay cerca de aquí otra gasolinera? La de enfrente está cerrada.
- Ah, bueno, sí. Es que las gasolineras están hoy de huelga. Pero en muchas hay un Guardia Civil que sirve al público. Pruebe Vd. en la próxima. ¿Ve Vd. aquella plaza con los árboles y las plantas con flores? Pues allí hay una, y seguro que está abierta.

5 ¿Le da miedo?

- ¿Va Vd. en avión?
- No, en tren, en coche-cama.
- ¿No le gusta el avión? ¿Le da miedo?
- No, no tengo nada en contra del avión ni creo que sea más peligroso que viajar de otra manera. Pero me sienta mejor viajar en tren. He tenido experiencias muy desagradables pasando de un clima seco a húmedo, de repente. En tren, es más lento, pero para mí es sin duda más sano.

6 De la vida diaria de los mayas ⊙

El imperio de los mayas, una de las civilizaciones más antiguas indias, se extendió entre los años 300 y 1200 en lo que hoy es Guatemala, Honduras y el sur de México. Sus restos nos hablan de una cultura del más alto nivel en su tiempo.

Su moneda eran granos de cacao. Un esclavo costaba 100 granos, los favores de una bella maya 10, lo justo para hacer 2 tazas de cacao. Tener la cabeza estrecha era gran signo de elegancia. Para obtenerlo, a los recién nacidos se les mantenía la cabeza entre dos maderas. Las mercancías se transportaban de ciudad en ciu-

▲ 1 ▼ 2

► 3

dad a hombros de esclavos. No se conocía la rueda ni se empleaban los animales para el transporte. Los mayas fueron grandes matemáticos, pero desconocían totalmente la medicina.

Hacían gran consumo de alcohol. Después de una fiesta, una ciudad entera era incapaz de luchar durante dos días.

Si una mujer no preparaba al marido su baño de vapor diariamente, el divorcio estaba justificado.

Al que llevaba una vida ordenada, le esperaba después de su muerte un lugar en uno de los trece cielos. Allí podía eternamente beber su cacao a la sombra de un árbol...

1 Joven maya
2 Arte maya: la estela de Quirigua (Guatemala)
3 Templos en Chichen Itza
4 Iglesia de Santo Tomás en Chichicastenango
5 Mujer maya

▲ 4

▼ 5

Lección 25

1 Una nota para Vd.

– ¿Ha preguntado alguien por mí?
– Sí, un señor vino a buscarle. Ha dejado esta nota para Vd. Dijo que no podía esperar.

QUERIDA CARMINA:

HABÍAMOS QUEDADO EN DAR UNA VUELTA. TE HABÍA PROMETIDO PASAR A LAS 3, PERO ME PARECE QUE TE HAS OLVIDADO DE MÍ. AHORA APROVECHO LA TARDE PARA HACER ALGUNAS COSAS POR AQUÍ. TRATARÉ DE LLAMARTE POR TELÉFONO MÁS TARDE. ¿PODEMOS CENAR JUNTOS? DÉJAME UNA NOTA EN MI OFICINA, POR FAVOR PARA SABERLO

UN FUERTE ABRAZO
FELIPE.

Querido Felipe:
¿Cómo es posible que seas tan despistado? Seguro que me dijiste que pasarías a las dos. Y te esperé hasta las dos y media. Llámame esta noche entre las 9 y las 10, y quedamos para mañana. Pero, por favor, prométeme que lo vas a apuntar, para que no se te olvide otra vez la hora.

Un abrazo,
Carmina

Lima: La Plaza de Armas

2 Lima ⊙

Se dice que Lima fue, durante los tiempos coloniales, la ciudad más bonita y más importante de toda América. Tuvo la primera universidad, el primer teatro, la primera imprenta y los más bellos palacios del continente. Se decía que era la segunda ciudad de España, después de Madrid…

La Lima de hoy, que ha pasado de medio millón de habitantes a cuatro, es una ciudad ruidosa, caótica y desigual. Hay la Lima de los ricos, apartada del resto, la «Lima dorada» como la llamó Bertolt Brecht en una famosa poesía, y el enorme cinturón de pobreza. La Lima más importante, esta última.

Su clima es muy igual, se puede vivir allí sin paraguas, abrigo ni calefacción. Sin embargo, en invierno la niebla es tan triste y tan gris que los que no son de allí sufren de depresiones a causa de ella.

Auténticos limeños casi no quedan, el 90% de la población ha llegado poco a poco de la provincia. Por eso, la personalidad propia limeña ya no se encuentra tan fácilmente.

3 Pedro, el campesino de Teotitlán ⊙

Pedro tiene 42 años, pero representa 65. Vive en Teotitlán del Valle, a 10 km de la gran Oaxaca. Pedro es un ejidatario, es decir, que ha recibido del gobierno un «ejido», un pedazo de tierra de 20 hectáreas para cultivar. Su cosecha consiste más que nada en piedras, pues no le llega todavía el agua aunque las instalaciones para el transporte del agua se están construyendo desde hace muchos años… De momento consigue obtener de las 4 hectáreas cultivables el maíz que él, su mujer y sus ocho hijos necesitan para hacer «tortillas», tan importantes para ellos como para un alemán las patatas o para un francés el pan. Y al lado de su casita tiene un rincón con frutas y verduras. Sus hijos traen el agua de la fuente del pueblo.

Pedro y cinco de sus hijos, los que tienen más de 6 años, tejen tapices con motivos que provienen del palacio de piedra de Mitla, que está a tres horas de su casita, antiguos de 1000 años. Pero esto no lo sabe. Los teje como los tejió su padre y su abuelo…

Los miércoles no teje. Reúne sus mejores frutos, toma el autobús y va a Oaxaca, al mercado. Los coloca bien colocados sobre su manta en el suelo y espera. Si tiene suerte, a la tarde habrá reunido unos cuantos pesos. Con los pesos podrá pagar el autobús y hacerse llenar su vieja botella vacía de mezcal. Será el momento más feliz del día. A la vuelta, el conductor del autobús, que allí llaman el «camión», le despertará para que se baje en su parada. Despacio vuelve a su casa.

4 La cordillera más larga del mundo ⊙

La cordillera de los Andes atraviesa el continente de América del Sur desde el mar de las Antillas hasta la Antártida. Diez mil kilómetros de montañas. Diez mil kilómetros de paisajes bellísimos a lo largo de toda la parte occidental del continente. Montañas que alcanzan sus alturas máximas en Argentina, en el Aconcagua (6.959 metros).

A su paso por Ecuador y Perú, la cordillera separa, a lo largo de miles de kilómetros, zonas tan diversas como las que se encuentran a ambos lados: al este, las selvas amazónicas, al oeste, el desierto que bordea la costa.

En estos países, especialmente en Perú, se dan en pocos kilómetros de distancia casi todos los paisajes y climas de la Tierra: desde el clima polar de las nieves perpetuas de la llamada Cordillera Blanca hasta el calor tropical del valle donde crecen las palmeras, pues el pico más alto del Perú, el Huascarán (6.768 metros), está tan sólo a 12 kilómetros de distancia, en línea recta, del fondo del valle del río Santa, que está a 2.300 metros de altura.

▲ *En la región Cantábrica*

▼ *Una de las Rías Bajas, en Galicia*

▲ *El castillo de Manzanares el Real, en la Meseta*

▼ *En la Costa Brava (Cataluña)*

▲ *Pueblo en la Costa del Sol (Andalucía)*

▼ *Molinos de viento en Mallorca (Islas Baleares)*

▲ *Paisaje andaluz*

▼ *Lanzarote (Islas Canarias)*

En el centro de la Península está la **Meseta central,** que comprende la mayor parte de Castilla, así como Extremadura y Albacete. Las tierras interiores de España son secas y tienen temperaturas extremadas. La agricultura sufre por la falta de agua. Cultivos típicos son el trigo y la vid.
En esta región se encuentra Madrid, capital del Estado español. Madrid es un importante centro cultural, financiero, comercial e industrial.
La región del Ebro forma un gran triángulo al noreste de la Meseta. El río Ebro es el más largo de España y gracias a él, esta región tiene gran riqueza agrícola. Los famosos vinos de la Rioja vienen de allí, de la provincia de Logroño.

Cataluña, que está en la parte noreste de la Península, es una región de paisaje muy variado. La población se concentra en la zona costera, especialmente alrededor de Barcelona, donde existen numerosas industrias textiles, químicas, alimenticias y de automóviles, entre otras. Cataluña es, junto al País Vasco, la parte más industrializada de España. La exportación de sus productos agrícolas es una de las recientes fuentes de riqueza de la región.
Barcelona es, desde la Edad Media, la capital cultural de las tierras catalanas, unidas por una lengua común: el catalán.

La región Mediterránea Central (País Valenciano y Murcia) es una región rica por su agricultura. Gracias a un sistema muy antiguo de regadío el problema de la distribución del agua se ha superado. Desde hace siglos se reúne todas las semanas en Valencia el famoso Tribunal de las Aguas, para solucionar los problemas de regadío que se presentan y para regular la distribución del agua entre los agricultores. Productos de la región son el arroz, los tomates, las cebollas y los cítricos (naranjas, limones, etc.). También es un centro industrial, con una gran fábrica de automóviles.

Las islas Baleares (Mallorca, Menorca, Ibiza, Formentera) están frente a la costa de Valencia en el mar Mediterráneo. Por su historia y por su lengua están unidas a Cataluña y al país valenciano. La belleza del paisaje, el clima y las numerosas playas hacen del turismo la principal fuente de riqueza de todas ellas. El aeropuerto de Palma de Mallorca es el que tiene mayor movimiento de toda España en verano.

En el sur de España está **Andalucía.** La Andalucía mediterránea comprende las provincias de Almería, Granada, Málaga y parte de la de Cádiz. En ella se encuentra el sistema montañoso más largo de la Península, el sistema Penibético, el que tiene las mayores alturas, como los picos del Mulhacén (3.478 metros) y el Veleta (3.392 metros) en la Sierra Nevada. El resto de las provincias andaluzas – Jaén, Córdoba, Sevilla, Huelva y parte de la de Cádiz – forman parte de la Andalucía Bética (del interior, la del río Guadalquivir). Andalucía es la tierra del olivo, es la parte de España que produce también vinos de primera calidad, como los vinos finos de Jerez de la Frontera (Cádiz). En la llamada Costa del Sol (Málaga), el turismo es una fuente de riqueza importante.

Y por último, **las islas Canarias,** que se encuentran en el océano Atlántico, frente a las costas de Africa. Las más importantes son Gran Canaria, Tenerife, Fuerteventura y Lanzarote. Los españoles se establecieron allí hace unos quinientos años. Tenerife es una isla con varios volcanes. El Teide, que es la montaña más alta de España (3.718 metros), es un volcán. Fuentes de riqueza de estas islas son la agricultura (plátanos, patatas, tomates), la pesca y el turismo. El clima primaveral de estas islas las ha convertido en un gran complejo turístico visitado durante todo el año.

Pintura prehistórica en las cuevas de Altamira (provincia de Santander) ▶

2 Una vendedora cántabra ⊙

A María Luisa Gómez es fácil encontrarla en Santillana, pero si Vd. no la encuentra a ella, ella le encontrará a Vd. Lleva convenciendo a todos los turistas que visitan Santillana de que su leche y sus bizcochos «son los mejores del lugar». Los habitantes del lugar dicen incluso que están hechos con una fórmula secreta... Juan Carlos, el rey de España, su padre y muchos políticos los han probado ya...
María Luisa cuenta: «Pues mira, majo, yo empecé en esto por necesidad, ya sabes, los años después de la guerra fueron muy difíciles. Pero ahora lo hago por «hobby». Me encanta hablar con los turistas, charlar con la gente. No sé idiomas, pero, eso sí, sé decir bizcocho en varios idiomas...»
María Luisa es capaz de vender sus productos al más escéptico, aunque odie la leche y le dé arcadas el bizcocho. Un turista algo gordito se acerca, la señora Luisa le observa y con una sonrisa le pregunta: «¿No va a beberse Vd. un vasito?» El turista contesta: «Pues..., yo estaba sólo mirando...» Ella le dice abiertamente: «Pues para mirar, lo mejor es hacerlo con un vaso de leche en la mano.» El hombre intenta decir: «Un buen vaso de vino, sí... Pero, yo, la leche...» A lo que María Luisa le contesta: «Mire, amigo, la leche le dice al vino: bien venido eres, amigo.» El buen hombre acaba por tomar un vaso de leche, y además dice que está riquísima...
Así que ya saben Vds.: en Santillana, además de la Colegiata, las cuevas de Altamira y muchas maravillas más, está María Luisa Gómez. Si Vd. no la encuentra a ella, ella le encontrará a Vd.

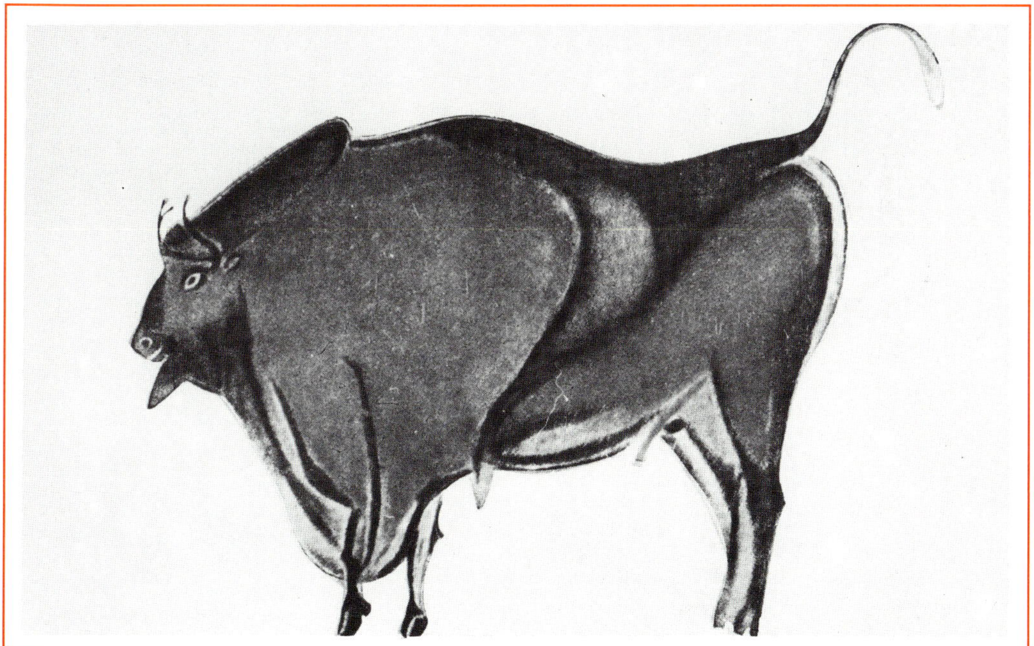

3 El arte de comer ⊙

«El destino de un país depende de su régimen de alimentación.»
(A. Brillat-Savarín, 1755–1826)

Dame una buena cocina, y el futuro de un país mejorará, dice José María Areilza* hablando de la importancia que la gastronomía tiene en la cultura de los pueblos. Un país bien alimentado es más fácil de gobernar, tiene mejor humor y más ganas de divertirse. También cree que la sencillez de los platos es la base de la buena gastronomía. Por eso, Areilza es un entusiasta de la «nueva cocina» porque en ella se emplean los productos frescos que se encuentran en el mercado. También está convencido de que los españoles hemos aprendido a comer mejor en los últimos 20 años y recuerda como hace algunos años la altura de nuestros soldados era sensiblemente inferior a la media europea. «Hoy día, con una mejor alimentación infantil, los españoles hemos crecido varios centímetros.»
España tiene innumerables tesoros gastronómicos, desconocidos para la mayoría de la gente. «Hay que peregrinar por los pueblos y conocer las especialidades de cada lugar.»

* J. M. Areilza es ex-presidente del Consejo de Europa

A pesar de todas las persecuciones, los gitanos han conservado, a través de los siglos, su personalidad e independencia.

4 ¿De dónde vienen los gitanos? ⊙

Todos ellos dicen que «de Egipto, directos de los faraones, somos nobles.» Hace 5000 años los gitanos vivían en el Norte de la India. Para no tener que someterse a los arios y para vivir libres se fueron de su país, y parte de ellos fueron hacia Egipto y el Norte de Africa. En 1445 aparece ya en España, en Zaragoza, la primera tribu. El rey Alfonso V les da permiso durante algunos meses para viajar por España, pero pronto empiezan a ser odiados. Para poder vivir tienen que robar a veces y mienten, y esto les hace perder pronto las simpatías. En 1594 incluso se piensa en separar a los gitanos de las gitanas para acabar con la raza...

En otras partes no les va mejor. En Gran Bretaña, Italia, los Países Bajos se les mataba sin motivo. Suiza los echaba del país. En Dinamarca se mataba al jefe de la tribu y se echaba al resto. En Francia, o salían del país voluntariamente o se les mandaba a las galeras. Y en Alemania, todavía en la época nazi murieron medio millón de gitanos...

Y a pesar de todo, han sobrevivido conservando su personalidad, independientes, libres, viviendo como a ellos les gusta, con sus trajes de colores y sus cantos. En España, sus canciones y bailes tienen gran fuerza, y ningún otro pueblo se ha identificado tanto con el folklore gitano como el español.

▲ *El Popocatépetl (México)* ▼ *Paisaje mexicano*

▲ *Cuzco (Perú)*

▼ *En el mercado de Quito (Ecuador)*

6 La importancia de llamarse Rulfo ⊙

Es imposible hablar de la historia de la literatura hispanoamericana sin nombrar a Juan Rulfo (1918–1986). Y sin embargo, sólo escribió dos libros: «El llano en llamas» (1953) y «Pedro Páramo» (1955). Apenas 250 páginas en total. Frecuentemente se le preguntaba por qué había dejado de escribir. Rulfo contestaba con una explicación confusa o trataba de cambiar de tema. Rulfo era un hombre silencioso, amable, extremadamente modesto.

En la primavera de 1982, el famoso escritor fue a California a un congreso. Aprovechando su paso por un puerto franco compró algunos discos alemanes y holandeses, que resultaban allí mucho más baratos que en México, y se interesó sobre todo por algunos aparatos electrónicos de música. Rulfo era un gran aficionado a la música.

- Si no fuera por los aduaneros me compraría también un buen equipo japonés. El que tengo ya es muy viejo...
- ¡Pero a Vd. no le dirán nada en la aduana! Todo México lo considera gloria nacional...
- Ay, cuate, ¡tú no conoces a los aduaneros de mi tierra!

Y se negó a comprarlo pensando en que se lo encontrarían en la aduana.

Compró, sin embargo, ropa europea para sus nietos y algunas cosas sin importancia.

En el avión de vuelta, mientras se iba acercando a ese mar de luces que era México de noche, Rulfo fumaba sin parar. No pensaba en los honores recibidos como escritor en el congreso. Estaba simplemente nervioso por las pequeñas cosas que había comprado. Cuando el grupo de congresistas llegó a la aduana, los aduaneros empezaron a registrar las maletas. Cuando llegaron a él, el jefe de la Aduana se llevó la mano a la gorra y dijo:

- Pase Vd., señor Rulfo. Bienvenido a casa.

7 Los «mojados» ⊙

La frontera entre México y los Estados Unidos está formada por el río Bravo y tiene unos 1.400 kilómetros de longitud. Diariamente muchos mexicanos intentan pasarla ilegalmente, solos o con sus familias. Buscan trabajo. Son millones al año. Unos 850.000 son detenidos y se les hace volver a México. El número de estos «mojados» (así se les llama porque intentan pasar la frontera a través del río), unido a los 7 millones de mexicanos que viven ya en los Estados Unidos trabajando, es un problema central en las relaciones entre los dos países.

Un oficial americano de la frontera informa:

- Detenemos al día unas doscientas personas, desde que hemos recibido órdenes de Washington de «abrir un poco la mano». Antes eran unas 450. Tampoco podemos hacerles nada, sólo decir: ¡Atrás, vuelva Vd.!
- ¿Y qué hacen ustedes con ellos?
- A las mujeres y a los niños se les transporta en el mismo día en autobuses al otro lado de la frontera; a los hombres, al día siguiente.
- ¿Se les lleva a la cárcel?
- En principio, si no es la primera vez que lo hacen, se les puede meter en la cárcel de 60 a 90 días. Pero ¿cree usted que esto les da miedo? Vuelven y vuelven. Mire usted, acabamos de detener a una chica de 17 años que ha intentado ya 60 veces pasar la frontera.
- ¿Ve usted alguna solución al problema?
- En realidad, el problema central está en que a esta gente se les dé trabajo al otro lado. Hay incluso algunos que se alegran de que los llevemos a la cárcel, allí están mejor que libres en su país.

▼ *Tijuana, en la frontera con los Estados Unidos*

10 Los monocultivos ⊙

Casi todos los países latinoamericanos han vivido de la exportación de un solo producto que cultivaban: cacao, algodón, fruta, o productos a veces como el café o el azúcar que ni siquiera había puesto allí la naturaleza, sino la mano del hombre...

Así por ejemplo en Cuba tenemos el triste caso de que se quemaron bosques enteros con árboles de las maderas más preciosas y valiosas, para cultivar allí también azúcar y más azúcar... Cuba dependía entonces totalmente de la exportación de este producto a los Estados Unidos, su único comprador.

«El pueblo que compra manda, el pueblo que vende sirve. Hay que equilibrar el comercio para asegurar la libertad.» Esto lo había dicho ya José Martí (1853–1895), el héroe nacional cubano...

11 Guajira Guantanamera ⊙

Yo soy un hombre sincero
de donde crece la palma,
y antes de morirme quiero
echar mis versos del alma.
Guantanamera, Guajira Guantanamera,
Guantanamera . . .

Mi verso es de un verde claro
y de un carmín encendido,
mi verso es un ciervo herido
que busca en el monte amparo.
Guantanamera, Guajira Guantanamera,
Guantanamera...

(Texto de José Martí)

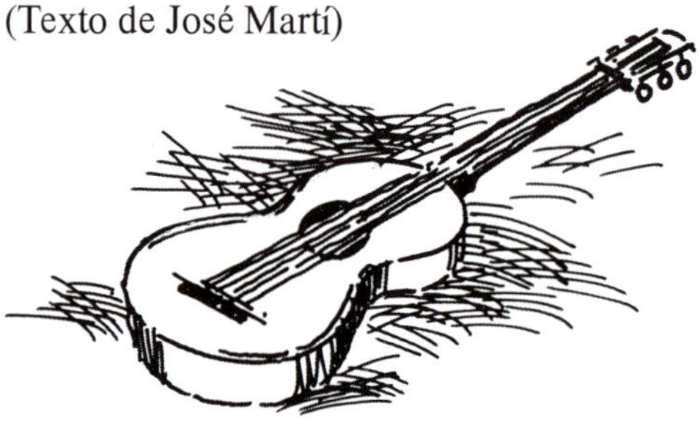

12 Las venas abiertas de América Latina ⊙

Eduardo Galeano, nacido en 1942, periodista, una maleta de recuerdos que viajó por Argentina, Bolivia, Chile, Ecuador, Guatemala, Cuba... El escritor uruguayo es uno de los escritores latinoamericanos más leídos. Su libro más famoso es «Las venas abiertas de América Latina». A continuación, dos pasajes de este libro.

«La división internacional del trabajo consiste en que unos países se especializan en ganar y otros en perder. Nuestra región del mundo, que hoy llamamos América Latina, se especializó en perder desde los tiempos en que los europeos se lanzaron a través del mar y le hundieron los dientes en la garganta. Pasaron los siglos y América Latina perfeccionó sus funciones, trabajando como sirvienta al servicio de las necesidades ajenas, como fuente y reserva del petróleo y el hierro, el cobre y la carne, las frutas y el café, las materias primas y los alimentos para países ricos que ganan, consumiéndolos, más que América Latina produciéndolos. Es la región de las venas abiertas...»

«La población de América Latina crece como ninguna otra; en medio siglo se triplicó. Cada minuto muere un niño de enfermedad o de hambre, pero en el año 2000 habrá 650 millones de latinoamericanos y la mitad tendrá menos de 15 años: es una bomba de tiempo. Actualmente hay 50 millones de desocupados y 100 millones de analfabetos.
Se extiende la pobreza y se concentra la riqueza. Nuevas fábricas se instalan en centros privilegiados – Buenos Aires, México – pero mano de obra se necesita cada vez menos. Cada vez queda más gente al borde del camino, sin trabajo en el campo, donde el latifundio reina, y sin trabajo en la ciudad, donde reinan las máquinas. El sistema no ha previsto esta pequeña molestia: lo que sobra es gente. Y la gente se reproduce. Y se hace el amor con entusiasmo y sin precauciones. Porfiadamente, los niños latinoamericanos continúan naciendo, reivindicando su derecho natural a obtener un sitio bajo el sol en estas tierras espléndidas que podrían brindar a todos lo que a casi todos niegan...»

(Adaptado del texto original de «Las venas abiertas de América Latina»).

Wortschatz nach Lektionen

Die Wörter der ergänzenden Texte brauchen Sie nicht unbedingt zu lernen. Die Titel der entsprechenden Texte sind mit ⊙ gekennzeichnet.

Lección 1

1 ¿Cómo se llama usted?

¿cómo se llama usted?	wie heißen Sie?
usted	Sie
yo	ich
llamarse: me llamo	heißen: ich heiße, „nenne mich“
señor/señora/señorita	Herr/Frau/Fräulein
por favor	bitte

2 ¿Cómo te llamas?

tú	du
llamarse: te llamas	heißen: du heißt

3 ¿Cómo se llama ese señor?

se llama	er, sie, es heißt
el señor	der Herr
ese señor	der Herr dort
la señora/señorita	die Dame/junge Dame
esa señora/señorita	die Dame dort

4 Buenas tardes. ¿Cómo está usted?

la tarde	der Nachmittag, Abend
buenas tardes	„guten Nachmittag“, guten Abend
usted = Vd.	Sie
¿cómo está Vd.?	wie geht es Ihnen?
el día	der Tag
buenos días	guten Tag (vormittags)
muy bien	sehr gut
gracias	danke
¿y Vd.?	und Sie? (wie geht es Ihnen?)
estoy muy bien	es geht mir sehr gut

5 Hola, ¿cómo estás?

hola	(freundschaftl. Gruß)
¿cómo estás?	wie geht es dir?
¿y tú?	und wie geht es dir?
¿qué tal?	wie geht's?

6 ¿Vamos a aprender español?

vamos a ...	wir wollen ...
aprender español	Spanisch lernen
¿para qué?	wozu? „für was“?
para hablar	um zu sprechen
para entender/leer	um zu verstehen/ lesen
el español	der Spanier
los españoles	die Spanier
hablar con	sprechen mit
y	und
el latinoamericano	der Lateinamerikaner
los latinoamericanos	die Lateinamerikaner
oír la radio	Radio hören
la televisión	das Fernsehen
ver la televisión	fernsehen (TV sehen)
escribir	schreiben
la carta, las cartas	der Brief, die Briefe
nuestro amigo	unser Freund

de nuestros amigos	von unseren Freunden
ir	gehen, fahren
ir a España	nach Spanien fahren
o	oder
el hotel, los hoteles	das Hotel, die Hotels
ir al hotel (a + el)	zum/ins Hotel gehen
ir al restaurante	ins Restaurant gehen
la cosa, las cosas	das Ding, die Dinge
comprar cosas	(Dinge) einkaufen
en	in, an, auf
en España	in Spanien
bien	gut, in Ordnung
juntos	zusammen
en grupo	in der Gruppe

Lección 2

1 Números de teléfono

el número de teléfono	die Telefonnummer
¿qué número?	welche Nummer?
tener: tengo, Vd. tiene	haben: ich habe, Sie haben
tengo el 11 22 33	ich habe die 11 22 33
no tengo	ich habe nicht
no tengo teléfono	ich habe kein Telefon

2 ¿Tienes teléfono?

tener: tienes	haben: du hast
sí	ja

3 Yo no tengo teléfono

no, no tengo	nein, ich habe nicht
tampoco	auch nicht („ebenso wenig“)

4 Muchas gracias

tener: tiene	haben: er/sie/es hat
muchas gracias	vielen Dank
de nada	bitte sehr

5 ¿Cómo se escribe?

¿cómo se escribe?	wie schreibt man (das)?

(Alphabet: Grammatik, Abschnitt 34).

6 ¿Quiere Vd. apuntar los números?

querer: ¿quiere Vd.?	wollen: wollen Sie?
apuntar	notieren
la catedral	die Kathedrale
el castillo	das Schloß
la pensión	die Pension
el museo	das Museum

7 Hotel Europa***

es	es ist
el hotel	das Hotel
un hotel moderno	ein modernes Hotel
en el centro	im Zentrum
la habitación	das Zimmer
la habitación doble	das Doppelzimmer
la habitación individual	das Einzelzimmer
el baño	das Bad, Badezimmer
la ducha	die Dusche
el salón de televisión	der Fernsehraum
el garaje	die Garage
el restaurante	das Restaurant
internacional	international
el teléfono	das Telefon
el telegrama	das Telegramm
la calle	die Straße
cerca de la plaza	nahe dem Platz
la Plaza Mayor	der Hauptplatz

8 Poesías ⊙

la poesía	das Gedicht
la torre	der Turm
el balcón	der Balkon
la dama	die Dame
una blanca flor	eine weiße Blume
Castilla	Region in Zentral- und Nordspanien

el castillo	die Burg
pero	aber
el/(la) mar	das Meer
pero sí	aber doch, aber schon
una estepa grande	eine große Steppe
mi amor	meine Liebe
donde guerrear	wo man kämpfen kann
mi pueblo	mein Dorf, meine Stadt
también	auch
de añil	blau (von Indigo)

9 Canción de niños ⊙

la canción de niños	das Kinderlied
no tienes nada	du hast nichts
la oveja	das Schaf
la cabaña	die Hütte
me da	(er, sie) es gibt mir
la leche	die Milch
otra (oveja)	ein anderes
la lana	die Wolle
la mantequilla	die Butter
para	für
la semana	die Woche

Lección 3

1 ¿Qué va a hacer Vd. en las vacaciones?

hacer	tun, machen
¿qué va a hacer Vd.?	was werden/wollen Sie machen?
en las vacaciones	in den Ferien/ im Urlaub
saber: sé	wissen: ich weiß
pues, no sé	nun, ich weiß nicht
todavía no	noch nicht
quizás	vielleicht
voy a ir	ich werde fahren
a la Costa Brava	an die Costa Brava
la Costa Brava	Granitfelsküste nordöstl. von Barcelona
a Francia	nach Frankreich
a Austria	nach Österreich
a Suiza	in die Schweiz

2 Y Vds., ¿qué van a hacer?

¿qué van a hacer?	was werden Sie tun?
¿qué planes tienen?	welche Pläne haben Sie?
ya	schon
saber: Vds. saben	wissen: Sie wissen
¿adónde?	wohin?
¿adónde van a ir?	wohin werden Sie fahren?
nosotros, -as	wir
ir: voy, vas, va, vamos	ich fahre, du …,
también	auch („ebensogut")
para eso	dazu, dafür
aprender: aprendemos	wir lernen
hablar: hablamos	wir sprechen
un poco	ein wenig

3 ¿Qué vas a hacer en las vacaciones?

¿qué vas a hacer?	was wirst du tun?
vosotros, -as	ihr
¿qué vais a hacer?	was werdet ihr tun?
en julio	im Juli
¿vais juntos, -as?	ihr fahrt zusammen?
es una buena idea	das ist eine gute Idee
así	so
es divertido	es ist lustig
es más divertido	es ist lustiger
más	mehr
el camping	der Campingplatz
hacer muchas cosas	viele Dinge tun
ya sabes	du weißt ja
tenemos muchos amigos	wir haben viele Freunde
vamos a	wir wollen/werden
hacer un viaje	eine Reise machen
hablar con la gente	mit den Leuten reden
la gente (singular)	die Leute (Mehrzahl)

4 ¿Cómo vamos?

¿cómo vamos?	wie fahren wir?
hay	es gibt
la posibilidad	die Möglichkeit
varias posibilidades	verschiedene Möglichkeiten
poder: podemos	können: wir können
ir en autobús	mit dem Bus fahren
por ejemplo	zum Beispiel
es barato	es ist billig
es caro	es ist teuer
claro	klar!
me gustaría más …	ich würde lieber …
el avión	das Flugzeug
ir en avión	fliegen
es cómodo/más cómodo	es ist bequem/bequemer
ir en tren/en coche	mit dem Zug/Auto fahren
ir en auto-stop	per Anhalter fahren
ir en bicicleta	radfahren
el barco	das Schiff
es interesante	es ist interessant
es rápido	es ist schnell

5 Mercé ⊙

Mercé (Mercedes)	Mädchenname
catalán, catalana	katalanisch; der/die Katalane/-in
tiene 18 años	sie ist 18 Jahre alt
trabajar	arbeiten
el camping que	der Campingplatz, der/den
la familia	die Familie
la playa	der Strand
de mayo a septiembre	von Mai bis September
mucha gente	viele Leute
vienen turistas	es kommen Touristen
algunas palabras	ein paar Worte
varios idiomas	mehrere Sprachen
hasta muy tarde	bis sehr spät
en la noche	in der Nacht
a la entrada	am Eingang
es de la familia	(es) gehört der Familie
ella	sie
hace todo	sie macht alles
a los turistas	den Touristen
les gusta mucho	es gefällt ihnen sehr
beber	trinken
a Mercé no le gusta	Mercedes gefällt es nicht
porque	weil
tan cerca	so nahe
todo el año	das ganze Jahr
e ir lejos	und weit wegfahren
un país frío	ein kaltes Land
la montaña	das Gebirge
poca gente	wenig Leute

Lección 4

1 ¿Qué tal? ¿Cómo está Vd.?

estar bien	sich wohlfühlen
no estoy bien	es geht mir nicht gut
¡hombre!	Mensch, Mann!
¿qué le pasa?	was ist Ihnen?, was haben Sie?
dolor de cabeza	Kopfschmerz(en)
el dolor	der Schmerz
querer: ¿quiere?	wollen: wollen Sie?
tomar una aspirina	ein Aspirin nehmen
poder: ¿puede?	können: können Sie?
darme una	mir eins geben
estoy enfermo, -a	ich bin krank
estoy mal	es geht mir schlecht
estoy malo, -a	es geht mir schlecht
estoy cansado, -a	ich bin müde
tengo gripe/fiebre	ich habe Grippe/Fieber
la gripe/la fiebre	die Grippe/das Fieber
siempre	immer
a veces	manchmal
nunca	nie, niemals

2 ¿Qué te pasa?

¿qué te pasa?	was ist dir, was hast du?
tomar: ¿tomas?	nehmen: nimmst du?
¿tienes una (aspirina)?	hast du eins?
aquí la tienes	hier hast du es

3 Creo que sí

creer	glauben
creo que sí	ich glaube schon
creo que no	ich glaube nicht

4 ¿Cuándo va a ir al médico?

¿cuándo?	wann?
ir al médico	zum Arzt gehen
la cara	das Gesicht
¡qué mala cara tiene!	wie schlecht Sie aussehen!
por fin	endlich
tengo algo	ich habe etwas
me parece que	ich glaube; mir scheint, daß ...
tener que: tengo que	müssen: ich muß
hoy	heute
hoy mismo	gleich heute
la hora	die Stunde, Uhrzeit
pedir hora	um einen Termin bitten
el doctor Carrillo	Dr. Carrillo
está de vacaciones	er ist in Urlaub
ahora	jetzt
estar	da sein
no está nunca	er ist nie da

5 Para leer

cada familia	jede Familie
en cada casa	in jedem Haus(halt)
el adulto	der Erwachsene
general	allgemein
el malestar (estar mal)	das Unwohlsein
pequeño, -a	klein
el sabor	der Geschmack
la fruta	das Obst, die Frucht
especial	speziell, Spezial...
el niño	das Kind
infantil	für Kinder
el enfriamiento (frío)	die Erkältung (kalt)
consulte a su médico	fragen Sie Ihren Arzt
el tipo	der Typ, die Art
normal	normal
cada día	jeden Tag
demasiados, -as	zu viele

6 Mi niño está malo ⊙

doler: le duele	schmerzen: es tut ihm weh
le va a poner	er wird ihm anziehen
la gorra, gorrita	die Mütze, das Mützchen
negro, -a	schwarz
la garganta	der Hals
la bufanda	der Schal
blanco, -a	weiß
la nariz	die Nase
el agua, agüita	das Wasser, Wässerchen
el anís	der Anis
el corazón	das Herz
la gota, gotita	der Tropfen, das Tröpfchen
el limón	die Zitrone

7 A mí me gusta

me gusta	es gefällt mir
a mí me gusta	*mir* gefällt es
el otoño	der Herbst
me gusta mucho	es gefällt mir sehr
¿le gusta?	gefällt es Ihnen?
¿le gusta a Vd.?	gefällt es *Ihnen*?
es triste	(der Herbst) ist traurig
preferir: prefiero	vorziehen: ich ziehe vor
prefiero la primavera	der Frühling ist mir lieber

8 A mí no me gusta

a mí no me gusta	*mir* gefällt es nicht
te gusta	es gefällt dir
¿a ti te gusta?	gefällt es *dir*?
el invierno	der Winter
a mí, sí	mir schon
porque	weil
la nieve	der Schnee
esquiar	skifahren
la primavera, el verano	der Frühling, der Sommer
el otoño, el invierno	der Herbst, der Winter
el enero, febrero	der Januar, Februar
marzo, abril	März, April
mayo, junio	Mai, Juni
julio, agosto	Juli, August
septiembre, octubre	September, Oktober
noviembre, diciembre	November, Dezember

9 San Fermín ⊙

uno de enero	1. Januar
dos de febrero	2. Februar
San Fermín	Fest (vor allem berühmt in Pamplona)

10 ¿Dónde vive Vd.?

¿dónde?	wo?
vivir: Vd. vive	leben, wohnen: Sie wohnen
la calle	die Straße
la plaza	der Platz

11 ¿Dónde vives?

vivir: vives	du lebst, wohnst

12 Números

Lernen Sie die Zahlen bis 1000 (Grammatik 23.1).

13 Sobre México ⊙

sobre México	über Mexiko
el millón	die Million
más de 60 millones	über 60 Millionen
el habitante	der Einwohner
Ciudad de México	Mexiko Stadt
el 87 por ciento	87%
son mestizos	sie sind Mestizen
el indio	der Indio
el resto	der Rest
el blanco	der Weiße
el asiático	der Asiate
a 2.400 metros	in 2.400 m Höhe
cerca de	in der Nähe von
tiene 5.452 metros	er ist 5.452 m hoch
el punto más alto	der höchste Punkt
la temperatura media	die mittlere Temperatur/Durchschnittstemperatur
15 grados	15 Grad

Lección 5

1 ¿Ha estado Vd. en el museo?

ha estado	er/sie/es ist gewesen
¿ha estado Vd. en …?	sind Sie in … gewesen?
he estado	ich bin gewesen
el Museo del Prado	berühmtes Kunstmuseum in Madrid
conocer: conozco	kennen: ich kenne
lo conozco	ich kenne es
una vez	einmal
varias veces	mehrere Male
me encanta	es gefällt mir sehr gut
Goya (1746–1828)	span. Maler

2 ¿Conoce Vd. Acapulco?

conocer: ¿conoce Vd.?	kennen: kennen Sie?
la playa	der Strand
ni	und nicht; und auch nicht

ni me interesa	und er interessiert mich nicht
es tan bonita	(der Strand) ist so schön!
eso	das
es sólo para turistas	es ist nur für Touristen
el turista, la turista	der Tourist, die Touristin
rico, -a	reich

3 ¿Dónde está?

la semana	die Woche
la Semana Santa	die Karwoche
¿qué te parece?	was hältst du davon?, „was scheint dir das?“
el sur/norte	der Süden/Norden
el oeste/este	der Westen/Osten
oír	hören
oír decir	sagen hören
he oído decir	ich habe gehört
el pueblo; pueblecito	das Dorf; Dörfchen
precioso	wunderschön

4 España

el centro	das Zentrum
la costa	die Küste
la montaña/la sierra	das Gebirge
la extensión	die Ausdehnung; Fläche
el kilómetro cuadrado	der Quadratkilometer
la población	die Bevölkerung
los habitantes	die Einwohner
la comunidad autónoma	die autonome Gemeinschaft
Cataluña	Katalonien
el País Vasco (Euzkadi)	das Baskenland
Galicia; Andalucía	Galicien; Andalusien
la isla	die Insel
las (islas) Baleares	die Balearen
las (islas) Canarias	die kanarischen Inseln
Castilla-León	Kastilien-León (Altkastilien und León)
Castilla-La Mancha	Kastilien-La Mancha (Neukastilien)

5 ¿Qué es?

¿qué es?	was ist es/das?
uno de/una de	eine/einer von

6 ¿Cómo es? ¿Cuántos habitantes tiene?

¿cómo es?	wie ist er/sie/es?
¿cuántos, -as?	wie viele?
el habitante	der Einwohner
cerca de	ungefähr
grande/pequeño, -a	groß/klein
simpático, -a	sympathisch, nett
la ciudad	die Stadt
antiguo, -a/nuevo, -a	alt/neu
histórico, -a	historisch
bastante moderno, -a	ziemlich modern
la exportación	der Export
la importación	der Import
la naranja	die Orange
la gran ciudad	die Großstadt

7 Comprensión auditiva

la comprensión	das Verständnis
la comprensión auditiva	das Hörverstehen
la dirección	die Adresse

8 Vd. necesita un coche

necesitar	brauchen
alquilar	mieten; vermieten
la casa	das Haus; die Firma
etc. (etcétera)	usw.
el precio	der Preis
demasiado	zuviel; zu sehr
demasiado caro	zu teuer
toda la familia	die ganze Familie
el anuncio	die Anzeige, Werbung

(Wir geben nicht alle Wörter der Anzeige an. Sie sollen nur das Wichtigste verstehen.) ⊙

más que nadie	mehr als irgendjemand
nadie	niemand
el aeropuerto	der Flughafen
además	außerdem
precio competitivo	wettbewerbsfähiger Preis
alquilar: alquile Vd.	mieten: mieten Sie

9 Abajo los problemas ⊙

abajo	nach unten; nieder mit
vivan las vacaciones	es leben die Ferien
el circuito	die Rundreise, Reiseroute
el autocar	der Reisebus
desde	von ... aus

10 El Museo del Prado ⊙

el cuadro	das Bild
la pintura	die Malerei
está instalado	es ist eingerichtet
el edificio	das Gebäude
neoclásico	klassizistisch (Anfang des 19. Jahrhunderts)
el Paseo del Prado	Straßenname in Madrid
desde	seit
hay... que ver	es gibt ... zu sehen
es imposible	es ist unmöglich
hacerlo	es tun
en pocas horas	in wenigen Stunden
por eso	deshalb
si	wenn
no se tiene	man hat nicht
mucho tiempo	viel Zeit
lo mejor	das beste
el detalle	das Detail, die Einzelheit
ver con detalle	genau anschauen
la parte	der Teil
la sala	der Saal
la escuela española	die spanische Schule
la escuela flamenca	flämische, niederländische Schule
la hora	die Stunde; Tageszeit
visitar	besuchen
la mañana	der Vormittag
la luz del día	das Tageslicht
otro edificio	ein anderes Gebäude
famoso, -a	berühmt
nuestro siglo	unser Jahrhundert
el pintor	der Maler
conocido, -a	bekannt
nacido en	geboren in
la obra	das Werk; Kunstwerk

11 Valencia ⊙

el encanto	der Reiz
su	sein, ihr
la luz	das Licht
el cielo	der Himmel
azul	blau
casi	fast
el año	das Jahr
el sol	die Sonne
tibio, -a	lauwarm
dulce	süß; sanft; angenehm
cálido, -a	warm
la simpatía	die Sympathie, Freundlichkeit
la actividad	die Aktivität; der Eifer
la vida	das Leben
cada mañana	jeden Morgen
hombres y mujeres	Männer und Frauen
vender	verkaufen
tratar	handeln; verhandeln
no sólo	nicht nur
sino también	sondern auch
la tienda	das Geschäft, der Laden
la oficina	das Büro

el banco	die Bank
la terraza	die Terrasse
el bar	das kleine Lokal
San José	Heiliger Josef
la fiesta	das Fest
característico, -a	typisch
junto con	gemeinsam mit; neben
la feria	die Messe; das Volksfest

Lección 6

1 ¿Quieren Vds. ver las fotos?

¿quieren Vds.?	wollen Sie?
ver las fotos	die Fotos sehen
poder: podemos	können: wir können
verlas	sie sehen (die Fotos)
ahora	jetzt
mirar: miren Vds.	schauen Sie
ésta es/éste es	das ist ...
bailar	tanzen
la sardana	Volkstanz in Katalonien
éstas son/éstos son	das sind ...
la mujer, las mujeres	die Frau, Frauen
un pueblo	ein Ort
el mercado	der Markt
el pescador	der Fischer
cerca de	in der Nähe von
la Costa Blanca	span. Mittelmeerküste nördl. von Alicante

2 ¿Quién puede traer fotos?

¿quién?	wer?
poder: puedo, puedes	ich kann, du kannst
traer	(her)bringen; mitbringen
la diapositiva	das Dia(positiv)
la próxima vez	das nächste Mal
simple; simplemente	einfach
la película	der Film
a ver si	mal sehen, ob
olvidar	vergessen
traer: traído	mitgebracht
el libro sobre Perú	das Buch über Perú
otra vez	wieder; ein anderes Mal

3 La familia y los amigos

la familia	die Familie
el verano	der Sommer
de este verano	von diesem Sommer
ver: las ha visto	Sie haben sie gesehen
¿verdad?	nicht wahr? (Wahrheit)
mirar: mire Vd.	schauen Sie
que	der, die, das
el hotel que	das Hotel, das ...
recomendar	empfehlen
nos ha recomendado	Sie haben uns empfohlen
sí, exacto	ja, genau
a la izquierda	links
a la derecha	rechts
el hijo; la hija	der Sohn; die Tochter
el perro	der Hund
el amigo; la amiga	der Freund; die Freundin
invitar	einladen
la hemos invitado	wir haben sie eingeladen
Navidad, las Navidades	Weihnachten
rubio, -a	blond
es su mujer/mi mujer	es ist Ihre/meine Frau
el padre	der Vater
conocer: lo conoce Vd.	Sie kennen ihn
el marido	der Ehemann

el novio; la novia	der/die Freund(in), Verlobte
la madre	die Mutter
la conoce Vd.	Sie kennen sie
los padres; mis padres	die Eltern; meine Eltern
Vd. los/las conoce	Sie kennen sie

4 Todavía no conozco a tu novia

conocer: conozco	ich kenne
tu novia	deine Freundin (wer?)
a tu novia	deine Freundin (wen?)
conozco a tu novia	ich kenne deine Freundin
no os habéis visto	ihr habt euch nicht gesehen
mirar: mira (tú)	schau
guapo, -a	hübsch, gut aussehend
¡qué guapa!	wie hübsch!

5 ¿No concoces a mi hermana?

¿quién es?	wer ist das?
el chico; la chica	der Junge; das Mädchen
moreno, -a	dunkel; braungebrannt
el hermano; la hermana	der Bruder; die Schwester
os conocéis	ihr kennt euch
¡no es posible!	das ist nicht möglich!
oír: oye (tú)	hör mal
Charo (Rosario)	Mädchenname
a Andrés	Andrés (wen?)

6 Me gustaría presentarlo a mi mujer

presentar	vorstellen
me gustaría presentarlo	ich würde Sie gern vorstellen
a mi mujer	meiner Frau (wem?)
aquí; allí	hier; dort
se conocen Vds.	Sie kennen sich
mucho gusto	freut mich
ya	schon
me ha hablado	er hat mir erzählt
encantado, -a	sehr erfreut

7 Crucigrama

el crucigrama	das Kreuzworträtsel

8 Los dos trabajan

los dos	beide
trabajar	arbeiten
yo, tú, él, ella	ich, du, er, sie
está casado, -a	er/sie ist verheiratet
es ecuatoriano, -a	ist Ecuadorianer(in)
la consulta	die Praxis; Sprechstunde
el hospital	das Krankenhaus
hasta ahora	bis jetzt
la oficina	das Büro
la fábrica	die Fabrik
la tienda	das Geschäft
el taller de reparaciones	die Reparaturwerkstatt
la estación de servicio	die Großtankstelle

9 Una carta ⊙

Quito	Hauptstadt von Ecuador
Queridos hermanos:	(Briefanfang) Liebe Geschwister!
esta vez	diesmal
una carta de verdad	ein wirklicher Brief
la tarjeta postal	die Postkarte
las primeras semanas	die ersten Wochen
no han sido fáciles	sind nicht leicht gewesen
fácil	leicht
para mí	für mich
por mi trabajo	durch meine Arbeit

por el cambio de clima	durch den Klimawechsel
en general	im allgemeinen
el aire es seco	die Luft ist trocken
después de La Paz	nach La Paz (Hauptstadt Boliviens)
la capital más alta	höchstgelegene Hauptstadt
el mundo	die Welt
estar a ... metros	... Meter hoch liegen
aunque	obwohl
el cambio	der Wechsel; die Veränderung
la media	der Durchschnitt
al sol	in der Sonne
tengo calor	es ist mir warm/heiß
a la sombra	im Schatten
tengo frío	es ist mir kalt
en las afueras	in den Außenbezirken
la plaza de toros	die Stierkampfarena
así que	so daß
bastante gente	ziemlich viele Leute
hasta ahora	bis jetzt
agradable	angenehm; nett
entenderse: me entiendo	sich verstehen: ich verstehe mich
tranquilo, -a	ruhig
bello, -a; bellísimo	schön; sehr schön
la realidad	die Wirklichkeit
en realidad	wirklich; eigentlich
al aire libre	im Freien
la gran cantidad	die große Menge
la iglesia	die Kirche
de estilo colonial	im Kolonialstil
dicen que	man sagt, daß
el arte	die Kunst
que tiene más arte	die am meisten Kunst hat
haber: ha habido	geben: es hat gegeben
el terremoto	das Erdbeben
maravilloso, -a	wunderbar

desde arriba	von oben
el monte	der Berg
el pie	der Fuß
la montaña	das Gebirge, der Berg
desde allí	von dort
a lo lejos	in der Ferne
el pico	die Bergspitze, der Gipfel
el volcán activo	der aktive Vulkan
la altura	die Höhe
la Tierra	die Erde
abajo	unten; nach unten
al fondo	im Hintergrund
la nieve	der Schnee
el paisaje más bello	die schönste Landschaft
la vida	das Leben
el fin de semana	das Wochenende
el mercado	der Markt
a 120 kilómetros de	120 km entfernt von
la fruta	das Obst
la verdura	das Gemüse
ma han dicho	man hat mir gesagt
como	da
empieza muy pronto	fängt sehr früh an
el viernes por la noche	am Freitagabend
dormir	schlafen
está lleno de	er ist voll von
vienen de muchos sitios	sie kommen von vielen Orten
de momento	zur Zeit; im Augenblick
los domingos	sonntags; an Sonntagen
ver de cerca	aus der Nähe sehen
todo lo que cuento	alles was ich erzähle
hasta la próxima (carta)	bis zum nächsten Brief
el abrazo	(Briefschluß); die Umarmung

Lección 7

1 ¿Dónde hay una farmacia?

¿dónde hay...?	wo gibt es ...?
la farmacia	die Apotheke
oír: oiga Vd.	hören Sie
decir: dígame	ja bitte, (sagen Sie mir, was Sie wollen)
por aquí	hier in der Nähe
saber: no lo sé	ich weiß es nicht
ser: no soy de aquí	ich bin nicht von hier
el médico	der Arzt
el banco	die Bank
el supermercado	der Supermarkt
bueno: un buen hotel	gut: ein gutes Hotel

2 ¿Puede Vd. decirme si...?

decir	sagen
¿puede Vd. decirme?	können Sie mir sagen?
si	ob
el uno/la una está allí	der/die eine ist dort
enfrente de	gegenüber von
la iglesia	die Kirche
el otro, la otra	der/die andere
es difícil	es ist schwierig
explicarlo	es zu erklären
al lado de	neben (an der Seite von)
la oficina de Correos	das Postamt
cerca de	nahe, in der Nähe von
al otro lado	auf der anderen Seite
la calle	die Straße
primero, -a	erster, erste
a cien metros de aquí	100 m von hier

3 ¿Dónde está el consulado?

el consulado	das Konsulat
perdón	Entschuldigung
alemán, alemana	deutsch
lo siento	es tut mir leid
preguntar: pregunte Vd.	fragen Sie
el guardia	der Polizist
la estación	der Bahnhof
la parada	die Haltestelle
la estación del Metro	die U-Bahn-Station
próximo, -a	nächster, nächste

4 Estoy buscando un bar

buscar	suchen
estoy buscando	ich suche gerade
debe estar por aquí	es muß hier sein
encontrar: encuentro	ich finde
un poco más arriba	etwas weiter oben
junto a	bei, neben
a 50 metros de aquí	50 m von hier
unos 50 metros	etwa 50 m
ver: lo veo	ich sehe es

5 ¿Para ir a la estación?

tomar	nehmen
tome Vd./tomen Vds.	nehmen Sie
el puente	die Brücke

6 ¿Me dices cómo voy?

decir: dices	du sagst
¿me dices cómo voy?	sagst du mir, wie ich fahre/hinkomme?
fácil, -	leicht
tomas/toma	du nimmst/nimm
ahí/allí	dort

7 Está haciendo planes

hacer planes	Pläne machen
está haciendo planes	er macht gerade Pläne
hablar por teléfono	telefonieren
charlar	sprechen, sich unterhalten
estar en casa	zu Hause sein
cuando está en casa	(immer) wenn er da ist

llamar (por teléfono)	anrufen
nadie	niemand
no llamar a nadie	niemand(en) anrufen
ni	und nicht
telefonear	telefonieren
sin parar	ohne aufzuhören
de momento	zur Zeit, im Augenblick
es que…	es ist (nämlich) so, daß …
¿es que…?	ist es denn so, daß …?
ir de vacaciones	in Ferien fahren
tiene 18 años	er ist 18 Jahre alt

8 Habla Vd. bien

habla Vd. bien	Sie sprechen gut
extranjero, -a	ausländisch; der Ausländer
inglés, -a	englisch; der Engländer
Londres	London
el (!) idioma	die Sprache
francés, -a	französisch, der Franzose
bien; mejor	gut; besser

9 ¿De dónde eres?

ser: ¿de dónde eres?	woher bist du?
¿de dónde sois?	woher seid ihr?
somos vascas	wir sind Baskinnen
el vasco, la vasca	der Baske, die Baskin

10 ¿Puede Vd. hablar un poco más despacio?

hablar más despacio	langsamer sprechen
entender: entiendo	ich verstehe
no le he entendido	ich habe Sie nicht verstanden
perdonar: perdone Vd.	entschuldigen Sie
(tan) de prisa	(so) schnell
repetir	wiederholen
hablar alto/(bajo)	laut/(leise) sprechen
aprender: aprenda Vd.	lernen Sie
sólo	nur
la palabra	das Wort
le interesa	es interessiert Sie

11 Comprensión auditiva

el plano	der Plan

12 Joaquín ⊙

Joaquín	Joachim
(el) andaluz, (la) andaluza	andalusisch; (der Andalusier, die Andalusierin)
el mecánico	der Mechaniker
Sevilla	größte Stadt Andalusiens
el jefe	der Chef
tener suerte	Glück haben
es agradable	es ist angenehm
tomar una copa	ein Glas trinken
el fútbol	der Fußball
todo lo que	alles was
el periódico	die Zeitung
el partido (de fútbol)	das Spiel
el estadio	das Stadion
jugar	spielen
el equipo	die Mannschaft
discutir	diskutieren, streiten

Lección 8

1 ¿Qué hora es?

la hora	die Stunde
¿qué hora es?	wieviel Uhr ist es?
es la una	es ist ein Uhr
son las dos, las tres	es ist zwei, drei
las ocho en punto	Punkt acht Uhr
las 3 y 5 (minutos)	5 (Minuten) nach drei
las 3 y cuarto	Viertel nach drei
las 3 y media	halb vier
las 4 menos cuarto	Viertel vor vier

2 ¿A qué hora?

¿a qué hora?	um wieviel Uhr?
irse; (me voy)	weggehen; (ich gehe weg)
Vd. tiene que irse	Sie müssen weggehen
tengo que irme	ich muß weggehen
salir	abfahren, abgehen
quedar	übrigbleiben
le quedan dos horas	Sie haben noch 2 Std.
tomar	nehmen; (zu sich nehmen)
tomar café	Kaffee trinken
otro café	noch einen Kaffee
el camarero	der Kellner
un vaso de agua	ein Glas Wasser
la sed	der Durst
¿cuándo se va?	wann fahren Sie weg?
hoy / mañana	heute / morgen
esta noche	heute abend, heute nacht
volver: vuelvo	zurückkommen
probable(mente)	wahrscheinlich

3 ¿Te vas?

quedarse	dableiben
¿no quieres quedarte?	willst du nicht bleiben?
para la cena	zum Abendessen
esperar	(er)warten; hoffen
me están esperando	sie warten auf mich; ich werde erwartet
en casa	zu Hause
cenar	zu Abend essen

4 ¿Cuándo podríamos vernos?

podríamos	wir könnten
vernos	uns sehen, uns treffen
volver a (ver)	wieder (sehen)
tener tiempo	Zeit haben
el fin de semana	das Wochenende
el lunes, martes	der Montag, Dienstag
el miércoles, jueves	der Mittwoch, Donnerstag
el viernes, sábado	der Freitag, Sonnabend
el domingo	der Sonntag
por la mañana	am Morgen
por la tarde	am Nachmittag
por la noche	am Abend, in der Nacht
por ejemplo	zum Beispiel
¿tendrías tiempo?	hättest du Zeit?
salir fuera	hinausfahren
todo el día	den ganzen Tag
parecer	scheinen; erscheinen
¿no te parece?	findest du nicht?
no estaría mal	das wäre nicht schlecht
entonces	also, dann
a las 9 de la mañana	um 9 Uhr früh
pasar por	vorbeikommen
¿de acuerdo?	einverstanden?
(estoy de acuerdo)	(ich bin einverstanden)
sería un poco pronto	es wäre ein wenig früh
mejor	besser
marcharse; (irse)	weggehen
tengo que marcharme	ich muß gehen
adiós	auf Wiedersehen

5 Vamos a comparar

comparar	vergleichen
igual	gleich
diferente	verschieden, anders
el país	das Land
abrir	öffnen
cerrar: cierra	schließen
el cine	das Kino
empezar: empieza	anfangen
el programa	das Programm
terminar	beenden; zu Ende sein
mucha gente	viele Leute
empezar a trabajar	anfangen zu arbeiten

salir: salgo, sales...	ausgehen; hinausgehen
salir del trabajo	von der Arbeit kommen
antes de (las 7)	vor (7 Uhr)
llegar	ankommen
llegar a casa	nach Hause kommen
después del trabajo	nach der Arbeit
generalmente	im allgemeinen
desayunar	frühstücken
comer	essen, zu Mittag essen

6 Comprensión auditiva

el vuelo	Flug
Iberia	span. Fluglinien
el retraso	Verspätung

Lección 9

1 ¿Quién es? ¿Dígame?

decir: ¿dígame?	ja bitte (am Telefon)
oír: oiga	hören Sie bitte
¿está Ana?	ist Anna da?
ser: soy yo	ich bin es
salir de viaje	auf Reisen gehen
antes de	vor
antes de irme	bevor ich wegfahre
quedar con	sich verabreden
he quedado con unos amigos	ich habe mich verabredet mit Freunden
no importa	es macht nichts
hacia las 7	ungefähr um 7 Uhr
puedo decirles	ich kann ihnen sagen
buscar	suchen; abholen
pasar a buscarla	Sie abholen
molestarse	sich die Mühe machen
no se moleste Vd.	das ist nicht nötig
voy a decirles	ich werde ihnen sagen
¡cuánto lo siento!	wie mir das leid tut!
hoy mismo	gleich heute
comprender	verstehen
entonces	also, dann
hasta luego	bis nachher

2 Ya es tarde

tarde	spät; zu spät
cambiar	wechseln; tauschen
el dinero	das Geld
preocuparse	sich Sorgen machen
no te preocupes	mach dir keine Sorgen
me queda dinero	ich habe noch Geld
Galerías (Preciados)	Kaufhausname
los grandes almacenes	das Kaufhaus, die Kaufhäuser
dejar: déjalo	laß es nur
temprano	frühzeitig

3 Llegan a tiempo

a tiempo	rechtzeitig
llegar tarde	zu spät kommen
no se preocupe(n)	machen Sie sich keine Sorgen
tomar un taxi	ein Taxi nehmen

4 RENFE informa ⊙

RENFE: Red Nacional de Ferrocarriles Españoles (Staatliches Netz der Spanischen Eisenbahnen)

5 Va a hacer un día estupendo

hacer	machen; „sein" (Wetter und Temperatur)
hace un día estupendo	es ist ein herrlicher Tag, herrliches Wetter
salir de excursión	einen Ausflug/eine Tour machen
la Cordillera Blanca	Gebirgskette (Perú)
hay que	man muß
levantarse	aufstehen
¡qué barbaridad!	ist ja Wahnsinn!

¡tan (temprano)!	so (früh)!
vale la pena	es lohnt sich
así que	(so daß); also, ...
no os levantéis	steht nicht auf
el último momento	der letzte Moment
desayunad	frühstückt
de prisa, deprisita	schnell, eilig
hace buen tiempo	es ist schön
el sol: hace sol	die Sonne scheint
el calor: hace calor	Wärme: es ist warm
el frío: hace frío	Kälte: es ist kalt
hace 30 grados	es sind 30 Grad
hace mal tiempo	es ist schlecht
el viento: hace viento	der Wind: es ist windig
bajo cero	unter Null
¿qué tiempo hace?	wie ist das Wetter?
¿qué tiempo ha hecho?	wie ist das Wetter gewesen?
¿qué tiempo va a hacer?	wie wird das Wetter?
llover: llueve	regnen: es regnet
nevar: nieva	schneien: es schneit

6 El tiempo va a cambiar

decir: ha dicho	er hat gesagt
decir: dice	er sagt
va a cambiar	es wird sich ändern
lo dice	er sagt es
claro, -a; claramente	klar; eindeutig
digo yo...	das jedenfalls meine ich

7 El tiempo ⊙

inestable, -	unbeständig
la temperatura	die Temperatur
extremo, -a	höchst/niedrigst
ayer	gestern
el extranjero	das Ausland
máximo, -a	Höchst-
mínimo, -a	Tiefst-

Lección 10

1 ¿Qué le gusta hacer los domingos?

los domingos	sonntags
dar una vuelta	spazierengehen
reunirse	zusammenkommen
a veces	manchmal
el paseo	der Spaziergang
ir de paseo	spazierengehen
ir al teatro	ins Theater gehen
depende	es kommt darauf an
depende de si...	es hängt davon ab, ob
a primeros de mes	am Monatsanfang
a finales de mes	am Monatsende

2 ¿Qué te gusta hacer los domingos?

tanto, -a	so viel
tantos, -as	so viele
la piscina	das Schwimmbad
sobre todo	vor allem
de todas formas	auf jeden Fall
como	da, weil
durante la semana	während der Woche
todos los días	jeden Tag
estar sentado, -a	sitzen
estudiar	lernen, studieren
la clase	der Unterricht; die Vorlesung
hacer: hago, haces...	tun, machen
hacer deporte	Sport treiben
algo de deporte	ein wenig Sport

3 Pues yo, generalmente...

pues yo, ...	also ich, ...
venir: vengo, vienes...	kommen
el domingo que viene	kommenden Sonntag
el campo	das Land (= nicht Stadt)
bañarse	baden
ir a ver	besuchen
el fútbol	das Fußball(spiel)

los toros	die Stiere; der Stierkampf
la música: oír música	Musik hören
la «tele» = televisión	
dormir: duermo	schlafen
la siesta	die Siesta, der Mittagsschlaf

4 ¿Qué hace Vd. en su tiempo libre?

el tiempo libre	die Freizeit
la realidad	die Wirklichkeit
en realidad	eigentlich
el color	die Farbe
la diapositiva en color	das Farbdia
el periódico	die Zeitung
la revista	die Zeitschrift
el libro	das Buch
el disco	die Schallplatte
jugar: juego	(ein Spiel) spielen
tocar	(ein Instrument) spielen
la guitarra	Gitarre
nada	nichts
no hacer nada	nichts tun
descansar	ausruhen

5 ¿Qué deporte haces tú?

alguno	irgendeiner
algún deporte	irgendein Sport
ninguno	keiner
práctico; prácticamente	praktisch
resulta caro, -a	das kommt teuer
oír: oigo	ich höre
jugar al ajedrez	Schach spielen
ellos, ellas	sie
con ellos, -as	mit ihnen

⊙

nadar	schwimmen
jugar al tenis	Tennis spielen
pescar	fischen
montar a caballo	reiten
montar en bicicleta	radfahren
el windsurf	das Windsurfen

6 La juventud española en su tiempo libre ⊙

la juventud	die Jugend
la pregunta	die Frage
el rato	die (kurze) Zeit
joven, -	jung
los jóvenes	die Jungen
la mayoría	die Mehrheit; die meisten
contestar	antworten
la ocupación	die Beschäftigung
activo / pasivo	aktiv / passiv
los menos	die wenigsten
de una forma	auf eine Weise
el 30 por ciento	30 Prozent
diario, -a; diariamente	täglich
las más leídas	die meistgelesenen
la entrevista/interviú	das Interview

Lección 11

Los Caracoles ⊙

(Auswahl von einigen Wörtern, die nicht in den Texten vorkommen).

el menú / la minuta	die Speisekarte
el huevo duro	das harte Ei
los espárragos	der Spargel
la mahonesa	die Mayonnaise
el jamón	der Schinken
el surtido de fiambre	die Wurstplatte
el consomé	die Fleischbrühe, das Consommé
la tortilla española	das Omelette mit Kartoffelstückchen
la merluza	der Seehecht
el rape	der Seeteufel
a la marinera	auf Seemannsart (Sud mit Muscheln)

los calamares	die Tintenfische
a la romana	paniert
langostinos	Garnelen
gambas frescas	frische kleine Garnelen
fritura de pescado	gemischte gebratene Fische (und Meerestiere)
el bistec	das Steak (meist dünn)
el lomo	die Lende
el cerdo	das Schwein
la ternera	das Kalb
el conejo	der Hase
el cordero	das Lamm
(el) asado	(der) Braten; gebraten
la costilla	das Kotelett
el melocotón en almíbar	der Pfirsich in Sirup

1 Hay que saber adónde ir

adónde ir	wohin man gehen kann
reservar	reservieren
la mesa	der Tisch
famoso, -a	berühmt
el plato típico	das typische Gericht
los mariscos	die Meerestiere
el pescado	der Fisch
la cocina	die Küche
excelente, -	ausgezeichnet
desde luego	selbstverständlich
de primer plato	als ersten Gang
la verdura	das Gemüse
encargar	bestellen
de vez en cuando	ab und zu
la paella	span. Reisgericht
el huevo	das Ei
el queso	der Käse
el pollo	das Huhn

2 ¿Me trae el menú?

el menú	die Speisekarte
recomendar: recomiendo	empfehlen
el plato del día	das „Tagesgericht“, Menü
el gazpacho	der Gazpacho
la ternera asada	der Kalbsbraten
el pollo	das Huhn
las patatas fritas	die Pommes frites
la ensalada	der Salat
el postre	der Nachtisch
de postre	zum Nachtisch
la fruta	das Obst
el flan	der Karamelpudding
el helado	das Eis
la sopa fría/caliente	die kalte/warme Suppe
picante, -	pikant, scharf
el tomate	die Tomate
el pepino	die Gurke
el pimiento	die Paprikaschote
refrescante, -	erfrischend
le gustará	es wird Ihnen schmecken
con este calor	bei dieser Hitze
traer: ¡tráigamelo!	bringen Sie es mir!
la carne	das Fleisch
la grasa	das Fett
beber	trinken
de beber	zu trinken
el vino blanco/tinto	der Weißwein/Rotwein
el vino de la casa	der Tischwein

3 No tengo hambre

el hambre *f.*	der Hunger
mucha hambre	großen Hunger
lo que tengo es ...	was ich habe, ist ...
enorme, -	riesig
lo mejor	das beste

de todas maneras	auf alle Fälle
no más que	nicht mehr als; nur
el bocadillo	das belegte Brot

4 En un bar

la cerveza	das Bier
el jugo	der Saft
el jugo de naranja	der Orangensaft
la(s) tapa(s)	Kleinigkeit zu den Getränken
la aceituna	die Olive
los mejillones	die Miesmuscheln (meist kräftig orangefarben)
las gambas	die (kleinen) Garnelen
rico, -a; riquísimo	(reich); schmackhaft
probar: pruebo	probieren
se las traigo	ich bringe sie Ihnen
al ajillo	in Öl mit Knoblauch gebraten
a la plancha	auf dem Blech gebraten
la cuenta	die Rechnung
al mismo tiempo	gleichzeitig
vale	(gilt); geht in Ordnung
el refresco	das Erfrischungsgetränk
el agua mineral	das Mineralwasser
la botella	die Flasche
el Jerez	der Sherry
dulce / seco	süß / trocken
la sangría	span. Rotweinbowle
el té	der Tee
el limón	die Zitrone
el café solo	der schwarze Kaffee
el café con leche	der Milchkaffee
la leche	die Milch

5 El aceite de oliva – un lujo culinario ⊙

el aceite	das Öl
junto a	neben
la palmera	die Palme
la vid	der Weinstock
la higuera	der Feigenbaum
el olivo	der Ölbaum
la planta	die Pflanze
entre otros	unter anderen
entusiasmado, -a	begeistert
el empleo	die Verwendung
la comida	das Essen; die Speise
hacia	in Richtung
llevar	bringen
el siglo	das Jahrhundert
introducir	einführen
el Estado	der Staat
la actualidad	die Gegenwart
convertirse en	werden zu
el lujo	der Luxus
la cocina de calidad	die Küche guter Qualität
impensable	undenkbar
en cuanto a	was … betrifft
las propiedades	die Eigenschaften
no hay que olvidar	man darf nicht vergessen
el consumidor	der (das) Verbraucher (-land)
el enfermo	der Kranke
el corazón	das Herz
el mundo	die Welt
más específicamente	genauer
Jaén	Provinz Andalusiens
las mayores cantidades	die größten Mengen
la exportación	der Export
producir	produzieren
la tonelada	die Tonne
la marca	die Marke
encontrar: encuentro	finden
pasar por controles	Kontrollen passieren
las autoridades	die Behörden

Lección 12

1 ¿Quiere que le deje algo?

dejar	lassen; leihen
¿quiere que…?	wollen Sie, daß …? soll ich …?
casi	fast
lo mismo	das gleiche
dar: doy, das, da	geben
darse cuenta	bemerken („sich Rechenschaft geben")
precisamente	genau; ausgerechnet
el sitio	der Platz; die Stelle
en ningún sitio	nirgends
suficiente, -	genug
¿cuánto?	wieviel?
eso	das, es
el problema	das Problem

2 Si quiere, le acompaño

acompañar	begleiten
le acompaño	ich begleite Sie
el concierto	das Konzert
si le parece	wenn es Ihnen recht ist
a lo mejor	vielleicht
la entrada	die Eintrittskarte; der Eingang

3 ¿Quiere que le acompañe?

el horario	der Fahrplan
desgraciadamente	leider
informarse	sich erkundigen
la agencia de viajes	das Reisebüro
llevar	hinbringen, hinfahren
el billete	die Fahrkarte
sacar el billete	die Fahrkarte kaufen

4 No se moleste Vd.

dejar: déjelo	lassen Sie es (ruhig)
la dirección	die Richtung
en dirección a Madrid	in Richtung Madrid
yo mismo, -a	(ich) selbst
es Vd. muy amable	Sie sind sehr freundlich
necesario, -a	notwendig

5 Comprensión auditiva

el reloj	die Uhr

6 ¿Puede Vd. hacer algo por él?

compañero; compañera	der/die Kollege, -in
quince días	14 Tage
el contacto	der Kontakt, die Verbindung
a ver si	mal sehen, ob
hacer algo por (!) él	etwas für ihn tun
desde	von … aus; (von … an)
la importación	der Import
la exportación	der Export
visitar	besuchen
alguien	jemand

7 El folklore musical en los Andes ⊙

ser: ha sido	ist gewesen
importante	wichtig
la vida	das Leben
el relato	der Bericht
el siglo XVI	das 16. Jahrhundert
el pueblo	das Volk
la variedad	die Vielfalt
la canción	das Lied
quechua	Andenvolk (und Sprache)
aimara/aimará	Indiovolk (Bolivien, Perú)
conservar	erhalten
gran parte de	ein Großteil
a través de	durch … hindurch
numeroso	zahlreich
la alegría	die Freude, Fröhlichkeit
la belleza	die Schönheit

Lección 13

1 En una librería

la librería	die Buchhandlung
la guía	der Führer, Reiseführer
ahora mismo	jetzt gleich, sofort
mandar	schicken
por correo	per Post
seguro que (llega)	(er kommt) sicher

2 En el mercado del puerto

el puerto	der Hafen
¡qué mariscos tan frescos!	was für frische Meerestiere!
acabar de	soeben ... sein/haben
acaban de llegar	sie sind gerade eingetroffen
hace	es ist ... her
hace una hora	vor einer Stunde
el mar	das Meer
¿cuánto cuesta?	wieviel kostet?
el kilo	das Kilo
la langosta	die Languste
subir	hinaufgehen; im Preis steigen
ha subido muchísimo	sie ist sehr gestiegen

3 A ver qué tenemos que comprar

a ver...	mal sehen, mal überlegen
el litro	der Liter
el aceite	das Öl
el pan	das Brot
la mantequilla	die Butter
el azúcar	der Zucker
el paquete	das Paket
la sal	das Salz
medio kilo de	ein halbes Kilo
el arroz	der Reis

4 ¿Nos pone 200 gramos de jamón?

bastante	ziemlich
largo, -a	lang
llevarse algo	etwas mitnehmen
algo de comida	etwas zum Essen
así	so, auf diese Weise
perder: pierdo	verlieren
tanto, -a	soviel
vender	verkaufen
de todo	alles mögliche
entrar en	hineingehen in
¿nos pone...?	geben Sie uns bitte
el gramo	das Gramm
el jamón	der Schinken
un cuarto de kilo	ein Viertelkilo

⊙

el plátano	die Banane
la manzana	der Apfel
la pera	die Birne
el melocotón	der Pfirsich
el albaricoque	die Aprikose
el melón	die Melone
la cereza	die Kirsche
la ciruela	die Pflaume
la fresa	die Erdbeere
las espinacas	der Spinat
las judías verdes	die grünen Bohnen
los guisantcs	die Erbsen
la coliflor	der Blumenkohl
la lechuga	Art grüner Salat
la alcachofa	die Artischocke
la zanahoria	die Karotte

5 Es para un regalo

el regalo	das Geschenk
meter	hineintun
la bolsa	die Tüte; größere Tasche
el plástico	das Plastik
envolver: envuelvo	einwickeln
el papel	das Papier

6 Comprensión auditiva

el carrete	der Film (für Fotos)
el material fotográfico	das Fotomaterial

7 Gazpacho andaluz ⊙

los ingredientes	die Zutaten
la cantidad	die Menge
el ajo	der Knoblauch
el diente	die Zehe; („Zahn")
el vinagre	der Essig
la cuchara	der Löffel
la cucharada	ein Löffel voll
el modo	die Art und Weise
el mortero	der Mörser
cortar	schneiden
machacar	zerstoßen
añadir	zugeben; anfügen
el trozo	das Stück
mojar	anfeuchten; einweichen
estrujar	ausdrücken
mezclar	mischen
la salsa	die Soße
verter: vierto	gießen
el colador	das Sieb
la sopera	die Suppenschüssel
el cuadradito	das Würfelchen
servir: se sirve	wird serviert
echar	werfen
la batidora eléctrica	der elektrische Mixer
la nevera	der Kühlschrank
los cubitos de hielo	die Eiswürfel

8 Canción popular española ⊙

la canción popular	das Volkslied
la uva	die Traube
el corazón	das Herz
el cariño	die Liebe, Zärtlichkeit
querer: quiero	lieben
negar: niego	verneinen; leugnen
vida mía	mein Leben, mein Schatz

9 El alegre día de los muertos ⊙

alegre, -	fröhlich
muerto, -a	tot
el día de los muertos	Allerheiligen
la alegría	die Freude
la fiesta	das Fest
recibir	bekommen
el juguete	das Spielzeug
el dulce	die Süßigkeit
representar	darstellen
el esqueleto	das Skelett
el chocolate	die Schokolade
el mazapán	das Marzipan
la muerte	der Tod
la flor	die Blume
lento, -a	langsam
por todas partes	überall
conservar	erhalten, beibehalten
la costumbre	der Brauch
la campana	die Glocke
mientras	während
la comida festiva	das Festessen
adornado	geschmückt
la segunda llamada	der zweite Ruf
el ama de casa	die Hausfrau
el nombre	der Name
sentarse	sich setzen
la visita	der Besuch

Lección 14

1 Carta a un hotel

Muy señores míos:	Sehr geehrte Herren!
el 25 de enero de 19…	25. Januar 19…
pensar: pienso	denken
pienso llegar	ich habe vor anzukommen
hagan el favor de	bitte; (tun Sie den Gefallen …)
atentamente	mit freundlichen Grüßen

atentamente les saluda	mit freundlichen Grüßen

2 En el hotel

el nombre	der Name
¿a qué nombre?	auf welchen Namen?
¿está Vd. seguro?	sind Sie sicher?
la primera vez que	das erste Mal, daß
esto no puede ser	das gibt's doch nicht!
equivocarse	sich irren
no pasa nada	das ist nicht schlimm
todo se arregla	alles kommt in Ordnung
tercero, -a	dritter
el tercer piso	der dritte Stock
tranquilo, -a	ruhig
llenar	füllen; ausfüllen
la hoja	das Blatt; Formular
primero: el primer piso	der erste Stock
segundo, -a	zweiter
tercero: el tercer piso	der dritte Stock
cuarto, quinto	vierter, fünfter
sexto, séptimo	sechster, siebter
octavo, noveno	achter, neunter
décimo	zehnter

3 ¿Es suyo?

¿es suyo, -a?	gehört ... Ihnen?
delante de	vor (örtlich)
es el mío/la mía	es ist der/die meine
aparcar	parken
sólo	nur
sacar	herausnehmen, -ziehen, -holen
la maleta	der Koffer
¿quiere que le abra?	soll ich Ihnen öffnen?

4 No importa

limpiar	saubermachen; putzen
el niño	das Kind
tirar	werfen; umwerfen; ziehen
-ito, -ita	(Verkleinerung, Verniedlichung)
un momentito	einen Augenblick
el mantel	das Tischtuch
limpio, -a	sauber

5 Servicios: caballeros, señoras

los servicios	die Toiletten
caballeros	Herren
el lavabo	die Toilette; das Waschbecken
la escalera	die Treppe

6 En un restaurante

el servicio	die Bedienung
estar incluido	inbegriffen sein
dejar una propina	Trinkgeld geben

7 Se han equivocado

la bebida	das Getränk
poner: pongo	setzen, stellen, legen
poner en la cuenta	auf die Rechnung schreiben
la razón	die Vernunft
tener razón	recht haben
la nota	die Rechnung, der Kassenzettel

8 Una reclamación

la reclamación	die Reklamation
despertar: despierta	wecken
natural; naturalmente	natürlich
otra cosa	noch etwas: ...
funcionar bien/mal	gut/schlecht funktionieren
la puerta	die Tür
el balcón	der Balkon
la ventana	das Fenster
se abre	geht auf
faltar	fehlen

la toalla	das Handtuch
solamente	nur

10 Puerto Rico ⊙

el Caribe	die Karibische See
eterno, -a	ewig
atraer	anziehen
por otro lado	andererseits
abandonar	verlassen
en busca de	auf der Suche nach
numeroso, -a	zahlreich
la capital	die Hauptstadt
el gusto	der Geschmack
al gusto americano	nach amerikanischem Geschmack
sin embargo	jedoch
el palacio	das Palais
colonial, -	aus der Kolonialzeit
declarar	erklären (zu ...)
convertir en...	zu ... machen

Lección 15

1 ¿Me enseña otro modelo?

enseñar	zeigen
el modelo	das Modell
los zapatos	die Schuhe
el escaparate	das Schaufenster
¿cuál?, ¿cuáles?	welcher?, welche?
los que...	diejenigen, die ...
valer	wert sein, kosten
probarse algo	etwas anprobieren
parecido, -a	ähnlich

2 Por favor, ¿cuánto vale?

quisiera	ich möchte gern
el abrigo	der Mantel
el cuero	das Leder
gris, -	grau
encontrar: encuentro	finden
corto, -a	kurz
para mí	für mich
cómo me está	wie er mir steht/paßt
pensar: pienso	denken
me lo voy a pensar	ich werde es mir überlegen
a lo mejor	vielleicht
de todas maneras	auf jeden Fall
cuando Vd. quiera	wann Sie wollen
la ropa	die Wäsche, Kleidung
la chaqueta	die Jacke
el jersey	der Pullover
la falda	der Rock
el pantalón	die Hose
el vestido	das Kleid
el traje	der Anzug; das Kleid
¿de qué material?	aus welchem Material?
la lana	die Wolle
la piel	das feine Leder; die Haut
fino, -a	fein
la camisa	das Hemd
la blusa	die Bluse
las medias	die Strümpfe
los calcetines	die Socken
la ropa interior	die Unterwäsche
el sombrero	der Hut
el cinturón	der Gürtel
las botas	die Stiefel
las playeras	die Turnschuhe
el algodón	die Baumwolle
la seda	die Seide
¿de qué color?	in welcher Farbe?
blanco/negro, -a	weiß/schwarz
azul/verde, -	blau/grün
rojo/amarillo, -a	rot/gelb
marrón, gris, -	braun/grau

3 Tengo ganas de ponerme ropa de verano

ponerse algo: me pongo	etwas anziehen
la ropa de verano	die Sommerkleidung
alegrarse	sich freuen
me alegro de que haga buen día	ich freue mich, daß schönes Wetter ist
por fin	endlich
las ganas	die Lust
tener ganas (de)	Lust haben (zu)
quitarse (ropa)	(Kleidung) ausziehen
el abrigo	der Mantel
llevar 5 meses	schon 5 Monate (etwas tun)
llevar meses sin quitárselo	seit Monaten ihn nicht ausziehen

4 Me han recomendado una tienda

cerca/lejos	nahe/weit weg
la máquina fotográfica	der Fotoapparat
la mano	die Hand
de segunda mano	gebraucht
venir: vengo, vienes	kommen
al + Infinitivo	beim ...; wenn ...
al salir de la oficina	wenn ich aus dem Büro komme
agradable, -	angenehm; nett
soler: suelo, sueles	„pflegen"; normalerweise tun
no creo que venga	ich glaube nicht, daß er kommt
el recuerdo	die Erinnerung; der Gruß
dale recuerdos de mi parte	grüß ihn von mir

5 De colores ⊙

de colores	farbig
se visten las flores	die Blumen kleiden sich
el pájaro, pajarillo	der Vogel, das Vögelchen
el arcoiris	der Regenbogen
por eso	deshalb
el amor, los amores	die Liebe

6 A mí me gusta lo blanco ⊙

viva lo blanco	es lebe das Weiße
muera lo negro	es sterbe das Schwarze
la gaita	der Dudelsack
el gaitero	der Dudelsackspieler
el fuelle	der Blasbalg
el terciopelo	der Samt

7 Eres alta y delgada ⊙

alto, -a	groß; hoch
delgado, -a	schlank
moreno, -a	dunkelhaarig
salado, -a	„gesalzen"; witzig, schlagfertig
bendita sea la rama	gesegnet sei der Zweig
que al tronco sale	der aus dem Stamm kommt
estoy pensando en ti	ich denke an dich
morirse: me muero	ich sterbe
desde que te vi	seit ich dich sah
la rosa de Alejandría	die Rose von Alexandrien
colorada de noche	rot bei Nacht

Lección 16

1 Espero que vengas

esperar	hoffen
espero que vengas	ich hoffe, du kommst
de verdad	wirklich
contar: cuento	erzählen
el piso	die Wohnung; das Stockwerk

2 El piso

casarse	heiraten
después de llamarlos	nachdem er sie angerufen hat

Pozuelo	Ort außerhalb Madrids
el aire	die Luft
cada día peor	immer schlechter
tardar (mucho tiempo)	(lange) brauchen
no se tarda nada	man braucht nicht lang
la autopista	die Autobahn
ya no	nicht mehr
el millón	die Million
-cete	(Verkleinerung)
costar trabajo	Mühe kosten
reunir dinero	Geld zusammenbringen
pagar	bezahlen
la entrada	die erste Anzahlung
para ello; para esto	dafür
poco a poco	nach und nach
total	also kurz und gut
lo más barato	das billigste

3 Divertirse – y gastar menos

divertirse: me divierto	sich gut unterhalten, Spaß haben
gastar	ausgeben
hay: lo que había	was es da gab
en casa de	bei
pintar	malen
improvisar	improvisieren
coser	nähen
la cortina	der Vorhang
el sofá y los sillones	das Sofa und die Sessel
el mueble	das Möbelstück
importante	wichtig
dormir: duermo	schlafen
el armario	der Schrank
la silla	der Stuhl
la nevera	der Kühlschrank
tener al frío	kühl halten
el plato	der Teller; das Gericht
la taza	die Tasse
el cuchillo	das Messer
el tenedor	die Gabel
la cuchara/cucharilla	der Löffel/Kaffeelöffel
poner la mesa	den Tisch decken

4 Comprensión auditiva

el jardín	der Garten
la planta	das Stockwerk
la sección	die Abteilung
el metal	das Metall
la madera	das Holz

5 Nos arreglaremos bien

arreglarse	zurechtkommen
nos arreglaremos bien	wir werden gut zurechtkommen
seguir: sigo, sigues	folgen; fortfahren; weiterhin tun
el empleado/la empleada	der/die Angestellte
¿sigues de empleada?	bist du noch Angestellte?
propio, -a	eigen
la suerte	das Glück
ayudar	helfen
me ayudarán	sie werden mir helfen

6 Nada más de alcohol

nada más	nichts mehr
el alcohol	der Alkohol
penúltimo, -a	vorletzter
la penúltima copa	das vorletzte Glas
que	denn
conducir: conduzco	(ein Fahrzeug) fahren
la moto(cicleta)	das Motorrad
si no	sonst; andernfalls
medio muerto, -a	halbtot
como quieras	ganz wie du willst
hala	also dann
hasta pronto	bis bald
gracias por	Dank für

7 ¿Has dejado de fumar?

dejar de fumar	aufhören zu rauchen
desde hace 3 semanas	seit 3 Wochen
ser: sea (Subjuntivo)	
me alegro que sea así	ich freue mich darüber
esta vez	diesmal
lo de…	die Sache mit …
40 cigarrillos diarios	40 Zigaretten am Tag
diario, -a	täglich
la locura	der Wahnsinn
ser: era una locura	es war ein Wahnsinn
alegrarse por alguien	sich für jemand freuen

8 España con tabaquitis ⊙

la «tabaquitis»	die Tabakkrankheit
el lector	der Leser
la Sanidad	das Gesundheitswesen
ocuparse de	sich kümmern um
la salud	die Gesundheit
los medios de comunicación	die Massenmedien
la campaña	die Kampagne
quemar: no queme	verbrennen Sie nicht
por mucho que digan	soviel sie auch sagen
seguir fumando	weiter rauchen
tratar de hacer algo	versuchen, etwas zu tun
el terror	der Schrecken
la contaminación	die Umweltverschmutzung
habitar	bewohnen
respirar	atmen
sucio, -a	schmutzig
contradictorio, -a	widersprüchlich
alguien dirá	jemand wird sagen
la gota	der Tropfen
colmar	vollmachen; zum Überlaufen bringen
¡es hora!	es ist an der Zeit!
la felicitación	der Glückwunsch
prohibir	verbieten
la droga	die Droge
sino	sondern
según los médicos	nach Meinung der Ärzte
peligroso, -a	gefährlich
tener vía libre	freie Bahn haben
en cambio	dagegen
olvidar: no olvidemos	vergessen wir nicht!
producir	hier: hervorrufen
la muerte	der Tod; Todesfall
loco, -a	verrückt

9 ¿Estamos acabando con la naturaleza? ⊙

acabar con	kaputt machen
la naturaleza	die Natur
celebrar	feiern, begehen
la Jornada del medio ambiente	der Tag der Umwelt
es igual a	ist gleichbedeutend
el futuro	die Zukunft
la planta	die Pflanze
el árbol	der Baum
la flor	die Blume
aparecer	erscheinen
desaparecer	verschwinden
la urbanización	der Siedlungsbau
el paisaje	die Landschaft
el bosque	der Wald
la tierra	die Erde
la tierra cultivable	das anbaufähige Land

Lección 17

1 No hay que hacer siempre lo mismo

no hay que	man muß nicht/man darf nicht
viajar	reisen
decidirse	sich entscheiden/ sich entschließen
el castillo	die Burg; das Schloß
el palacio	das Schloß; Palais
el parque	der Park
tardan horas en verlo	sie brauchen Stunden, um es zu sehen
primero	zuerst
el ambiente	die Atmosphäre, Stimmung
la opinión	die Meinung
ganar	(Geld) verdienen
el gobierno	die Regierung
de esta forma	so
de otra forma	anders

2 España ya no es tan barata

ver: veo	sehen: ich sehe
acordarse: me acuerdo	sich erinnern
los transportes	die öffentlichen Verkehrsmittel
los espectáculos	das Theater, die Kinos usw.
el alquiler	die Miete
la gasolina	das Benzin
aunque	obwohl
en todas partes	überall
uno	man
necesitar tanto	so sehr benötigen
grave, -	ernst, schwerwiegend
el salario	der Lohn
el sueldo	das Gehalt
aumentar	steigen; vergrößern
la pensión	die Pension; Rente
las personas mayores	die alten Leute
la relación	das Verhältnis
la inflación	die Inflation

3 Lo hemos pasado bien

pasarlo bien	eine angenehme Zeit verbringen
la carretera nacional	die Staatsstraße
la región	die Gegend
en fin	kurz und gut
aburrido, -a	langweilig

4 Comprensión auditiva

la gasolinera	die Tankstelle
reparar	reparieren
igual que	ebenso wie
el tráfico	der Verkehr

5 El petróleo de Venezuela ⊙

entero, -a	ganz
millares	Tausende
la noticia	die Nachricht
(in)exacto, -a	(un)richtig
increíble	unglaublich
se trata de	es handelt sich um
pesado, -a	schwer
la transformación	die Umwandlung; Verarbeitung
la calefacción	die Heizung
presentar dificultades	Schwierigkeiten machen
de todas maneras	jedenfalls
el lago	der See
actualmente	zur Zeit
los Estados Unidos	die Vereinigten Staaten
el rascacielos	der Wolkenkratzer
estar rodeado de	umgeben sein von
la cabaña	die Hütte
crear riquezas	Reichtümer schaffen

6 Santiago ⊙

Santiago	St. Jakob, der Heilige Jakobus

quitar	wegnehmen
la espada	das Schwert
Juan	(Apostel) Johannes
San Lucas	(Evangelist) Lucas
los discípulos	die Jünger
el lugar	der Ort
aparecer	erscheinen
según	nach; entsprechend
el suelo	der Boden
el hecho	die Tatsache
auténtico, -a	echt
aun dejando a un lado	selbst wenn man beiseite läßt
lo que importa	was wichtig ist
el fenómeno histórico	die geschichtliche Erscheinung
la importancia	die Größe, Bedeutung
la peregrinación	die Wallfahrt
la noticia	die Nachricht
la aparición	das Erscheinen
volar: vuela	fliegen
el camino	der Weg
convertirse en	zu ... werden; sich verwandeln in ...
la cultura	die Kultur; Bildung
el arte	die Kunst
el comercio	der Handel
el progreso	der Fortschritt
la Edad Media	das Mittelalter
las reliquias	die Reliquien
físico, -a	physisch, körperlich
Dios	Gott
se da	kommt vor
el sepulcro	das Grab

7 El peregrino ⊙

el peregrino	der Pilger
el privilegio	das Vorrecht
el paso	der Durchzug; Schritt
afeitar	rasieren
cortar el pelo	die Haare schneiden
lavarse	sich waschen
gratis; gratuitamente	gratis
romperse	kaputt gehen; zerbrechen, zerreißen
el zapatero	der Schuhmacher
el permiso	die Erlaubnis
arreglar	reparieren
hasta	sogar
caer/ponerse enfermo	krank werden
atender: atiendo	bedienen; pflegen
morir: muero	sterben
tener derecho a	Anrecht haben auf
el entierro	das Begräbnis
el detalle	das Detail, die Einzelheit
la mitad	die Hälfte
considerar como	betrachten als

Lección 18

1 Ayer

ayer	gestern
tuvimos mala suerte	wir hatten Pech
llover: nos llovió	es regnete („uns“)
ser: fue una pena	es war schade
mojarse	naß werden
ir: no fui	ich ging nicht
ir: ¿fue Antonia?	ging Antonia?
poder: no pudo venir	sie konnte nicht kommen
hacer: ¿qué hiciste?	was hast du gemacht?
estar: estuve en casa	ich war zu Hause
leyendo el periódico	... und las die Zeitung
tener: tuve que...	ich mußte
romperse: se había roto	es war kaputtgegangen
llamar: me llamó	er rief mich an
salir: salí	ich ging weg
dar un paseo	einen Spaziergang machen
hacer: no hice nada	ich machte nichts

creí que ibas a salir	ich glaubte, du würdest weggehen
quedar en llamar	vereinbaren anzurufen
seguramente	sicher; wahrscheinlich

2 El domingo pasado

el domingo pasado	letzten Sonntag
lavarse el pelo/ la cabeza	sich die Haare/ den Kopf waschen
la importancia	die Bedeutung

3 ¿Por qué no llamasteis?

llamasteis	ihr habt angerufen
os olvidasteis de mí	ihr habt mich vergessen
sentí no veros (sentir: siento)	es tat mir leid, euch nicht zu sehen
el abrazo	die Umarmung; der herzliche Gruß

5 ¿Dónde nació Vd.?

nacer	geboren werden
¿dónde nació Vd.?	wo sind/wurden Sie geboren?
nací en…	ich wurde in … geboren
venir: vinieron	sie kamen

6 Canción cubana ⊙

morirse: me muero	sterben
el corazón	das Herz
enterrar: entierro	begraben

7 La siesta ⊙

llamar	nennen
el refrán	das Sprichwort
el sobre	der Briefumschlag
observar	beobachten, sehen
el árbol	der Baum
el suelo	der Boden
el obrero	der Arbeiter
oscuro, -a	dunkel
secreto, -a	geheim
aquellos, -as	jene; diejenigen
avergonzarse de	sich schämen wegen
el sueño	der Schlaf; die Müdigkeit
la debilidad	die Schwäche
por las buenas	einfach so
el cielo	der Himmel
Salvador Dalí	spanischer Maler
dejemos de reírnos	hören wir auf zu lachen
el defecto	der Fehler

8 Un buen amigo ⊙

conocí	ich lernte kennen
el escritor	der Schriftsteller
aún	noch
un grueso bastón	ein dicker Stock
dirigirse a	sich wenden an
decir: me dijo	er sagte (zu) mir
sentáte = siéntate	setz dich
cierto, -a	ein gewisser
la incomodidad	die Unbehaglichkeit
de inmediato	sofort
a sabiendas de que	wissend, daß
responder	antworten
de nombre	dem Namen nach
dar una paliza	verprügeln
confesar: confieso	bekennen; zugeben

9 El Museo del Oro de Bogotá ⊙

el oro	das Gold
situado, -a	gelegen
el objeto	der Gegenstand
tratar de	versuchen
salvar y conservar	retten und erhalten
en lo posible	soweit möglich
antiguo: antiquísimo	uralt
incluso	sogar

mezclar	mischen
el cobre	das Kupfer
la materia prima	das Rohmaterial
el río	der Fluß
el polvo	der Staub
el grano	das Korn
frecuente	häufig
el sepulcro	das Grab
representar	darstellen
o bien… o bien…	entweder … oder …
la máscara	die Maske
el cuerpo	der Körper
seguir viviendo	weiterleben
han sido abiertos	sind geöffnet worden
la riqueza	der Reichtum
la luz	das Licht

Lección 19

1 Quería comprar sellos

el sello	die Briefmarke
(la oficina de) Correos	das Postamt
complicado, -a	kompliziert
coger/tomar el Metro	die U-Bahn nehmen
el estanco	das staatliche Monopolgeschäft (Tabak, Postwertzeichen)
cualquiera	irgendeiner, gleich welcher
en cualquier estanco	in jedem Estanco
detrás de	hinter
la iglesia	die Kirche
aquel, aquella	der/die … dort

2 En la oficina de Correos

la postal	die Postkarte
certificado, -a	eingeschrieben
-illo, -illa	(Verkleinerung)
la ventanilla	der Schalter
urgente, -	eilig; mit Eilboten
por avión	per Luftpost

3 ¡Qué postales más bonitas!

¡qué… más bonitos, -as!	was für schöne …!
cada uno, cada una	jeder (einzelne)
pensar en: pienso	denken an
quedarse desilusionado, -a	enttäuscht sein
olvidarse de escribir	vergessen zu schreiben
de miedo	toll
pobre de ti	du armer Kerl
solo, -a	allein
dar una alegría	eine Freude machen
para que + Subjuntivo	damit
para que sepan (saber)	damit sie wissen

4 Servicio automático de teléfonos

se me acaba	es geht mir aus
ponerse contento, -a	sich freuen
contento, -a	zufrieden; froh
enfadarse con alguien	auf jemand böse werden
estar convencido de que	überzeugt sein, daß
bastar	genügen
sencillo, -a	einfach
el prefijo	die Vorwahl (Telefon)

5 Vamos a escribir una postal

entenderse bien	sich gut verstehen
entender: entiendo	verstehen

7 Una carta

dar trabajo	(einem anderen) Arbeit machen
siguiente, -	folgend
intentar	versuchen
el éxito	der Erfolg
estar de vuelta	zurück sein
ponerse enfermo, -a	krank werden
se ha puesto…	ist … geworden

en estas condiciones	unter diesen Umständen
aunque	obwohl
se trata de	es handelt sich um
poner un telegrama	ein Telegramm schicken
a mi vuelta	bei meiner Rückkehr
afectuoso, -a	herzlich

8 Pueblos olvidados ⊙

el bosque	der Wald
la gallina de los huevos de oro	die Henne mit den goldenen Eiern
vacío, -a	leer
aislado, -a	isoliert; vereinzelt
el exterior	die Außenwelt
el vecino; la vecina	der Bewohner; („Nachbar")
abandonar	verlassen
abandonado de la mano de Dios	von Gott verlassen
el partido	die politische Partei
el alcalde	der Bürgermeister
las elecciones	die Wahlen
enterarse de algo	etwas erfahren
¿cómo se va a enterar?	wie soll er es erfahren?
el pastor	der Hirte
dormir: durmiendo	schlafend
la oveja	das Schaf
la ambulancia	der Krankenwagen
el caso	der Fall
único, -a	einziger
el dueño; la dueña	der/die Besitzer(in)
plantar	pflanzen, anbauen
el primero que venga	der erste, der (vielleicht) kommt
blanco, -a	hier: parteilos
ocuparse de	sich kümmern um;
votar	(für etwas) stimmen; abstimmen
la masa	die Masse

9 Capitales latinoamericanas, el año 2000 ⊙

la capital	die Hauptstadt
la emigración	die Auswanderung; die Landflucht
el movimiento	die Bewegung
crear	schaffen
dentro de	in/nach (einer Zeit)
la velocidad	die Schnelligkeit
la población	die Bevölkerung
citar	zitieren, nennen
las Naciones Unidas	die Vereinten Nationen
contar con que	damit rechnen, daß
una tercera parte	ein Drittel
no más que	nur
distinguir	unterscheiden
el recién llegado	der Neuankömmling
la barriada	das (Elends-)Viertel
lleno, -a	voll
la ilusión	die Hoffnung; Freude
desesperado, -a	verzweifelt
en medio de	inmitten von
la pobreza	die Armut
la enfermedad	die Krankheit
la suciedad	der Schmutz
resolver: resuelvo	(Problem) lösen
prever: preveo, prevé	vorhersehen; vorhersagen
atraer: atrajeron	sie zogen an
en su momento	zu ihrer Zeit
servir: no sirve	gilt nicht; hilft nicht

Lección 20

1 ¿Cuándo lo verá?

cuando + Subjuntivo	sobald …
cuando lo vea	sobald Sie ihn sehen
decir que + Subjuntivo	sagen, er soll …
decir que me llame	sagen, er soll mich anrufen

Vd. lo hará	Sie werden es tun
Vd. lo dirá	Sie werden es sagen
Vd. podrá	Sie werden können
Vd. tendrá (tiempo)	Sie werden (Zeit) haben
Vd. vendrá	Sie werden kommen

2 Perdone Vd. que no le haya escrito

perdonar que + Subj.	entschuldigen, daß
perdone que no haya escrito	entschuldigen Sie, daß ich nicht geschrieben habe
recibir	bekommen
por Dios	um Gottes willen
contestar	antworten; beantworten
resulta que	es ist nämlich so: ...
hacer esperar	warten lassen

3 Lo siento, pero...

sentir que + Subj.	bedauern, daß
siento que no puedas	es tut mir leid, daß du nicht kannst
conmigo	mit mir
contigo	mit dir
tenía tantas ganas	ich hatte solche Lust
dar un paseo	einen Spaziergang machen
el examen	die Prüfung
pasado mañana	übermorgen
anoche	gestern Abend
el cumpleaños	der Geburtstag
volver: ha vuelto	er ist zurückgekommen

4 Tuve un accidente

el accidente	der Unfall
conocer: he conocido	ich habe kennengelernt
el coche-restaurante	der Speisewagen
la situación social	die soziale Situation
pesado, -a	schwer (Gewicht)
chocar: choqué con	ich stieß zusammen mit
el aparcamiento	der Parkplatz, das Parkhaus
darse prisa	sich beeilen
la salida	der Ausgang
ir a buscar	abholen (hinfahren)
venir a buscar	abholen (herkommen)

5 Emilio Muñoz, 16 años, profesión: torero ⊙

la profesión	der Beruf
el torero	der Stierkämpfer
cuando sea mayor	wenn ich erwachsen bin
hacer frente	die Stirn bieten
el toro	der Stier
la ley	das Gesetz
votar	wählen; abstimmen
prohibir	verbieten
administrar bienes	Güter verwalten
dejar que + Subj.	zulassen
el permiso	die Erlaubnis
pedir permiso	um Erlaubnis bitten
cuando vaya a por ti	wenn er dich angreift
la edad	das Alter
el valor	der Mut
taurino, -a	Stierkampf-
la cornada; la «corná»	Verletzung durch Hörner
confirmar	bestätigen
desear	wünschen
la prueba del fuego	die Feuerprobe
reaccionar	reagieren
la sangre	das Blut
empujar	stoßen; drücken
a los 9 años	mit 9 Jahren
pinchar	sticheln
a que (no) ...	wetten, daß ... (nicht)
atreverse a	sich getrauen
loco, -a	verrückt
tirarse	springen; sich stürzen

la plaza	die Arena
el capote	Umhang der Stierkämpfer
pesar	wiegen
dar pases	Figuren des Stierkampfs machen
días de fiesta	Feiertage
entrenar	trainieren
prometer	versprechen
tomar en serio	ernst nehmen
¿cómo iba a + Inf.?	wie sollte ich ...?
sin «ná», sin nada	ohne irgendetwas
la sensación	das Gefühl
ni ... ni ...	weder ... noch ...
el ritmo	der Rhythmus
el ritmo de vida	das Lebenstempo
es imposible	es ist unmöglich
echar de menos	vermissen
los garbanzos	die Kichererbsen
estoy harto, -a	ich habe es satt

Lección 21

1 Es probable que llegue un poco tarde

es probable que + Subj.	es ist wahrscheinlich, daß
es posible que + Subj.	es ist möglich, daß
los vecinos	die Nachbarn
creía que me ibas a ayudar	ich dachte, du würdest mir helfen
lo antes posible	so früh/bald wie möglich

2 ¿Te ayuda tu marido?

publicar	veröffentlichen
el/la/lo siguiente	der/die/das folgende
obtener: obtengo	erreichen; erhalten
obtener 10 puntos	10 Punkte erreichen
dejar mucho que desear	viel zu wünschen übrig lassen
deber: debería	er sollte (eigentlich)
tratar de hacer algo	versuchen, etwas zu tun
mejorarse	sich verbessern
criticar	kritisieren
protestar	protestieren
tradicional, -	traditionell; altmodisch
por lo menos	wenigstens
el camino	der Weg
estar en buen camino	auf dem besten Weg sein
el marido modelo	der Mustergatte
extraordinario, -a	außerordentlich; außergewöhnlich
los demás	die anderen
preparar el desayuno	das Frühstück machen
el colegio	die Schule
al volver	beim Zurückkommen
lavar los platos	Geschirr spülen
el profesor	der Lehrer
controlar los deberes	die Aufgaben nachsehen
llorar	weinen
encargarse de	es übernehmen, zu ...
la multa	die Geldstrafe
los impuestos	die Steuern
el seguro	die Versicherung
la camisa	das Hemd
cuidar	versorgen; sich kümmern um
ocuparse de	sich kümmern um
el perro	der Hund
el gato	die Katze
la contestación	die Antwort

3 La mujer española y el trabajo ⊙

según	entsprechend
la encuesta	die Umfrage
la participación	die Teilnahme; der Anteil
la vida activa	das Arbeitsleben

la cifra	die Ziffer; Zahl
respectivamente	in gleicher Reihenfolge
el Frente de Liberación	die Befreiungsfront
doméstico, -a	Haushalts-
la lavandería	die Wäscherei
la peluquería	das Friseurgeschäft
el profesional	der Angehörige eines Berufs
de nivel superior	auf höherer Ebene
ni que decir tiene	man braucht es nicht zu erwähnen
hoy día	heutzutage
la mayoría	die Mehrzahl; die meisten
estar por	für etwas sein
es decir	das heißt
colaborar	mitarbeiten

4 La juventud ⊙

la juventud	die Jugend
el futuro	die Zukunft
el pesimismo	der Pessimismus; die Sorge
la participación social	die Mitwirkung in der Gesellschaft
referirse: se refirió	sie bezog sich auf
Director(a) General	Abteilungsleiter(in) in einem Ministerium
al cerrar	beim Abschluß
el Simposio	das Symposium; die Konferenz
la información	die Information; Auskunft
dar: di, diste, dio	geben: gab
el cambio	der Wechsel; die Veränderung
la actitud	die Haltung; Einstellung
profundo, -a	tief; tiefgreifend
haber: ha habido	es hat gegeben
occidental, -	westlich
cada vez menos	immer weniger
la influencia sobre	der Einfluß auf
los medios	die Medien
los medios de comunicación social	die Massenmedien
preferentemente	vorzugsweise
audiovisual, -	mit Ton und Bild
formas de agruparse	Formen des Zusammenlebens
el matrimonio	die Ehe; das Ehepaar
admitir	zugeben; zulassen
el divorcio	die Ehescheidung
el papel	die Rolle
la esposa	die Ehefrau
pasar de ... a ...	den Übergang machen von ... zu ...
la compañera	die Gefährtin; Kameradin
el cambio democrático	die Wende zur Demokratie
aumentar	erhöhen
el interés por	das Interesse für
la política	die Politik
el voto	die Stimme (bei der Wahl)
el partido	die politische Partei
el partido importante	die große Partei
injusto, -a	ungerecht
ofrecer oportunidades	Chancen bieten
el desarrollo	die Entwicklung
la desilusión	die Enttäuschung
producir	hervorrufen
la radicalización	die Radikalisierung

Lección 22

1 En el dentista

en el dentista	beim Zahnarzt
pedir hora	um einen Termin bitten
pedir: pido, pides ...	verlangen

de paso	vorübergehend; im Vorbeigehen
la muela	der Backenzahn
seguir el viaje	die Reise fortsetzen
seguir: sigo, sigues ...	fortsetzen
en ese caso	in diesem Fall
pasar: pase Vd.	kommen Sie herein
sentarse: siéntese	setzen Sie sich

2 ¿No tiene apetito?

el apetito	der Appetit
lo que ha pedido	was Sie bestellt haben
rico, -a	reich
estar rico	sehr gut schmecken
un pedazo	ein Stück
ligero, -a	leicht

3 No sé qué me pasa

echarse: échate	leg dich hin
quitarse la chaqueta	(sich) die Jacke ausziehen
ponerse bien	gesund werden; sich besser fühlen
es por ...	es ist wegen ...
el jefe	der Chef
el puesto de trabajo	der Arbeitsplatz

4 ¡Que te mejores!

mejorarse	sich bessern
¡que te mejores!	(dir) gute Besserung!
¡que se mejore!	(Ihnen) gute Besserung!
poner una película	einen Film zeigen
sentirse: me siento	sich fühlen
sentirse fatal	sich übel fühlen
quitar	wegnehmen
se me quita la fiebre	das Fieber geht (mir) weg
(tan) de prisa	(so) schnell; (so) eilig
la intención de llamar	die Absicht anzurufen
seguir: si sigo así	wenn es mir weiter so geht

5 ¿Te has hecho daño?

hacerse daño	sich weh tun
de escribir tanto	vor lauter Schreiben
el ojo	das Auge
el pie	der Fuß
andar	gehen
perder peso	abnehmen
estar perfectamente bien	völlig in Ordnung sein

⊙

la garganta	der Hals
enfriarse	sich erkälten
el estómago	der Magen
el pecho	die Brust
el corazón	das Herz
nervioso, -a	nervös
débil, -	schwach
la tensión	der Blutdruck

7 Por favor, ven

venir: ven	komm
hablar alto/bajo	laut/leise sprechen
decir: di; dime	sag: sag mir
hace dos días que...	schon seit zwei Tagen
(desde hace dos días)	seit zwei Tagen
¡no me digas!	(Ausruf des Erstaunens)

8 Natema ⊙

mientras	während
producir víctimas	Opfer fordern
la selva	der Urwald
emplear	verwenden
la hoja	das Blatt
las plantas venenosas	die Giftpflanzen
la infusión	der Tee (aus Kräutern)
un mundo de sueño	eine Traumwelt
caer: caigo	fallen; verfallen
caer en un sueño	in Schlaf fallen
lleno, -a	voll
quedar en un estado	in einen Zustand verfallen

la insensibilidad	die Gefühllosigkeit
cocer: cuezo, cuece	kochen
lento; lentamente	langsam
la cazuela	der Topf
la cantidad	die Menge
el curandero	der Medizinmann
la fuerza	die Kraft; Stärke
sacar el mal	das Übel herausholen
el cuerpo	der Körper

9 Román Elé ⊙

hermoso, -a	schön
«dice a» ser hermoso	wird schön
no hay nada que le gane	nichts übertrifft ihn
alto, -a	groß; hoch
derecho, -a	gerade
fino, -a	fein; schlank
la sortija	der Ring
la piel	die Haut
por el brillo	durch den Glanz
untado, -a	eingekremt
la manteca de coco	die Kokosbutter
el diente	der Zahn
separado, -a	getrennt; einzeln stehend
las encías rosadas	das rosa Zahnfleisch
el nieto	der Enkel
el criado	der Knecht
la finca	das Landgut
el valle	das Tal
la portada	das Eingangstor
la ceiba	die Ceiba, tropischer Wollbaum
el dueño	der Herr; Besitzer
Casa de las Américas	kubanischer Verlag

Lección 23

1 ¡Felicidades!

¡felicidades!	herzlichen Glückwunsch!
la felicidad	das Glück, Glücksgefühl
el aperitivo	etwas Appetitanregendes zu essen oder trinken
¡a tu/su salud!	auf dein/Ihr Wohl!
la salud	die Gesundheit
¡que cumplas muchos!	noch viele Jahre!
felicitar por	gratulieren; beglückwünschen zu
terminar	beenden
el colegio	die (höhere) Schule

⊙

la aceituna	die Olive
relleno, -a	gefüllt
la almendra	die Mandel
la patata frita	hier: (Pommes) Chips

2 ¡Que se diviertan!

¡que se diviertan!	viel Vergnügen (Ihnen)!
¡que te diviertas!	viel Vergnügen (dir)!
bailar	tanzen
gracias, igualmente	danke, gleichfalls

3 No me molesta en absoluto

en absoluto	überhaupt nicht
permitir	erlauben
de ninguna manera	in keiner Weise
la mitad	die Hälfte
popular, -	populär; beliebt
el tabaco negro	der schwarze Tabak
el tabaco rubio	der helle Tabak
fuerte, -	stark

4 ¡Que pase buena noche!

¡que pase buena noche!	gute Nacht!
con mucho gusto	sehr gern
ir a pie	zu Fuß gehen

ir dando un paseo	einen Spaziergang machen
la torre	der Turm
el río	der Fluß
el paisaje	die Landschaft

5 Los emigrantes

el emigrante	der Auswanderer; der Gastarbeiter
europeo, -a	europäisch
un amigo mío	ein Freund/Bekannter von mir
el obrero	der Arbeiter
las condiciones	die Bedingungen
a su llegada	bei ihrer Ankunft
la dificultad	die Schwierigkeit
la escuela	die Schule
el patrono	der Arbeitgeber
la entrevista	das Interview
los partidos políticos	die politischen Parteien
los sindicatos	die Gewerkschaften
el muchacho	der Junge
vale mucho	er kann etwas
la publicidad	die Werbung

6 Andalucía ⊙

el baile	der Tanz
el cante flamenco	der Flamenco-Gesang
real, -	wirklich
económico, -a	wirtschaftlich
el campo	das Land; die Landwirtschaft
pasado el «boom»	nachdem der Boom vorüber ist
dar: dio trabajo	gab Arbeit
la construcción	der Bau; das Baugewerbe
el paro	die Arbeitslosigkeit
aprovechar	ausnützen
las materias primas	die Rohstoffe
solucionar	lösen
un futuro no lejano	eine nicht sehr ferne Zukunft
la desesperación	die Verzweiflung
el límite	die Grenze

Lección 24

1 Aquí tiene Vd. mis papeles

los papeles	die Papiere; Dokumente
alegre	fröhlich
la fiesta	das Fest
van animados	sie sind angeregt
reír: río, ríe	lachen
de repente	plötzlich
el guardia del tráfico	der Verkehrspolizist
hacer parar	anhalten lassen
a 40 kms por hora	mit 40 Stundenkilometern
el carnet de conducir	der Führerschein
más adelante	weiter nach vorn
a estas horas	um diese Zeit
apagar	löschen; ausschalten
encender: enciendo	anzünden; einschalten

2 ¿Dónde he dejado las llaves?

la llave	der Schlüssel
romperse la cabeza	sich den Kopf zerbrechen
dejar puesto	stecken lassen
las habrás dejado	du wirst sie gelassen haben
poner: puesto	gesetzt; gelegt; gestellt
se me ha caído	ist mir hinuntergefallen
buscar	suchen
por todas partes	überall (herum)
dentro de	in; innen in
el ascensor	der Lift
redondo, -a	rund

cuadrado, -a	quadratisch; viereckig
el cuarto de estar	das Wohnzimmer
la calefacción	die Heizung

3 En la gasolinera

vacío, -a	leer
el ruido	das Geräusch; der Lärm
estropeado, -a	kaputt
tener: tendrá Vd. que	Sie werden müssen
el cristal	die Scheibe
delante	vorn
sucio, -a	schmutzig

4 Están de huelga

estar de huelga	streiken
la Guardia Civil	(Art) Landpolizei
el Guardia Civil	(Art) Landpolizist
servir: sirve	er bedient
el público	die Kunden
el árbol	der Baum
la flor	die Blume; Blüte

5 ¿Le da miedo?

el miedo	die Angst
¿le da miedo?	haben Sie Angst davor?
el coche-cama	der Schlafwagen
no tener nada en contra	nichts gegen … haben
peligroso, -a	gefährlich
de otro manera	anders
sentar: me sienta bien	bekommt mir gut
la experiencia	die Erfahrung
(des)agradable	(un)angenehm
el clima	das Klima
húmedo, -a	feucht
sin duda	ohne Zweifel
sano, -a	gesund

6 De la vida diaria de los mayas ⊙

los mayas	Mayas; alte Kultur im Süden Mexikos
el imperio	das Reich
la civilización	die Kultur; Zivilisation
extenderse	sich ausdehnen
el nivel	das Niveau
la moneda	das Geld; die Münze
el grano	das Korn; die (Kakao)bohne
el esclavo	der Sklave
el favor, los favores	die Gunst
bello, -a	schön
lo justo	gerade ausreichend
estrecho, -a	schmal; eng
el signo	das Zeichen
recién nacido, -a	neugeboren
mantener: mantengo	halten; erhalten
la madera	die Bretter; das Holz
la mercancía	die Ware
a hombros	auf dem Rücken
la rueda	das Rad
entero, -a	ganz
(in)capaz de	(un)fähig zu
luchar	kämpfen
el vapor	der Dampf
justificar	rechtfertigen
la vida ordenada	das geregelte Leben
la muerte	der Tod
el lugar	der Ort
el cielo	der Himmel
eterno; eternamente	ewig
a la sombra	im Schatten

Lección 25

1 Una nota para Vd.

la nota	der Zettel; die Nachricht
preguntar por alguien	nach jemand fragen
venir: vino a buscarle	er wollte Sie abholen
dijo que no podía esperar	er sagte, er könne nicht warten
había prometido	ich hatte versprochen

aprovechar	ausnützen
ser despistado, -a	zerstreut sein

2 Lima ⊙

la imprenta	die Druckerei
el mito	der Mythos
ruidoso, -a	lärmend; laut
(des)igual	(un)gleich
apartado de	abgesondert von
el cinturón de pobreza	Gürtel von Armut
dorado, -a	golden; vergoldet
la poesía	das Gedicht
el paraguas	der Regenschirm
sin embargo	jedoch
la niebla	der Nebel
sufrir	leiden
la depresión	die Depression
a causa de	infolge von
auténtico, -a	echt
limeño, -a	(Bewohner) von Lima
la población	die Bevölkerung
la Plaza de Armas	der „Waffenplatz“; Hauptplatz einiger lateinamerikanischer Städte

3 Pedro, el campesino de Teotitlán ⊙

el campesino	der Bauer; Indio
representa 65	er sieht aus wie 65
Oaxaca (se pronuncia Oajaca)	Stadt in Mexiko
ejido	eigentl.: Gemeindeland
un pedazo	ein Stück
cultivar	(Land) bebauen
la cosecha	die Ernte
consistir en	bestehen aus
la piedra	der Stein
más que nada	vor allem
construir	bauen
conseguir: consigo	es fertigbringen; bekommen
obtener: obtengo	bekommen
consigue obtener	es gelingt ihm zu bekommen
el maíz	der Mais
la tortilla	(in Mexiko:) Maisfladen
el rincón	die Ecke
la fuente	der Brunnen; die Quelle
tejer tapices	Teppiche weben
el motivo	(künstlerisches) Motiv
provenir de	stammen von
el abuelo	der Großvater
el fruto	die Feldfrucht
colocar	(sorgfältig) hinlegen
la manta	die Decke
el peso	(mexikanische Währung)
hacerse llenar	sich füllen lassen
el mezcal	Agavenschnaps
el camión	der Lastwagen
bajar(se)	aussteigen

4 La cordillera más larga del mundo ⊙

los Andes	die Anden
atravesar: atravieso	durchqueren
las Antillas	die Antillen
la Antártida	die Antarktis
a lo largo de	entlang
alcanzar	erreichen
la altura máxima	höchste Höhe
separar	trennen
diverso, -a	unterschiedlich
ambos, -as	beide
a ambos lados	auf beiden Seiten
amazónico, -a	Amazonas-
el desierto	die Wüste
bordear la costa	entlang der Küste verlaufen
darse: se dan	vorkommen; vorhanden sein
la distancia	die Entfernung

el clima polar	das Polarklima
las nieves perpetuas	der ewige Schnee
llamado, -a	sogenannt
el calor tropical	die tropische Hitze
crecer: crezco	wachsen
la palmera	die Palme
el pico	der Gipfel
en línea recta	in gerader Linie; in Luftlinie
el fondo	der Grund

Lección 26

1 Si fuera posible me gustaría verte

si fuera posible	wenn es möglich wäre
he oído decir que	ich habe gehört, daß
en Navidades	an Weihnachten
unos discos	ein paar Schallplatten
lástima que no hayas estado en casa	schade, daß du nicht zu Hause warst
¿sería posible que pasara?	wäre es möglich, daß ich vorbeikäme?
me será imposible	es wird mir nicht möglich sein
si	ob

2 ¿Qué harías si tuvieras tiempo?

¿qué harías?	was würdest du tun?
tener: si tuvieras tiempo	wenn zu Zeit hättest
hay: si hubiera algo	wenn es etwas gäbe
estar: si estuviera	wenn er da wäre
ser: si fuera sábado	wenn Sonnabend wäre
decir: si me dijeras	wenn du mir sagtest
si te quedaras	wenn du dabliebest
poder: si pudieras	wenn du könntest
haber: si no hubieras quedado con Juan	wenn du dich nicht mit J. verabredet hättest
venir: si no viniera	wenn er nicht käme
salir: saldría contigo	dann würde ich mit dir ausgehen
poder: podríamos	dann könnten wir ...
tener: tendría tiempo	dann hätte ich Zeit
ser: sería otra cosa	dann wäre es etwas anderes

3 Media pensión

media pensión	Halbpension
mínimo, -a	Mindest-
como mínimo	mindestens
la pensión completa	die Vollpension

4 Vendedora inteligente

la vendedora	die Verkäuferin
estar estrecho, -a	eng sein
no puedo ni respirar	ich kann nicht einmal atmen
estar gordo, -a	dick sein
¡qué va!	ach was!, aber nein!
cuesta	es ist schwierig
ancho, -a	weit; breit
oscuro, -a	dunkel
volverse más claro, -a	heller werden
aceptar	annehmen
el cheque	der Scheck

5 El bañador

el bañador	die Badehose
cambiar por	umtauschen gegen
resulta distinto, -a	sieht anders aus
está prohibido, -a	ist verboten

6 ¿Dónde está la policía?

la policía	die Polizei
robar	stehlen; bestehlen
mientras nos bañábamos	während wir badeten
estar lejos	weit entfernt sein
la cámara	der Fotoapparat
hasta	sogar
el carrete	der Film

la película hecha	der geknipste Film
el camping	der Campingplatz
el bosque	der Wald
la generosidad	der Edelmut; die Großzügigkeit
el buen caballero	der gute Ritter

8 Don Quijote, el mejor embajador de España

el embajador	der Botschafter
a través de	durch ... hindurch
llamar	nennen
el escritor	der Schriftsteller
Alejo Carpentier	kuban. Schriftsteller (1904–1980)
el personaje	die Gestalt; Figur
salir a la luz	erscheinen
el éxito	der Erfolg
incontable, -	unzählbar
la edición	die Ausgabe
la traducción	die Übersetzung
desde entonces	seit damals
la humanidad	die Menschlichkeit; menschliche Art
resistir	aushalten; widerstehen
el gusto	der Geschmack
si bien	obwohl
la aventura	das Abenteuer
celebrar	feiern; mit Freude genießen
entre grandes risas	mit großem Gelächter
la sonrisa	das Lächeln
la lágrima	die Träne
a principios de	am Anfang
decidir	beschließen
obligatorio, -a	Pflicht-
la lectura	die Lektüre
en varias ocasiones	mehrfach
pasar al cine	verfilmt werden
últimamente	in letzter Zeit
los dibujos animados	der Zeichentrickfilm („belebte Zeichnungen“)
hacer llegar a los niños	den Kindern nahebringen
el idealismo	der Idealismus

9 Del autor del Quijote, Miguel de Cervantes ⊙

para mí solo	für mich allein
el recuerdo	die Erinnerung
la desgracia	das Unglück
se deja sentir	läßt sich spüren
la obra	das Werk
nos dejó	er hinterließ uns
el prólogo	das Vorwort
la novela ejemplar	vorbildliche Novelle
la novela	der Roman; die Novelle
el retrato	das Porträt
físico, -a	körperlich
el rostro aguileño	das Adlergesicht
el cabello castaño	das braune Haar
la frente lisa	die glatte Stirn
la nariz corva	die gekrümmte Nase
bien proporcionado, -a	wohlproportioniert
la barba	der Bart
de plata	silbern
no ha(ce) veinte años	vor weniger als 20 Jahren
fueron de oro	waren goldblond
el bigote	der Schnurrbart
la boca	der Mund
menudo, -a	klein
crecido, -a	groß; gewachsen
la color (heute: el c.)	die Farbe, Hautfarbe
vivo, -a	lebendig
antes ... que ...	eher ... als ...
moreno, -a	dunkelhäutig
cargado, -a	belastet; beladen
cargado de espaldas	mit gebeugtem Rücken
ligero de pies	leichtfüßig
llámase = se llama	er heißt
comúnmente	allgemein

Textos

1 España y sus regiones naturales ⊙

observar	aufmerksam betrachten
el mapa	die Landkarte
el modo de vida	die Lebensweise
comprender	umfassen
lluvioso, -a	regnerisch
suave, -	mild
los pastos naturales	die natürlichen Weiden
alimentar	ernähren
el ganado	das Vieh
el ganado vacuno	die Rinder
numeroso, -a	zahlreich
la central lechera	die Milchzentrale
la mantequilla	die Butter
el yogur	der Joghurt
la mina	das Bergwerk
el carbón	die Kohle
el hierro	das Eisen
la zona pesquera	das Fischfanggebiet
el vascuence/vasco	die baskische Sprache
el bable	der asturische Dialekt
al noroeste	im Nordwesten
donde más días llueve	mit den meisten Regentagen
el maíz	der Mais
el centeno	der Roggen
la fuente de riqueza	die Einkommensquelle
las rías	tiefeingeschnittene Flußmündungen
la belleza	die Schönheit
el gallego	die galicische Sprache
la Meseta central	die zentrale Hochebene
extremado, -a	extrem
la agricultura	die Landwirtschaft
la falta de agua	der Wassermangel
el cultivo	der Anbau
el trigo	der Weizen
la vid	der Weinstock
financiero, -a	finanziell; Finanz-
comercial, -	kommerziell; Handels-
el triángulo	das Dreieck
al noreste	im Nordosten
gracias a él	dank ihm
la riqueza agrícola	der landwirtschaftliche Reichtum
la Rioja	Weinbaugebiet am Ebro (Alava, Logroño)
la zona costera	das Küstengebiet
alrededor de	rund um
industrias textiles	Textilfabriken
químico, -a	chemisch
alimenticio, -a	Nahrungsmittel-
industrializado, -a	industrialisiert
reciente	kürzlich; neu hinzugekommen
desde la Edad Media	seit dem Mittelalter
unido, -a	vereint; geeint
la lengua común	die gemeinsame Sprache
el catalán	die katalanische Sprache
el regadío	die künstliche Bewässerung
la distribución	die Verteilung
superar	überwinden
el tribunal	das Gericht
el agricultor	der Landwirt
el arroz	der Reis
el tomate	die Tomate
la cebolla	die Zwiebel
los cítricos	die Zitrusfrüchte
el limón	die Zitrone
frente a la costa	gegenüber der Küste
por	aufgrund

el movimiento	die Bewegung; der Verkehr
mediterráneo, -a	Mittelmeer-
el sistema montañoso	das Gebirgssystem
bético, -a	zum Guadalquivir gehörend
el olivo	der Ölbaum
llamado, -a	sogenannt
establecerse	sich niederlassen
el volcán	der Vulkan
primaveral, -	Frühlings-
convertir: convierte	umwandeln; machen zu
el complejo	der Komplex

2 Una vendedora cántabra ⊙

cántabro, -a	von Kantabrien
Santillana del Mar	gut erhaltenes mittelalterl. Städtchen (Provinz Santander)
convencer	überzeugen; überreden
lleva convenciendo	sie überzeugt schon seit langem
el bizcocho	Biskuit
el lugar	der Ort
la fórmula	die Formel; das Rezept
secreto, -a	geheim
el rey	der König
majo, -a	„hübscher Kerl“
por necesidad	aus Not(wendigkeit)
la guerra	der Krieg
por «hobby»	als Hobby
saber (!) idiomas	Sprachen können
eso sí	das allerdings schon
ser capaz de	imstande sein zu
escéptico, -a	skeptisch; ungläubig
odiar	hassen
dar arcadas	Brechreiz verursachen
gordo, gordito, -a	dick, dicklich
acercarse	sich nähern
la sonrisa	das Lächeln
el vaso, vasito	das Glas, Gläschen
acabar por tomar	am Ende (doch) nehmen
la Colegiata	die Stiftskirche
las cuevas de Altamira	die prähistorischen Höhlen von Altamira
la maravilla	das Wunder; Wunderbare

3 El arte de comer ⊙

el destino	das Schicksal; die Bestimmung
el régimen de alimentación	die Ernährungsweise
alimentado, -a	ernährt
gobernar	regieren
la sencillez	die Einfachheit
la base	die Grundlage
el entusiasta	der begeisterte Anhänger
emplear	anwenden; verwenden
el mercado	der Markt
recordar: recuerdo	sich erinnern
la altura	die körperliche Größe
sensiblemente	spürbar
inferior a la media	geringer als der Durchschnitt
infantil, -	Kinder-
crecer: crezco	wachsen
innumerable, -	unzählbar
el tesoro	der Schatz
peregrinar	wie ein Pilger wandern
el Consejo de Europa	der Europarat

4 ¿De dónde vienen los gitanos? ⊙

el gitano	der Zigeuner
los faraones	die Pharaonen, ägyptischen Könige
noble, -	edel; adelig

someterse	sich unterwerfen
los arios	die Arier
la tribu	der Stamm
odiar: ser odiado	gehaßt werden
mentir: miento	lügen
acabar con la raza	die Rasse zerstören
Gran Bretaña	Großbritannien
los Países Bajos	die Niederlande
matar	töten; morden
sin motivo	ohne Grund
Suiza	die Schweiz
echar	(hinaus)werfen
voluntario, -a	freiwillig
las galeras	die Galeeren
morir: murieron	sie starben
a pesar de todo	trotz allem
sobrevivir	überleben
independiente	unabhängig
el canto	der Gesang
la fuerza	die Kraft

5 Sobre Latinoamérica ⊙

extenderse: se extiende	sich ausdehnen
la Tierra del Fuego	Feuerland
el autóctono	der Ureinwohner
ser: siendo...	wobei ... sind
respectivamente	in der gleichen Reihenfolge
el puente	die Brücke
la América Central	Mittelamerika
poseer	besitzen
la característica	das Merkmal
climatológico, -a	klimatisch; das Klima betreffend
el trópico	die Tropen
la extensión	die Ausdehnung
cultivable, -	anbaufähig
el subsuelo	die Bodenschätze; der „Untergrund“
los minerales	die Mineralien; Erze
el gas natural	das Erdgas
la colonia	die Kolonie
el mar Caribe	die Karibik
el arco	der Bogen
la Florida	Florida
pertenecer a	gehören zu
la serie	die Reihe
excepto	ausgenommen; mit Ausnahme von
el terreno	der Grund; das Grundstück
escaso, -a	gering; knapp
debido a	infolge
abrupto, -a	steil abfallend
variar: varía	wechseln; s. ändern
caluroso, -a	heiß
templado, -a	lauwarm
el istmo	die Landenge
la ecología	die Ökologie; hier: Natur
inigualado, -a	unvergleichlich
los recursos	die Bodenschätze; Produkte
originario, -a	ursprünglich
el chicle	der Naturgummi; Kaugummi
la papa	die (lateinam.:) Kartoffel, (span.:) Süßkartoffel
los recursos animales	die Tierbestände
la especie	die Art
la llama	das Lama (peruan. Kamelart)
la alpaca	Alpaka (Lamaart)
la vicuña	Vikunja (Lamaart)
el estaño	das Zinn
el cobre	das Kupfer

6 La importancia de llamarse Rulfo ⊙

nombrar	nennen
el llano	die Ebene
en llamas	in Flammen
apenas	kaum
dejar de escribir	aufhören zu schreiben

confuso, -a	unklar
silencioso, -a	schweigsam; still
extremadamente	überaus
modesto, -a	bescheiden
aprovechar	ausnützen
el puerto franco	der Freihafen (zollfreies Gebiet)
el aficionado	der Liebhaber
si no fuera por...	wenn es nicht wegen ... wäre
los aduaneros	die Zöllner
japonés, -a	japanisch
la aduana	der Zoll
considerar	betrachten als
la gloria nacional	der nationale Ruhm
el cuate	der Freund, Bruder
negarse a	sich weigern zu
el nieto; la nieta	der Enkel; die Enkelin
en el avión de vuelta	auf dem Rückflug
sin parar	unaufhörlich
el honor	die Ehre; Ehrung
el congresista	der Kongreßteilnehmer
registrar	durchsuchen
la gorra	die Schirmmütze
llevarse la mano a la gorra	salutieren
bienvenido a casa	willkommen zu Hause

7 Los «mojados» ⊙

la frontera	die Grenze
la longitud	die Länge
intentar	versuchen
ser detenido	verhaftet werden
«los mojados»	die „Naßgewordenen", „Wetbacks"
a través del río	durch den Fluß
el oficial	der Offizier
la orden	der Befehl
«abrir la mano»	großzügig verfahren, ein Auge zudrücken
atrás	zurück
la cárcel	das Gefängnis
en principio	im Prinzip

8 El indio y la tierra

los aborígenes	die Eingeborenen
la tribu (volante)	der (wandernde) Stamm
la costumbre	die Sitte, der Brauch
la paz	der Friede
la ocupación	die Beschäftigung
espejo del paraíso	Spiegel des Paradieses
el valor	der Wert
por los medios	mit den Mitteln
la carpa	das Zelt
darse por vencido	sich geschlagen geben
luchar	kämpfen
las autoridades	die Behörden
ser perseguido	verfolgt werden
tratar mal	schlecht behandeln
se nos hacía sentir	man ließ uns fühlen
las peticiones	die Eingaben
el derecho	das Recht
paradójicamente	paradoxerweise
único, -a	einziger
se lo niegan	sie verweigern es ihm
vale	es gilt
la educación	die Erziehung
mezclarse	sich mischen; sich integrieren
las más de las veces	meistens
el amo	der Herr
devolver: devuelvo	zurückgeben
el desarrollo mental	die geistige Entwicklung
hacer: si se hiciera	wenn man das täte; wenn das geschähe
el ser, los seres	das Wesen

9 Preguntan de dónde soy ⊙

responder	antworten
no tengo de adónde ser	ich habe keine Heimat

quemar	verbrennen
la patria	die Heimat
el patrón	der Herr; Besitzer
le toca	steht im zu
reconocer: reconozco	erkennen
el sabor	der Geschmack
la boca	der Mund
debajo de	unter
la sangre	das Blut
pa dónde (para dónde)	wohin

10 Los monocultivos ⊙

el monocultivo	die Monokultur; Anbau nur eines Produkts
ni siquiera	nicht einmal
sino	sondern
se quemaron	wurden verbrannt
valioso, -a	wertvoll
el comprador	der Käufer
mandar	befehlen
servir: sirvo	dienen
equilibrar	ausgleichen; ausgewogen halten
asegurar la libertad	die Freiheit sichern
José Martí	kubanischer Politiker, Schriftsteller
el héroe nacional	der Nationalheld

11 Guajira Guantanamera ⊙

guajira	Bauerntanz
guantanamero, -a	von Guantánamo (kuban. Provinz)
sincero, -a	aufrichtig, ehrlich
crecer: crezco	wachsen
la palma	die Palme
echar	werfen
echar mis versos del alma	mir die Verse von der Seele singen
el carmín encendido	flammendes Rot
un ciervo herido	ein verwundeter Hirsch
el amparo	der Schutz
el monte	der Berg; Wald

12 Las venas abiertas de América Latina ⊙

la vena	die Vene
el periodista	der Journalist
el recuerdo	die Erinnerung
a continuación	im folgenden
el pasaje	die Passage, Stelle
la división del trabajo	die Arbeitsteilung
consistir en que	darin bestehen, daß
lanzarse	sich stürzen
hundir los dientes	die Zähne schlagen
la garganta	die Kehle
perfeccionar	perfektionieren
la función	die Funktion; Aufgabe
la sirvienta	die Dienerin
ajeno, -a	fremd
las materias primas	die Rohstoffe
los alimentos	die Nahrungsmittel
consumir	verbrauchen
triplicarse	sich verdreifachen
la bomba de tiempo	die Zeitbombe
la mano de obra	die Arbeitskräfte
al borde	am Rand
el latifundio	der Großgrundbesitz
reinar	herrschen
prever	vor(her)sehen
sobrar	zuviel sein
reproducirse	sich vermehren
hacer el amor	lieben
sin precauciones	ohne Verhütung
porfiadamente	beharrlich
continuar naciendo	weiter geboren werden
reivindicar	fordern
brindar	bieten; anbieten
negar: niego	verweigern

Alphabetischer Wortschatz

Das alphabetische Wörterverzeichnis verweist auf die Stelle, an der das Wort zum erstenmal in einem der Texte auftaucht, die Sie gründlich bearbeiten sollten. (Nicht erwähnt sind die Wörter aus den mit ⊙ gekennzeichneten Texten, deren Wortschatz Sie nicht unbedingt vollständig lernen sollen.)
Die deutschen Übersetzungen entsprechen dem Textzusammenhang.

A

a, 1.6	nach (Richtung)
a 40 kms por hora, 24.1	mit 40 km/h
a casa, 8.5	nach Hause
a cien metros de, 7.2	100 m entfernt von
a estas horas, 23.5	um diese Zeit
a finales de mes, 10.1	Ende des Monats
a la costa, 3.1	an die Küste
a la derecha, 6.3	rechts
a la izquierda, 6.3	links
a la plancha, 11.4	auf dem Blech gebacken
a la sombra, 24.6	im Schatten
a largo plazo, 5.8	langfristig
a lo mejor, 12.2	vielleicht
a mí me; a Vd. le, 4.7	mir/Ihnen (betont)
a pesar de, T.4	trotz
a pie, 23.4	zu Fuß
a primeros de mes, 10.1	Anfang des Monats
a principios de, 26.8	zu Anfang (des ...)
¿a qué hora?, 8.2	um wieviel Uhr?
¿a qué nombre?, 14.2	auf welchen Namen?
a tiempo, 9.3	rechtzeitig
a tu novia, 6.4	deine Freundin (wen?)
a veces, 4.1	manchmal
a ver qué, 13.3	mal sehen, was ...
a ver si, 6.2	mal sehen, ob ...
abandonar, 19.8	verlassen
abierto, 8.5	offen, geöffnet
abrazo, 18.3	herzlichen Gruß (Umarmung)
abrigo, 15.2	Mantel
abril, 4.8	April
abrir, 8.5	öffnen
abrir: abierto, 20.2	öffnen: geöffnet
abrirse, 14.8	sich öffnen
abuelo, 25.3	Großvater
aburrido, 17.3	langweilig
acabar de + *inf.*, 13.2	soeben getan haben
acabar, 18.1	beenden
acabarse, 19.4	zu Ende gehen
accidente, 20.4	Unfall
aceite, 13.3	Öl
aceituna, 11.4	Olive
aceptar, 26.4	annehmen, akzeptieren
acercarse, T.2	sich nähern
acompañar, 12.2	begleiten
acordarse: me acuerdo, 17.2	sich erinnern
adelante: más adelante, 24.1	weiter vor
además, 5.8	außerdem

adiós, 8.4	auf Wiedersehen
¿adónde?, 3.2	wohin?
adulto, 4.5	erwachsen, Erwachsener
aeropuerto, 5.8	Flughafen
afectuoso, 19.7	herzlich
agencia de viajes, 12.3	Reisebüro
agosto, 4.8	August
agradable, 15.4	angenehm
agua, 8.2	Wasser
agua mineral, 11.4	Mineralwasser
ahí, 7.6	dort
ahora, 4.4	jetzt
ahora mismo, 11.4	jetzt gleich
aire, 16.2	Luft
ajedrez, 10.5	Schach
al ajillo, 11.4	in Knoblauchöl gebraten
al final, 13.7	am Schluß
al hotel, 1.6	zum/ins Hotel
al lado de, 7.2	nebenan
al mismo tiempo, 11.4	gleichzeitig
al otro lado de, 7.2	auf der anderen Seite
al salir, 15.4	beim Hinausgehen
albaricoque, 13.3	Aprikose
alegrarse de que, 15.3	sich freuen, daß
alegrarse por una persona, 16.5	sich für jmd. freuen
alegre, 24.1	fröhlich
alegría, 12.7	Freude
alemán, 7.3	deutsch, Deutscher
algo, 4.4	etwas
algo de deporte, 10.2	etwas Sport
algodón, 15.2	Baumwolle
alguien, 12.6	jemand
algún deporte, 10.5	irgendein Sport
algunos, 12.6	einige
allí, 6.6	dort
almacén: grandes almacenes, 9.2	Lager: Kaufhaus
alquilar, 5.8	mieten; vermieten
alto: hablar alto, 7.10	laut sprechen
alto: ser alto, 26.4	hoch: groß sein
amable, 12.4	freundlich, liebenswürdig
amarillo, 15.2	gelb
ambiente, 17.1	Atmosphäre, Stimmung
amiga, 6.3	Freundin
amigo, 1.6	Freund
amigo: un amigo mío, 23.5	ein Freund von mir
ancho, 26.4	weit, breit
andar, 22.5	gehen
animado, 24.1	lebhaft, belebt
animal, T.5	Tier
año, 4.5	Jahr
año: tener ... años, 7,7	... Jahre alt sein
anoche, 20.3	gestern abend
antes, 17.2	vorher, früher
antes de irme, 9.1	bevor ich weggehe
antes de las siete, 8.5	vor 7 Uhr
antiguo, 5.6	alt
anuncio, 5.8	Anzeige
apagar, 24.1	löschen, abschalten
aparcamiento, 20.4	Parkplatz
aparcar, 14.3	parken
aperitivo, 23.1	Kleinigkeit zu essen und zu trinken
apetito, 22.2	Appetit
aprender, 1.6	lernen
aprovechar, 25.1	ausnützen
apuntar, 2.6	notieren
aquella iglesia, 19.1	die Kirche dort
aquí, 4.2	hier
aquí la tienes, 4.2	hier hast du es
árbol, 24.4	Baum
armario, 16.3	Schrank
arreglar, 14.8	reparieren
arreglarse: todo se arregla, 14.2	alles kommt in Ordnung
arreglarse bien, 16.3	gut zurechtkommen
arriba, 7.4	oben
arroz, 13.3	Reis
asado, 11.0, 11.2	gebraten; Braten
ascensor, 24.2	Lift

así, 3.3	so
así que, 9.5	so daß (also)
aspirina, 4.1	(Aspirin), Kopfwehtablette
atentamente, 14.1	mit freundlichen Grüßen
aumentar, 17.2	steigen; größer werden
aunque, 17.2	obwohl
Austria, 3.1	Österreich
austríaco, 7.8	österreichisch
auto, 3.4	Auto
auto-stop, 3.4	Autostop, Anhalter
autobús, 3.4	Autobus
automático, 19.4	automatisch
autónomo, 5.4	autonom, selbstverwaltet
autopista, 16.2	Autobahn
avión, 3.4	Flugzeug
ay, 6.3	oh weh!
ayer, 18.1	gestern
ayudar, 20.1	helfen
azúcar, 13.3	Zucker
azul, 15.2	blau

B

baño, 2.7	Bad
bailar, 6.1	tanzen
bajo cero, 9.5	unter Null
bajo *prep.*, 24.2	unter
balcón, 14.8	Balkon
bañador, 26.5	Badehose
bañarse, 10.3	baden
banco, 7.1	Bank
bar, 7.4	Kneipe, kleines Lokal
barato, 3.4	billig
barbaridad: ¡qué barbaridad!, 9.5	Wahnsinn!
barco, 3.4	Schiff
bastante, 5.6	ziemlich; genügend
bastar, 19.4	genügen
beber, 11.2	trinken
bebida, 13.6	Getränk
bicicleta, 3.4	Fahrrad
bien, 1.4	gut
billete, 12.3	Fahrkarte
bistec, 11.0	Beefsteak
blanco, 11.2	weiß
blusa, 15.2	Bluse
bocadillo, 11.3	belegtes Brötchen
bolsa de plástico, 13.5	Plastiktüte
bolso, 24.2	Handtasche
bosque, 26.6	Wald
botas, 15.2	Stiefel
botella, 11.4	Flasche
buen hotel, 7.1	gutes Hotel
buenas tardes, 1.4	guten Tag (Nachmittag)
bueno, 4.7	gut
buenos días, 1.4	guten Tag
buscar, 7.4	suchen

C

caballeros, 14.5	Herren (WC)
cabeza, 4.1	Kopf
cada día, 4.5	jeden Tag
cada día peor, 16.2	immer schlimmer
cada una, 19.3	jede (einzelne)
cada vez más despacio, 17.4	immer langsamer
caerse, 24.2	fallen, hinfallen
café, 4.8, 18.1	Kaffee, Café
café con leche, 11.4	Milchkaffee
café solo, 11.4	schwarzer Kaffee
calamares, 11.0	Tintenfische
calcetines, 15.2	Socken
calefacción, 24.2	Heizung
caliente, 14.4	warm, heiß
calle, 2.7	Straße
calor, 9.5	Wärme, Hitze
cama, 16.3	Bett
camarero, 8.2	Kellner
cambiar, 9.2	wechseln
cambiar, 9.6	sich ändern
cambiar de habitación, 14.9	das Zimmer wechseln

cambiar por, 26.5	tauschen gegen
camino, 21.2	Weg
camisa, 15.2	Hemd
camping, 26.6	Campingplatz
campo, 10.3	Land; Feld
canción, 2.9	Lied
cansado, 4.1	müde
cara, 4.4	Gesicht
carne, 11.2	Fleisch
carnet de conducir, 24.1	Führerschein
caro, 3.4	teuer
carrete, 13.6	Film (Rollfilm)
carretera general, 17.4	Staatsstraße
carta, 1.6	Brief
casa, 4.7, 5.8	Haus; Wohnung
casa: a casa, 18.2	Haus: nach Hause
casa: en casa, 18.1	zu Hause
casa: vino de la casa, 11.2	Tischwein
casado, 6.8	verheiratet
casarse, 16.2	heiraten
casi, 12.1	fast
caso, 22.1	Fall
cassette f., 3.5	Cassette
castillo, 2.6	Schloß
catalán, 7.9	katalanisch, Katalane
catedral, 2.6	Kathedrale
cena, 8.3	Abendessen
cenar, 8.3	zu Abend essen
central, 14.8	Zentrale; zentral
centro, 2.7	Zentrum; Mitte
cerca de, 2.7, 5.3	nahe bei; ungefähr
cereza, 13.3	Kirsche
cerrar: cierran, 8.5, 14.8	schließen
certificado *adj.,* 19.2	eingeschrieben
cerveza, 11.3	Bier
cigarrillo, 16.7	Zigarette
cine, 8.5	Kino
cinturón, 15.2	Gürtel
ciruela, 13.3	Pflaume
ciudad, 5.6	Stadt
claramente, 9.6	klar, eindeutig
claro *adv.,* 3.4	klar
clase, 10.2	Klasse; Unterrichtsstunde
clima, 24.5	Klima
Coca Cola, 11.4	Cola
coche, 3.4	Auto
coche-cama, 24.5	Schlafwagen
cocina, 11.1	Küche
cocina eléctrica, 16.3	Elektroherd
coger el Metro, 19.1	die U-Bahn nehmen
coger el teléfono, 19.6	das Telefon abheben
colegio, 21.2	Schule
coliflor, 13.3	Blumenkohl
Colombia, 1.6	Kolumbien
color, 15.2	Farbe
comer, 8.5	essen
comida, 13.4	Essen; Mahlzeit
como, 5.8	wie
como, 10.2	da
como mínimo, 26.3	mindestens
como quieras, 16.6	ganz wie du willst
como siempre, 9.5	wie immer
¿cómo?, 1.1	wie?
¿cómo está?, 1.4	wie geht es Ihnen?
¿cómo voy?, 7.6	wie komme ich da hin?
cómodo, 3.4	bequem
compañero, 19.7	Kamerad, Kollege
compañero de trabajo, 12.6	Arbeitskollege
comparar, 8.5	vergleichen
completo, 17.2	vollständig
complicado, 13.6	kompliziert
compra, 17.2	Kauf, Einkaufen
comprar, 1.6	kaufen
comprender, 9.1	verstehen
comunidad, 5.4	Gemeinschaft
con, 1.6	mit
con este calor, 11.2	bei dieser Hitze
con mucho gusto, 23.4	sehr gern
concierto, 12.2	Konzert

condición: en estas condiciones, 19.7	unter diesen Umständen
conducir, 16.6	(Auto) fahren
conmigo, 20.1	mit mir
conocer: conozco, 5.1, 20.4, 23.5	kennen; kennenlernen
consomé, 11.0	Fleischbrühe
consulado, 7.3	Konsulat
consulta, 6.8	Sprechstunde; Praxis
contacto, 12.6	Kontakt
contar, 16.1	erzählen; zählen
contento, 19.4	zufrieden; erfreut
contestación, 21.2	Antwort
contestar, 20.2	antworten; beantworten
contigo, 20.3	mit dir
contra, 4.5	gegen
contrato, 23.5	Vertrag
controlar, 21.2	kontrollieren
convencido, 19.4	überzeugt
cordero, 11.0	Lamm
cordillera, 9.5	Gebirgskette
correo: por correo, 13.1	Post: per Post
Correos, 7,2	Postamt
cortina, 16.3	Vorhang
corto, 15.2	kurz
cosa, 1.6	Sache, Ding
coser, 16.3	nähen
costa, 5.4	Küste
costar, 13.2	kosten
costar caro, 17.4	teuer sein
costar trabajo, 16.2	schwerfallen
creer que sí/no, 4.3	schon glauben/nicht glauben
creer: no creo que, 19.4	ich glaube nicht, daß
cristal, 24.3	Glas
criticar, 21.2	kritisieren
cuadrado, 5.3	quadratisch; Quadrat
¿cuál es...?, 17.1	welcher/was ist ...?
¿cuáles?, 15.1	welche?
¿cuáles son...?, 17.1	welches sind ...?
cuando, 4.5, 20.1	wenn
cuando Vd. quiera, 15.2	wann Sie wollen
¿cuándo?, 4.4	wann?
¡cuánto lo siento!, 9.1	wie sehr ich das bedaure!
¿cuánto?, 12.1	wieviel?
¡cuánto!, 17.2	wie viel!, wie sehr!
¿cuántos?, 5.6	wie viele?
cuarto de baño, 24.2	Badezimmer
cuarto, 24.2	Zimmer
cuarto, 14.2	vierter
cuarto: menos cuarto, 8.1	Viertel vor
cuarto: y cuarto, 8.1	Viertel nach
cuarto: un cuarto de kilo, 13.4	ein Viertel Kilo
cuchara, 16.3	Löffel
cucharilla, 16.3	Teelöffel
cuchillo, 16.3	Messer
cuenta, 11.4	Rechnung
cuenta: darse cuenta, 17.4	merken, bemerken
cuero, 15.2	Leder
cuesta + *inf.,* 26.4	es ist schwierig
cuidar a los niños, 21.2	die Kinder versorgen
cumpleaños, 20.3	Geburtstag
cumplir: ¡que cumplas muchos!, 23.1	Geburtstag haben; alles Gute!
curso, 23.5	Kurs

Ch

chaqueta, 15.2	Jacke
charlar, 7.7	sprechen, plaudern
cheque, 26.4	Scheck
chica, 6.5	Mädchen
chico, 16.2	Junge
chocar: choqué, 20.4	stoßen

D

daño: hacerse daño, 22.5	Schaden: sich weh tun

dar: doy, 12.1	geben: ich gebe
dar igual, 24.2	gleichgültig sein
dar miedo, 24.5	Angst machen
dar recuerdos a, 15.4	Grüße bestellen
dar trabajo, 19.7	Arbeit machen
dar un paseo, 18.1	einen Spaziergang machen
dar una alegría, 19.3	eine Freude machen
dar una vuelta, 10.1	einen Spaziergang machen
darse cuenta, 12.1	merken, bemerken
darse cuenta de que, 17.4	merken, daß
darse prisa, 20.4	sich beeilen
de, 1.6	von
de… a…, 8.5	von … bis …
de acuerdo, 8.4	einverstanden
de beber, 11.2	zu trinken
¿de dónde?, 7.9	woher?
de las… a las…, 8.5	von … bis … (Zeit)
de mi parte, 15.4	von mir (Grüße)
de miedo, 19.3	toll!
de momento, 7.7	im Augenblick
de nada, 2.4	bitte (Reaktion auf Dank)
de ninguna manera, 23.3	keineswegs
de otra forma, 17.1	anders
de otra manera, 24.5	anders
de paso, 22.1	vorübergehend
de primer plato, 11.1	als ersten Gang
de prisa, 7.10	eilig
de prisita, 9.5	eilig
¿de qué material?, 15.2	aus welchem Material?
de repente, 24.1	plötzlich
de segunda mano, 15.4	gebraucht, aus zweiter Hand
de todas formas, 10.2	in jedem Fall
de todas maneras, 11.3	auf jeden Fall
de todo, 13.4	alles mögliche
de vacaciones, 4.4	in Urlaub, in Ferien
de verdad, 16.1	wirklich
de verdad que, 16.6	wirklich
de vez en cuando, 11.1	ab und zu, manchmal
de: un litro de vino, 13.3	von; ein Liter (von) Wein
deber, 7.4	(logischerweise) müssen
deberes, 21.2	Hausaufgaben
decidirse, 17.1	sich entschließen/ entscheiden
décimo, 14.2	zehnter
decir, 7.2	sagen
decir que + *subj.*, 20.1	sagen, daß … soll
decir: di, dime, 22.7	sag (mir)
decir: dice, 9.6	er sagt
decir: dicho, 9.6	gesagt
decir: digo, 8.4	ich sage
decir: dijiste, 25.1	du sagtest
decir: dijo, 18.8	er sagte
decir: dirá, 20.1	er wird sagen
decir: diré, 22.7	ich werde sagen
decir: ¡no me digas!, 22.7	(Ausruf des Erstaunens)
dejar, 9.2, 12.1	lassen
dejar de + *inf.*, 16.7	aufhören zu
dejar mucho que desear, 21.2	zu wünschen übrig lassen
dejar puesto, 24.2	stecken lassen
dejar una propina, 14.6	Trinkgeld geben
del, 6.3	(de + el)
delante, 24.3	vorne
delante de, 14.3	vor (örtlich)
demás: lo demás, 17.2	das übrige
demasiadas medicinas, 4.5	zu viele Medikamente
demasiado + *adj.*, 5.8	zuviel
dentista, 22.1	Dentist
dentro de, 24.2	in (innerhalb)
depender, 10.1	darauf ankommen
deporte, 10.2	Sport
desagradable, 24.5	unangenehm
desayunar, 8.5	frühstücken
descansar, 10.4	ausruhen

desde Buenos Aires, 12.6	von Buenos Aires aus
desde hace tres semanas, 16.7	seit 3 Wochen
desde la habitación, 14.8	vom Zimmer aus
desde luego, 11.1	natürlich
desde mañana, 14.2	von morgen an
desear, 21.2	wünschen
desgraciadamente, 12.3	leider
desilusionado, 19.3	enttäuscht
despacio, 7.10	langsam
despertar, 14.8	aufwecken
despistado, 25.1	zerstreut
después, 11.1	danach
después de, 8.5	nach
después de llamar, 16.2	nachdem er angerufen hat
detrás de, 19.1	hinter
día, 1.4	Tag
diapositiva, 6.2	Diapositiv
diario, 16.7	täglich
diciembre, 4.8	Dezember
diferente, 8.5	verschieden; anders
difícil, 7.2	schwierig
dificultad, 23.5	Schwierigkeit
dinero, 9.2	Geld
dirección, 5.7	Richtung
dirección: en dirección a, 12.4	in Richtung ...
directamente, 19.4	direkt
disco, 10.4	Schallplatte
distinto, 26.5	verschieden; anders
distintos, 23.5	verschiedene
divertido, 3.3	lustig
divertirse, 16.3	sich gut unterhalten
divertirse: ¡que se diviertan!, 23.2	viel Vergnügen!
doble, 2.7	doppelt
doctor, 4.4	Arzt
doler: le duele	es tut ihm weh
dolor, 4.1	Schmerz
dolor de cabeza, 4.1	Kopfschmerz
domingo, 8.4	Sonntag
don: Sr. D. José Rodríguez, 19.3	Herr (+ Vornamen)
¿dónde?, 4.10	wo?
¿dónde está?, 5.3	wo ist es?
donde, 15.4	wo
dormir, 10.3	schlafen
dormir la siesta, 18.2	einen Mittagsschlaf machen
dormir: duermo, 10.3	ich schlafe
ducha, 2.7	Dusche
ducharse, 14.8	sich duschen
duda, 24.5	Zweifel
dulce, 11.4	süß
durante, 10.2	während

E

echarse, 22.3	sich hinlegen
ejemplo: por ejemplo, 3.4	zum Beispiel
el (art.), 2.1	der (die, das)
el mío, 14.3	der meine
el uno, 7.2	der eine
él, 6.8	er
ella, 6.8	sie
emigrante, 23.5	Emigrant, Gastarbeiter
empezar: empiezan, 8.5	anfangen
empleada, 16.5	Angestellte
en, 1.6	in, an, auf
en absoluto, 23.3	überhaupt nicht
en autobús, 3.4	mit dem Bus
en casa, 6.3	zu Hause
en casa de, 16.3	bei
en color, 10.4	in Farbe
en contra de, 24.5	gegen
en dirección a, 12.4	in Richtung
en estas condiciones, 19.7	unter diesen Bedingungen
en fin..., 16.3	na ja, ...
en general, 17.2	im allgemeinen

en grupo, 1.6	in der Gruppe
en las vacaciones, 3.1	in den Ferien
en mi número, 15.1	in meiner Größe
en ningún sitio, 12.1	nirgends
en punto, 8.1	genau, Punkt (Uhrzeit)
en realidad, 10.4	eigentlich
encantado, 6.6	sehr erfreut
encantar, 5.1	gefallen, begeistern
encargar, 11.1	bestellen
encargarse de, 21.2	sich kümmern um
encender: ¡encienda!, 24.1	anzünden, einschalten
encontrar, 7.4	finden
encontrar: encuentro, 7.4	ich finde
encontrarse bien, 22.3	sich wohl befinden
enero, 4.8	Januar
enfadarse, 19.4	böse werden
enfermo, 4.1	krank
enfermo: ponerse enfermo, 19.7	krank werden
enfrente, 7.2	gegenüber
enfrente de, 7.2	gegenüber
enorme, 11.3	enorm, riesig
ensalada, 11.2	Salat
ensalada mixta, 11.0	gemischter Salat
enseguida, 13.4	sofort
enseñar, 15.1	zeigen
entender, 1.6	verstehen
entender: entiendo, 7.10	ich verstehe
entenderse bien, 19.5	sich gut verstehen
entonces, 8.4	dann
entrada, 12.2, 14.3, 16.2	Eintrittskarte; Eingang; erste Rate
entrar en, 13.4, 26.4	hineingehen
entre, 24.2	zwischen
entrecot de ternera, 11.0	Entrecôte vom Kalb
entrevista, 23.5	Interview
envolver: envuelvo, 13.5	einwickeln, verpacken
equivocarse (en el día), 14.2	sich (im Tag) irren
es lástima que + *subj.*, 26.1	es ist schade, daß
es que, 17.3	(es ist) nämlich (so)
¿es que...?, 7.7	(ist es) denn (so, daß ...)?
esa, 1.3	diese dort
ésa es la parada, 7.6	das dort ist die Haltestelle
escalera, 14.5	Treppe
escaparate, 15.1	Schaufenster
escribir, 1.6	schreiben
escrito, 20.2	geschrieben
escuela, 23.5	Schule
ese, 1.3	der dort
ése, 13.4	der dort
eso, 5.2	das; das dort
España, 1.6	Spanien
español, 1.6	spanisch; Spanier
espárragos, 11.0	Spargel
especial, 18.1	besonderer
especie: una especie de, 11.2	eine Art ...
esperar, 8.3	warten
esperar que + *subj.*, 16.1	hoffen, daß
espinacas, 13.3	Spinat
esquiar, 4.8	skifahren
¿está?, 9.1	ist er da?
está bien, 14.6	in Ordnung
esta noche, 3.4	heute abend/nacht
esta tarde, 9.1	heute nachmittag
esta vez, 16.7	diesmal
estación de servicio, 6.8	Tankstelle
estación del ferrocarril, 7.3	Bahnhof
estanco, 19.1	Tabakladen
estar: no está, 19.6	er ist nicht da
estar: está, 1.4	es geht Ihnen ...
estar: estoy, 1.4	es geht mir ...
estar: estuve, 18.1	ich war

estar: no estaría mal, 8.4	das wäre nicht schlecht
estar: ¿no estás bien?, 4.2	geht es dir nicht gut?
estar + *gerundio,* 7.4	gerade etwas tun
estar a primeros de mes, 10.1	am Monatsanfang stehen
estar casado, 6.8	verheiratet sein
estar convencido de que, 19.4	überzeugt sein, daß
estar de huelga, 24.4	streiken
estar de vacaciones, 4.4	in Ferien sein
estar de vuelta, 19.7	zurück sein
estar estrecho, 26.4	(zu) eng sein
estar invitado, 20.3	eingeladen sein
estar rico, 22.2	gut schmecken
estar sentado, 10.2	sitzen
estar sin dinero, 12.1	kein Geld haben
este, 5.4	Osten
éste, 13.4	dieser hier
este verano, 6.4	dieser Sommer
éste, éstos, ésta, éstas, 6.1	dieser, diese
esto, 6.1	das (hier)
estrecho, 26.4	eng, schmal
estropeado, 24.3	kaputt
estudiar, 10.2	lernen, studieren
estupendo, 9.5	toll, prima
etc., 5.8	usw.
europeo, 23.5	europäisch
exacto, 6.3	genau
examen, 20.3	Prüfung
excelente, 11.1	ausgezeichnet
excursión, 9.5	Ausflug
éxito: sin éxito, 19.7	ohne Erfolg
experiencia, 24.5	Erfahrung
explicar, 7.2	erklären
exportación, 5.6	Export
extensión, 5.4	Ausdehnung
extranjero, 7.8	ausländisch; Ausländer
extranjero, 17.1	Ausland
extraordinario, 21.2	außergewöhnlich

F

fábrica, 6.8	Fabrik
fácil, 7.6	leicht
falda, 15.2	Rock
falta, 17.4	Fehler
falta: hace falta, 17.4	es ist notwendig
faltar, 14.8	fehlen
familia, 4.7	Familie
famoso, 11.1	berühmt
farmacia, 7.1	Apotheke
fatal: sentirse fatal, 22.4	sich schlecht fühlen
febrero, 4.8	Februar
fecha: el 12 de febrero de..., 14.1	Datum: 12. 2. ...
¡felicidades!, 23.1	Glückwunsch!
felicitar, 23.1	gratulieren
feliz, 23.1	glücklich
ferrocarril, 7.3	Eisenbahn
fiebre, 4.1	Fieber
fiesta, 24.1	Fest, Party
fin de semana, 8.4	Wochenende
fino, 15.2	fein
flan, 11.2	Pudding
flor, 24.4	Blume
forma: de otra forma, 17.1	anders
formar una frase, 6.9	einen Satz bilden
foto, 6.1	Foto
fotográfico, 13.6	Foto-...
francés, 7.8	französisch, Franzose
Francia, 3.1	Frankreich
frase, 6.9	Satz
fresa, 13.3	Erdbeere
fresco, 13.2	frisch
frío, 11.2	kalt
frío: hace frío, 9.5	Kälte: es ist kalt
fruta, 4.5	Obst
fuerte, 23.3	stark
fumar, 16.7	rauchen
funcionar, 14.8	funktionieren
fútbol, 10.3	Fußball

G

gafas de sol, 24.2	Sonnenbrille
Galerías, 9.2	(Name eines Kaufhauses)
gambas, 11.4	Krabben
ganar dinero, 16.5	Geld verdienen
garaje, 2.7	Garage
gasolina, 17.2	Benzin
gasolinera, 17.4	Tankstelle
gastar, 16.3	ausgeben
gato, 21.2	Katze
gazpacho, 11.2	(kalte Suppe)
general, 17.4	allgemein
generalmente, 8.5	im allgemeinen
gente, 3.3	Leute
gobierno, 17.1	Regierung
gordo, 26.4	dick
gracias, 1.4	danke
gracias, igualmente, 23.2	danke, ebenfalls
gracias por, 16.6	danke für
grado, 9.5	Grad
gramo, 13.4	Gramm
gran cosa: no es gran cosa, 17.4	es ist nichts Besonderes
grande, 5.6	groß
grande: gran ciudad, 5.6	Großstadt
grandes almacenes, 9.2	Kaufhaus
grasa, 11.2	Fett
grave, 17.2	ernst
gripe, 4.1	Grippe
gris, 15.2	grau
grupo, 1.6	Gruppe
guapo, 6.4	hübsch (Personen)
guardia, 7.3	Polizist
guardia civil, 24.4	(Art) Landpolizei
guardia del tráfico, 24.1	Verkehrspolizist
guía, 13.1	Führer
guisantes, 13.3	Erbsen
guitarra, 10.4	Gitarre
gustar, 4.7	gefallen; schmecken
gustar: me gustaría, 3.4	ich würde gern
gustar: me gustaría más, 3.4	ich würde lieber
gusto: con mucho gusto, 23.4	sehr gern
gusto: mucho gusto, 6.8	sehr erfreut

H

haber, 5.1, 6.4, 6.5	haben/sein (Hilfsverb)
haber: habrás, 24.2	(Futur)
haber: haya, 20.2	(Pres. de subjuntivo)
habitación, 2.7	Zimmer
habitante, 5.4	Einwohner
hablar, 1.6	sprechen
hablar alto, 7.10	laut sprechen
hablar bajo/bajito, 22.7	leise sprechen
hablar por teléfono, 7.7	telefonieren
hace dos días que, 22.7	es ist 2 Tage her, daß
hace falta + *inf.,* 17.3	es ist nötig, man muß
hace una hora, 13.2	vor einer Stunde
hacer, 3.1	machen, tun
hacer algo por alguien, 12.6	etwas für jmd. tun
hacer deporte, 10.2	Sport treiben
hacer esperar, 20.2	warten lassen
hacer fotos, 10.4	Fotos machen
hacer la compra, 21.2	den (täglichen) Einkauf machen
hacer la maleta, 21.2	Koffer packen
hacer las camas, 21.2	Betten machen
hacer parar, 24.1	zum Halten veranlassen
hacer planes, 7.7	Pläne machen
hacer un día estupendo, 9.5	wunderbares Wetter sein
hacer un viaje, 3.3	eine Reise machen

hacer: haga, 15.3	(Pres. de subjuntivo)
hacer: hago, 10.2	ich mache
hacer: hará, 20.1	(Futur)
hacer: hecho, 9.5	gemacht
hacer: hic-, 18.1	(Pret. perfecto simple)
hacer: hizo, 18.2	(Pret. perfecto simple)
hacerse daño, 22.5	sich weh tun
haga el favor de, 14.1	bitte
hambre: mucha hambre, 11.3	(großen) Hunger
hasta mañana, 12.1	bis morgen
hasta ahora, 6.8	bis jetzt
¡hasta ahora!, 22.7	bis gleich!
hasta luego, 9.1	bis nachher
hay, 3.4	es gibt
hay que, 9.5	man muß
hay: había, 16.3	es gab
hay: hola, ¿qué hay?, 6.6	hallo, wie geht's?
helado, 11.2	Eis (Speiseeis)
hermano, hermana, 6.5	Bruder, Schwester
hija, 6.3	Tochter
hijo, 6.3	Sohn
hijos, 6.7	Kinder
histórico, 5.6	historisch
hoja, 14.2	Blatt
hola, 1.5	hallo (als Gruß)
hola, ¿qué hay?, 6.6	hallo, wie geht's?
hombre, 4.1	Mensch, Mann
¡hombre!, 4.1	Mensch! (Erstaunen usw.)
hora, 8.1	Stunde
horario, 12.3	Stunden-, Fahrplan
hospital, 6.8	Krankenhaus
hotel, 1.6	Hotel
hoy, 8.2	heute
hoy día, 12.7	heutzutage
hoy mismo, 4.4	noch heute, sofort heute
huelga, 24.4	Streik
huevo duro, 11.0	hartes Ei
húmedo, 24.5	feucht

I

Iberia, 8.6	span. Luftfahrtges.
idea, 3.3	Idee
iglesia, 7.3	Kirche
igual, 8.5	gleich, ebenso
igual que, 17.4	ebenso wie
igualmente, 23.2	(danke), gleichfalls
importación, 12.6	Import
importante, 16.3	wichtig
importar: no importa, 9.1	es macht nichts
imposible, 26.1	unmöglich
improvisar, 16.3	improvisieren
impuestos, 21.2	Steuern
incluido, 14.6	inbegriffen
indios, 6.1	Indios
individual, 2.7	individuell; Einzel-
infantil, 4.5	kindlich; Kinder-
inflación, 17.2	Inflation
informado, 23.5	informiert
informarse, 12.3	sich informieren
inglés, 7.8	englisch, Engländer
inteligente, 26.4	intelligent
intención, 22.4	Absicht
intentar + *inf.*, 19.7	versuchen zu
interesante, 3.4	interessant
interesar, 5.2	interessieren
internacional, 2.7	international
invierno, 4.6	Winter
invitar, 6.3	einladen
invitar a, 11.1	einladen zu
ir a + *sust.*, 1.6	gehen zu; fahren nach
ir a la compra, 17.2	einkaufen gehen
ir de paseo, 10.1	spazierengehen
ir de vacaciones, 7.7	in Urlaub fahren
ir en autobús, 3.4	mit dem Bus fahren
ir: fue, fui, 18.1	(Pret. perfecto simple)
ir: iba, 18.1	(Pret. imperfecto)
ir: va a + *inf.*, 3.1	(Umschreibung der Zukunft)
ir: vamos, van, 3.2	wir gehen, sie gehen
ir: vas, vais, 3.3	du gehst, ihr geht

ir: vayamos, 12.3	(Presente de subjuntivo)
ir: voy, 3.1	ich gehe
irse, 8.2	weggehen
-ísimo: riquísimo, 11.4	(Verstärkung)
Islas Canarias, 5.4	Kanarische Inseln
-ita: mesita, 24.2	(Verkleinerung)
italiano, 7.8	italienisch, Italiener
-ito: momentito, 14.4	(Verkleinerung)

J

jamón, 11.0, 13.4	Schinken
jardín, 16.4	Garten
jefe, 22.3	Chef
jerez, 4.8	Jerez, Sherry
jersey, 15.2	Pullover
joven, 16.5	jung
judías verdes, 13.3	grüne Bohnen
jueves, 8.4	Donnerstag
jugar, 10.4	spielen
jugar a, 10.5	spielen
jugar: juego, 10.5	ich spiele
jugo de naranja, 11.4	Orangensaft
julio, 4.4	Juli
junio, 4.8	Juni
junto a, 7.4	neben; bei
juntos, 1.6	zusammen

K

kilo, 13.2	Kilo
kilómetro, 5.4	Kilometer
kilómetro cuadrado, 5.4	Quadratkilometer

L

la (art.), 1.1	der, die, das (Geschlechtswort)
la (pron. pers.), 4.2	(pers. Fürwort: wen/was)
lado, 7.2	Seite
lago, 18.2	See
lana, 15.2	Wolle
langosta, 13.2	Hummer
langostinos, 11.0	Garnelen
largo, 13.4	lang
las *(art.),* 1.1	die (Geschlechtswort Mehrzahl)
las dos, 16.4	beide, die beiden
las *(pron. pers.),* 6.1, 6.3	(pers. Fürwort: wen/was)
lástima, 26.1	schade
latinoamericano, 1.6	lateinamerikanisch
lavabo, 14.5	Toilette; Waschbecken
lavandería, 21.3	Wäscherei
lavar los platos, 21.2	Geschirr spülen
lavarse el pelo, 18.2	sich die Haare waschen
lavarse la cabeza, 18.2	sich den Kopf waschen
le: ¿qué le pasa?, 4.1	(pers. Fürwort: wem?)
leche, 11.4	Milch
lechuga, 13.3	(Art) grüner Salat
leer, 1.6	lesen
leer: leyendo, 18.1	(Gerundio)
lejos, 15.4	weit (entfernt)
lento, 24.5	langsam
les, 9.1	(pers. Fürwort: wem?)
letra, 6.9	Buchstabe
levantarse, 9.5	aufstehen
libre, 10.4	frei
librería, 13.1	Buchhandlung
libro, 10.4	Buch
ligero, 22.2	leicht
limón, 11.4	Zitrone
limpiar, 14.4	putzen, sauber machen
limpio, 14.4	sauber
litro, 13.3	Liter
lo antes posible, 21.1	so bald wie möglich
lo conozco, 5.1	ich kenne ihn
lo de, 16.7	das/die Sache mit ...
lo demás, 17.2	das übrige
lo más barato, 16.2	das billigste
lo mejor, 11.3	das beste
lo mismo, 12.1	das gleiche, dasselbe

lo que, 12.5	(das) was
lo que tengo es sed, 11.3	Durst habe ich!
lo que: la mitad de lo que, 23.3	die Hälfte von dem, was
lo siento, 6.3	es tut mir leid
lo ... todo, 17.1	alles
locura, 16.5	Wahnsinn
lomo de cerdo, 11.0	Schweinelende
los *(art.),* 1.1	die (Geschlechtswort Mehrzahl)
los de la derecha, 15.1	die (von) rechts
los domingos, 10.1	sonntags
los dos, 6.8	beide
los *(pron. pers.),* 6.4	sie (pers. Fürwort: wen/was?)
los que, 15.1	diejenigen, die
luego, 11.1	dann; danach
lunes, 8.4	Montag
luz, 24.1	Licht
luz del día, 26.5	Tageslicht

Ll

llamar, 7.7	rufen; anrufen; nennen
llamarse, 1.1	heißen
llave, 24.2	Schlüssel
llegada, 9.4, 23.5	Ankunft
llegar a casa, 8.5	nach Hause kommen
llegar a tiempo, 9.3	rechtzeitig kommen
llegar tarde, 8.6	zu spät kommen
llegar: llegue, 20.2	(Pres. de subjuntivo)
llenar la hoja, 14.2	das Anmeldeformular ausfüllen
lleno, 24.3	voll
llevar (un abrigo), 15.2	(einen Mantel) tragen
llevar en el coche, 12.3	im Auto mitnehmen
llevar razón, 24.2	recht haben
llevarse algo, 13.4	etwas mitnehmen
llorar, 21.2	weinen
llover: llueve, 9.5	regnen

M

más, 3.3	mehr
más + *adj.,* 3.3	(Steigerung)
madera, 16.4	Holz
madre, 6.3	Mutter
mal, 4.1	schlecht; krank
mal tiempo, 9.5	schlechtes Wetter
mala suerte, 18.1	Pech
maleta, 20.4	Koffer
malo, 4.1	schlecht
mandar, 14.8	schicken
mandar por correo, 13.1	per Post schicken
manera: de ninguna manera, 23.3	überhaupt nicht
manera: de otra manera, 24.5	anders
mano, 22.5	Hand
mano: de segunda mano, 15.4	gebraucht
mantel, 14.4	Tischdecke
mantequilla, 13.3	Butter
manzana, 13.3	Apfel
mañana, 8.2	morgen
mañana, 8.4	Vormittag
máquina fotográfica, 15.4	Fotoapparat
mar, 13.2	Meer
marcharse, 8.4	weggehen
marido, 6.3	Ehemann
mariscos, 11.0, 11.1	(eßbare) Meerestiere
marrón, 15.2	braun
martes, 8.4	Dienstag
marzo, 4.8	März
más o menos, 13.6	ungefähr
más que, 11.3	mehr als
más: otra cosa más, 12.5	noch etwas dazu
material, 15.2	Material
material fotográfico, 13.6	Fotomaterial
mayo, 4.6	Mai

mayor: persona mayor, 17.2	ältere Person
mayoría, 10.7	Mehrzahl
me gustaría, 3.4	es würde mir gefallen
me gustaría más, 3.4	ich würde lieber
me llamo, 1.1	ich heiße
media: y media, 8.1	(Uhrzeit: „halbe Stunde nach …“)
medias, 15.2	Strümpfe
medicina, 22.4	Medizin, Medikament
médico, 4.4	Arzt
medio, 8.1	halb
medio kilo, 13.3	ein halbes Kilo
medio muerto, 16.6	halb tot
mejillones, 11.4	Miesmuscheln
mejor, 7.8, 9.3	besser
mejorarse, 21.2	besser werden
mejorarse: ¡que te mejores!, 22.4	gute Besserung!
melocotón, 11.0	Pfirsich
melón, 13.3	Melone
menos, 16.3	weniger
menos: más o menos, 13.6	ungefähr
menos: menos cinco, 8.1	(Uhrzeit) fünf vor
menú, 11.0	Menü; Speisekarte
mercado, 6.1	Markt
mercancía, 24.6	Ware
merluza, 11.0	Seehecht
mesa, 11.1	Tisch
metal, 16.4	Metall
meter en, 13.5	hineinstecken
Metro, 7.3	U-Bahn
mi, mis, 6.3	mein, meine
mí: a mí, 4.7	mir; mich
miedo, 24.5	Angst
miedo: ¡de miedo!, 19.3	toll!
mientras, 26.6	während
miércoles, 8.4	Mittwoch
mil, 4.12	tausend
millón, 4.13	Million
mínimo: como mínimo, 26.3	Minimum: mindestens
minuto, 8.1	Minute
mío, 14.3	mein
mío: un amigo mío, 23.5	ein Freund von mir
mirar, 6.1	schauen, anschauen
mismo: hoy mismo, 4.4	sofort heute
mismo: lo mismo, 12.1	das gleiche, dasselbe
mismo: yo mismo, 12.4	ich selbst
mitad, 23.3	Hälfte
modelo, 15.1	Modell
modelo: marido modelo, 21.2	Mustergatte
moderno, 2.7	modern
mojarse, 18.1	naß werden
molestar, 23.3	stören; belästigen
molestarse: no se moleste, 9.1	machen Sie sich keine Mühe
momento, 9.5	Augenblick
momento: de momento, 7.7	zur Zeit
montaña, 5.4	Gebirge
montar a caballo, 10.5	reiten
montar en bicicleta, 10.5	Fahrrad fahren
moreno, 6.5	dunkel (Typ); braungebrannt
moto, 16.6	Motorrad
motor, 24.3	Motor
mucha gente, 8.5	viele Leute
mucha hambre, 11.3	großen Hunger
muchacho, 23.5	junger Mann; Junge
muchas gracias, 2.4	vielen Dank
muchísimo, 13.2	sehr
mucho, 4.7, 9.5	sehr
mucho gusto, 6.6	sehr erfreut (Vorstellung)
mucho más, 17.2	viel mehr
mueble, 16.3	Möbel
muela, 22.1	Backenzahn

muerto, 16.6	tot
mujer, 6.1	Frau
multa, 21.2	Geldstrafe
mundo, 17.1	Welt
museo, 2.6	Museum
música, 10.3	Musik
muy bien, 1.4	sehr gut
Muy señores míos:, 14.1	(Briefanrede)

N

nacer: ¿dónde nació?, 18.5	wo sind Sie geboren?
nada de especial, 18.1	nichts Besonderes
nada más de (alcohol), 16.6	keinen (Alkohol) mehr
nada tranquilo, 14.9	überhaupt nicht ruhig
nada: no hacer nada, 10.4	nichts tun
nadar, 10.5	schwimmen
nadie, 5.8	niemand
nadie: a nadie, 7.7	niemanden
naranja, 5.6	Orange
natural, 26.4	natürlich
naturalmente, 14.8	natürlich
Navidades, 6.3	Weihnachten
necesario, 12.4	notwendig
necesitar, 5.8	brauchen
negro, 15.1	schwarz
nervios, 24.2	Nerven
nevar: nieva, 9.5	es schneit
nevera, 16.3	Kühlschrank
ni, 5.2	und auch nicht
nieve, 4.8	Schnee
ninguno, 10.5	keiner
ninguno: en ningún sitio, 12.1	nirgends
niño, 4.5	Kind
no, 2.1, 2.3	nein; nicht
no… más que, 11.3	nur
no estar mal, 26.7	gar nicht übel sein
no hay que, 17.1	man muß/darf nicht
no importa, 9.1	es macht nichts
no… nunca, 4.4	niemals
¿no?, 6.4	nicht wahr?
noche, 3.4	Nacht
nombre, 19.6	Name
nombre: ¿a qué nombre?, 14.2	auf welchen Namen?
normal, 4.5	normal
norte, 5.4	Norden
nos, 6.3	uns
nosotros, 3.2; -as 3.3	wir
nota, 25.1	Notiz; Nachricht
noticia, 19.4	Nachricht
noveno, 14.2	neunter
novia, novio, 6.3	Freund(in); Verlobte(r)
noviembre, 4.8	November
nuestro, 1.6	unser
nuevo, 5.8	neu
número, 2.1	Nummer
número de teléfono, 2.1	Telefonnummer
nunca, 4.1	niemals
nunca: no…nunca, 4.4	niemals
nylón, 15.2	Nylon; Kunstfaser

O

o, 1.6	oder
obrero, 23.5	Arbeiter
obtener, 21.2	bekommen; erreichen
octavo, 14.2	achter
octubre, 4.8	Oktober
ocuparse de, 21.2	sich kümmern um
oeste, 5.4	Westen
oficina, 6.8	Büro
oficina de Correos, 19.2	Postamt
oír, 1.6	hören
oír decir, 5.3	(erzählen) hören
oír música, 10.3	Musik hören
oír: oiga Vd. 7.1	hören Sie
oír: oigo, 10.5	ich höre
ojo, 22.5	Auge

olvidar, 6.2	vergessen
olvidar + *inf.*, 12.3	vergessen
olvidarse de, 18.3	vergessen
opinión, 17.1	Meinung
os, 6.4	euch
oscuro, 26.4	dunkel
otoño, 4.7	Herbst
otra cosa, 12.5	etwas anderes; noch etwas
otra tienda, 13.6	ein anderes Geschäft
otra vez, 6.2	wieder; noch einmal
otro café, 8.2	noch einen Kaffee
otro: el otro, 7.2	der andere
otros, 7.8	andere

P

padre, 6.3	Vater
padres, 6.3	Eltern
paella, 11.1	Paella
pagar, 17.2	zahlen
país, 8.5	Land
País Vasco, 5.4	Baskenland
paisaje, 23.4	Landschaft
palabra, 7.8	Wort
palacio, 17.1	Schloß
pan, 13.3	Brot
pantalón, 15.2	Hose
papel, 13.5	Papier
papeles, 24.1	Papiere, Dokumente
paquete (de), 13.3	Paket, Päckchen
para, 1.6	für
para + *inf.*, 1.6	um zu ...
para Navidades, 6.3	zu Weihnachten
para eso, 3.2	dazu, dafür
¿para qué?, 1.6	wozu?, wofür?
para que + *subj.*, 21.2	damit
para terminar, 11.1	zum Schluß
parada, 7.3	Haltestelle
pararse, 17.3	anhalten
parecer, 4.4	scheinen
parecer: me parece que, 4.4	mir scheint, daß
parecer: ¿no te parece?, 8.4	findest du nicht?
parecer: ¿qué te parece?, 5.3	was meinst du?
parecer: si le parece, 12.2	wenn Sie wollen
parecido, 15.1	ähnlich
parque, 17.1	Park
parte: de mi parte, 19.4	(Grüße) von mir
parte: por todas partes, 24.2	überall
parte: tomar parte en, 23.5	teilnehmen
partido, 23.5	Partei
pasado mañana, 20.3	übermorgen
pasado: el domingo pasado, 18.2	letzten Sonntag
pasaporte, 24.2	Reisepaß
pasar: ¿qué le pasa?, 4.1	was ist los mit Ihnen?
pasar a buscarla, 9.1	abholen
pasar por, 8.4	vorbeikommen
pasar: me pasa lo mismo, 12.1	es geht mir ebenso
pasar: no pasa nada, 14.2	es passiert nichts
pasar: pase Vd., 22.1	kommen/gehen Sie
pasarlo bien, 17.3	eine gute Zeit verbringen
paseo, 10.1	Spaziergang
paso: de paso, 22.1	auf der Durchreise; nebenbei
patatas fritas, 11.2	Pommes frites
patinar, 10.5	Schlittschuhlaufen
patrono, 23.5	Arbeitgeber
pedazo, 22.2	Stück
pedir hora, 4.4	sich einen Termin geben lassen
película, 6.2	Film
peligro, 24.1	Gefahr
peligroso, 24.5	gefährlich
pelo, 18.2	Haar

peluquería, 21.3	Friseurgeschäft
pena: vale la pena, 9.5	es lohnt sich
pensar + *inf.,* 14.1	vorhaben („gedenken“)
pensar en, 19.3	denken an
pensión, 2.6	Pension
pensión completa, 26.3	Vollpension
penúltimo, 16.6	vorletzter
peor, 16.2	schlechter, schlimmer
pepino, 11.2	Gurke
pequeño, 4.5	klein
pera, 13.3	Birne
perder peso, 22.5	(Gewicht) abnehmen
perder tiempo, 13.4	Zeit verlieren
perdón, 7.3	Entschuldigung
perdonar que + *subj.,* 20.2	entschuldigen, daß
perdonar: perdone Vd., 7.10	entschuldigen Sie
perfectamente bien, 22.5	völlig in Ordnung
periódico, 10.4	Zeitung
permitir que + *subj.,* 23.3	erlauben, daß
pero, 3.4	aber
perro, 6.3	Hund
persona mayor, 17.2	erwachsene/ältere Person
pesado, 20.4	schwer
pescado, 11.0, 11.1	Speisefisch
pescador, 6.1	Fischer
peseta, 12.1	Pesete
peso, 22.5	Gewicht
picante, 11.2	scharf
pie, 22.5	Fuß
pie: a pie, 23.4	zu Fuß
piel, 15.2	Haut; Leder
pimiento, 11.2	Paprika
pintar, 16.3	malen
piscina, 10.2	Schwimmbad
piso, 14.2	Wohnung; Stockwerk
plan, 3.2	Plan
plancha: a la plancha, 11.4	gebraten
plano, 7.11	Plan
planta, 24.4	Pflanze
planta, 16.4	Stockwerk
plástico, 13.5	Plastik
plátano, 13.3	Banane
plato, 16.3	Teller; Gericht
plato del día, 11.2	Tagesmenü
plato típico, 11.1	typisches Gericht
playa, 5.2	Strand
playeras, 15.2	Turnschuhe
plaza, 2.7	Platz
plaza mayor, 2.7	Hauptplatz
población, 5.4	Bevölkerung
pobre, 19.3	arm
poco a poco, 16.2	nach und nach
poder, 3.5, 6.2	können
poder: podré, 19.7	(Futur)
poder: podría 8.5	(Condicional)
poder: pud-, 18.1	(Pret. perfecto simple)
poesía, 2.9	Gedicht
policía, 26.6	Polizei, Polizist
político, 23.5	politisch; Politiker
pollo, 11.2	Huhn
poner, 13.4	setzen, stellen, legen
poner en la cuenta, 14.7	auf die Rechnung setzen
poner la mesa, 16.3	den Tisch decken
poner un telegrama, 19.7	ein Telegramm schicken
poner una película, 22.4	einen Film geben
poner: puesto, 24.2	(Participio)
ponerse, 15.3	anziehen
ponerse bien, 22.3	gesund werden
ponerse contento, 19.4	sich freuen
ponerse enfadado, 24.2	sich ärgern
ponerse enfermo, 19.7	krank werden
popular, 23.3	populär
por Dios, 20.2	um Gottes willen

por aquí, 7.1	hier in der Nähe
por avión, 19.2	per Luftpost
por carta, 14.9	per Brief
por cierto, 20.2	übrigens
por ejemplo, 3.4	zum Beispiel
por eso, 5.10	deshalb
por favor, 1.1	bitte
por fin, 4.4	endlich
por hora, 24.1	pro Stunde
por la autopista, 16.2	auf der Autobahn
por la tarde/mañana/ noche, 8.4	nachmittags/ morgens/nachts
por lo menos, 21.2	wenigstens
por persona, 26.3	pro Person
¿por qué no...?, 3.3	wollen wir ...? (Vorschlag)
¿por qué?, 4.7	warum?
por teléfono, 7.7	per Telefon
por todas partes, 24.2	überall
por: gracias por, 16.6	danke für
por: hacer algo por una persona, 12.5	etwas für jmd. tun
porque, 4.7	weil
posibilidad, 3.4	Möglichkeit
posible, 6.5	möglich
posible: es posible que, 21.1	es ist möglich, daß
posible: lo antes posible, 21.1	so bald wie möglich
postal, 19.2	Postkarte
postre, 11.2	Nachtisch
prácticamente, 10.5	praktisch
práctico, 26.4	praktisch
precio, 5.8	Preis
precioso, 5.3	wunderbar
precisamente, 12.1	ausgerechnet
preferir: prefiero, 4.7	vorziehen
prefijo, 19.4	Vorwahl
pregunta, 21.2	Frage
preguntar, 12.2	fragen
preguntar por, 25.1	fragen nach
preocupado, 22.3	besorgt
preocupar, 24.2	Sorgen machen
preocuparse, 9.2	sich Sorgen machen
presentar, 6.6	vorstellen
presentarse, 18.1	sich vorstellen
presentarse a la policía, 26.6	sich bei der Polizei melden
primavera, 4.7	Frühling
primero, 7.2	erster
primero, 17.1	zuerst
primero: a primeros de mes, 10.1	am Monatsanfang
primero: la primera vez, 14.2	das erste Mal
prisa, 20.4	Eile
probable, 21.1	wahrscheinlich
probablemente, 8.2	wahrscheinlich
probar, 11.4, 24.4	versuchen
probarse, 15.1	anprobieren
problema, 12.1	Problem
profesor, 21.2	Lehrer
programa, 8.5	Programm
prohibido, 26.5	verboten
prometer, 25.1	versprechen
pronto, 8.4	bald
propina, 14.6	Trinkgeld
propio, 16.5	eigen
protestar, 21.2	protestieren
provincia, 5.3	Provinz
próximo, 6.2	nächster
publicar, 21.2	veröffentlichen
publicidad, 23.5	Werbung
público m., 24.4	Publikum
pueblecito, 5.3	kleiner Ort
pueblo, 5.5	Dorf, Ort; Volk
puente, 7.5	Brücke
puerta, 14.8	Tür
puerto, 13.2	Hafen
pues, 3.1	(Füllwort)
puesto, 22.3	Arbeitsplatz
punto, 21.2	Punkt

Q

que, 5.3	daß
que, 22.3	denn

que, 4.5	der, die, das (bezügl. Fürwort)
que viene, 10.3	nächster
¿qué?, 2.1, 3.1	was?
¿qué es…?, 3.4	was ist …?
¿qué número?, 2.1	welche Nummer?
¿qué tal?, 1.5	wie geht's?
¡qué + *adj.!*, 4.4, 6.4	wie …!
¡qué barbaridad!, 9.5	ist ja Wahnsinn!
¿qué hora es?, 8.1	wieviel Uhr ist es?
¡qué postales más bonitas!, 19.3	was für schöne Postkarten!
¡qué va!, 26.4	ach was, Unsinn!
quedar con, 9.1	sich verabreden mit
quedar en + *inf.*, 18.1	verabreden
quedar: le quedan 2 horas, 8.2	Sie haben noch 2 Stunden
quedar: me queda dinero, 9.2	ich habe noch Geld
quedarse, 8.3	dableiben
quedarse con, 26.4	behalten
quedarse desilusionado, 19.3	enttäuscht sein
querer que + *subj.*, 12.1	wollen
querer: como quieras, 16.6	wie du willst
querer: ¿quiere?, 2.6	wollen Sie?
Querido Pepe:, 18.3	(Briefanfang)
queso, 11.0	Käse
¿quién?, 6.5	wer?
quien, 17.2	wer
quince días, 12.6	vierzehn Tage
quinto, 14.2	fünfter
quisiera, 16.2	ich möchte
quisiera saber, 15.2	ich möchte wissen
quitar, 26.6	wegnehmen
quitarse (la chaqueta), 22.3	ausziehen
quitársele (la fiebre), 22.4	vergehen (Fieber)
quizás, 3.1	vielleicht

R

radio, 1.6	Radio
rápido, 3.4	schnell
razón: llevar razón, 24.2	recht haben
razón: tener razón, 17.3	rechthaben
realidad, 16.2	Wirklichkeit
realidad: en realidad, 10.4	eigentlich
recibir, 20.2	empfangen; bekommen
reclamación, 14.8	Reklamation
recomendar, 6.3	empfehlen
redondo, 24.2	rund
refrescante, 11.2	erfrischend
refresco, 11.4	Erfrischungsgetränk
regalo, 13.5	Geschenk
región, 17.3	Gegend; Region
reír: riendo, 24.1	lachen
relación, 17.2	Verhältnis
reloj, 12.5	Uhr
RENFE, 9.4	spanische Eisenbahn
reparación, 6.8	Reparatur
reparar, 17.4	reparieren
repetir, 7.10	wiederholen
reservar, 11.1	reservieren
respirar, 26.4	atmen
restaurante, 1.6	Restaurant
resto, 16.2	Rest
resultar caro, 10.5	teuer sein/kommen
resulta que, 20.2	es ist so, daß
reunir dinero, 16.2	Geld zusammenbringen
reunirse, 10.1	zusammenkommen
revista, 10.4	Zeitschrift
rico, 5.2	reich
rico: estar rico, 22.2	gut schmecken
río, 23.4	Fluß
riquísimo, 11.4	sehr schmackhaft
robar, 26.6	stehlen
rojo, 15.2	rot

romper: roto, 18.1	zerbrechen: zerbrochen
romperse, 18.1	zerbrechen, kaputtgehen
romperse la cabeza, 24.2	sich den Kopf zerbrechen
ropa, 15.2	Wäsche; Kleider
ropa interior, 15.2	Unterwäsche
rubio, 6.3	blond

S

sábado, 8.4	Samstag
saber + *inf.,* 19.4	können
saber: sé, 3.1	wissen: ich weiß
saber: sepan, 19.3	(Pres. de subjuntivo)
sacar el billete, 12.3	die Fahrkarte kaufen
sacar fotos, 13.6	Fotos machen
sacar las maletas, 14.3	die Koffer herausholen
sal, 13.3	Salz
salario, 17.2	Lohn
salida, 20.4	Ausgang
salir, 8.2, 8.5	(hin)ausgehen
salir de excursión, 9.5	einen Ausflug machen
salir de paseo, 18.4	spazierengehen
salir de viaje, 9.1	verreisen
salir del trabajo, 8.5	von der Arbeit kommen
salir fuera, 8.4	ausgehen
salir: no sale agua, 14.8	herauskommen: es kommt kein Wasser heraus
salón, 2.7	Salon
salud: ¡a tu salud!, 23.1	auf deine Gesundheit!
saludar, 19.4	grüßen
sangría, 11.4	Sangría
sano, 24.5	gesund
santo: Semana Santa, 5.3	heilig: Osterwoche
sardana, 6.1	Sardana (katal. Tanz)
se escribe, 2.5	man schreibt
se la, se lo, 11.4	es ihm/es ihr usw.
se llama, 1.1	Sie heißen
se, 1.1	sich
se: no se conocen, 6.6	sie kennen sich nicht
sección, 16.7	Abteilung
seco, 11.4, 24.5	trocken
sed, 8.2	Durst
seda, 15.2	Seide
seguir de empleada, 16.5	weiterhin Angestellte sein
seguir el viaje, 22.1	die Reise fortsetzen
seguir: si sigo así, 22.4	wenn ich so weitermache
seguir: sigues, 16.5	(Presente de indicativo)
según el médico, 19.7	nach dem, was der Arzt sagt
segundo, 7.2	zweiter
seguramente, 18.1	sicher; wahrscheinlich
seguro que, 13.1	sicher
seguro: estar seguro, 14.2	sicher sein
seguros, 21.2	Versicherungen
sello, 19.1	Briefmarke
semana, 5.3	Woche
Semana Santa, 5.3	Osterwoche, Karwoche
sencillo, 19.4	einfach
sentar bien, 24.5	gut bekommen
sentarse a la mesa, 16.3	sich an den Tisch setzen
sentir que + *subj.,* 20.3	leid tun
sentir: lo siento, 20.3	es tut mir leid
sentirse fatal, 22.4	sich elend fühlen
señor, 1.1	Herr
señora, 1.1	Frau
señorita, 1.1	Fräulein
septiembre, 4.8	September
séptimo, 14.2	siebter
ser + *sust.,* 5.3	sein
ser de aquí, 7.1	von hier sein

ser suyo, 14.3	Ihnen gehören
ser: es, 2.7	er, sie, es ist
ser: era, 16.7	(Pret. imperfecto)
ser: 3.3, 6.1, 7.1, 7.9	sein
ser: es la una, son las dos, 8.1	(Uhrzeit)
ser: fue, 18.1	(Pret. perfecto simple)
ser: sea, 16.7	(Pres. de subjuntivo)
ser: sido, 16.3	(Participio)
servicio automático, 19.4	Selbstwählverkehr
servicio incluido, 14.6	Bedienung eingeschlossen
servicios, 14.5	Toiletten
servir: sirve, 24.4	bedienen
sexto, 14.2	sechster
si, 8.6	ob
si, 9.2	wenn
si no, ..., 16.6	sonst
sí, 2.2	ja; doch
siempre, 4.1	immer
sierra, 5.4	Gebirge
siesta, 10.3	Mittagsschlaf
siguiente, 19.7	folgender
silla, 16.3	Stuhl
sillón, 16.3	Sessel
simpático, 5.6	sympathisch, nett
simplemente, 6.2	einfach
sin, 7.7	ohne
sin duda, 24.5	zweifellos
sin parar, 7.7	unaufhörlich
sindicato, 23.5	Gewerkschaft
sitio, 12.1	Ort; Platz
sitio: en ningún sitio, 24.2	nirgends
sobre todo, 10.2	vor allem
social, 20.4	sozial
sofá, 16.3	Sofa
sol, 9.5	Sonne
solamente, 14.8	nur
soler + *inf.,* 15.4	normalerweise tun
solo *(adj.),* 19.3	allein
sólo, 5.2	nur
solución, 24.2	Lösung
sombrero, 15.2	Hut
sopa, 11.2	Suppe
su, 6.3	sein, ihr, Ihr
subir por la escalera, 14.5	die Treppe hinaufgehen
subir, 13.2	steigen
subir: la vida sube, 17.2	teurer werden
sucio, 24.3	schmutzig
sueldo, 17.2	Gehalt
suerte: tener mala suerte, 18.1	Pech haben
suerte: tener suerte, 16.5	Glück haben
suficiente, 12.1	ausreichend
suizo, 7.8	schweizerisch; Schweizer
súper, 24.3	Super
supermercado, 7.1	Supermarkt
sur, 5.3	Süden
suyo, 14.3	sein, ihr, Ihr

T

tabaco, 23.3	Tabak; Zigaretten
taller de reparaciones, 6.8	Reparaturwerkstatt
también, 3.2	auch
tampoco, 2.3	auch nicht
tan + *adj.,* 5.2	so
tan de prisa, 7.10	so eilig
tanto, 17.2	so sehr
tanto: tantas cosas, 10.2	so viel(e)
tapa, 11.4	„Appetithappen"
tardar en, 16.2, 17.1	(Zeit) brauchen
tarde, 9.2, 10.1	spät; zu spät
tarde: buenas tardes, 1.4	guten Tag/Abend
tarde: llegar tarde, 8.6	zu spät kommen
taxi, 9.3	Taxi
taza, 16.3	Tasse
té con limón, 11.4	Tee mit Zitrone

te, 1.2	dir; dich
teatro, 10.1	Theater
teléfono, 2.7	Telefon
tele, 10.3	Fernsehen
telefonear, 7.7	telefonieren
telegrama, 2.7	Telegramm
televisión, 1.6	Fernsehen
temprano, 9.2	früh
tenedor, 16.3	Gabel
tener al frío, 16.3	kühl halten
tener de visita, 18.1	zu Besuch haben
tener ganas de, 15.3	Lust haben
tener mucha grasa, 11.2	fett sein
tener prisa, 24.1	es eilig haben
tener que, 4.4	müssen
tener razón, 14.7	recht haben
tener retraso, 8.6	Verspätung haben
tener suerte, 16.5	Glück haben
tener visita, 18.3	Besuch haben
tener… años, 7.7	… Jahre alt sein
tener: lo tengo apuntado, 13.3	ich habe es notiert
tener: tendrá, 20.1	(Futur)
tener: tengo, tiene, 2.1	(Presente de indicativo)
tener: tuv-, 18.1	(Pret. perfecto simple)
tenis, 10.5	Tennis
tercero: tercer piso, 14.2	dritter: dritter Stock
terminar, 8.5	zu Ende sein
terminar, 11.1	beenden
ternera, 11.2	Kalb
ti: a ti te, 4.8	dir; dich
tiempo libre, 10.4	Freizeit
tiempo: al mismo tiempo, 11.4	gleichzeitig
tiempo: hace buen tiempo, 9.5	es ist schönes Wetter
tiempo: tomarse tiempo, 17.3	sich Zeit nehmen
tienda, 6.8	Geschäft
tipo, 4.5	Art; Typ
tirar, 14.4	werfen; umwerfen
toalla, 14.8	Handtuch
tocar la guitarra, 10.4	Gitarre spielen
toda la familia, 5.8	die ganze Familie
todavía, 3.1	noch
todavía más bonito, 19.5	noch schöner
todo, 10.1	alles
todo el día, 8.4	den ganzen Tag
todos los días, 10.2	jeden Tag
tomar, 4.1	nehmen
tomar parte en, 23.5	teilnehmen an
tomar un taxi, 9.3	ein Taxi nehmen
tomarse tiempo, 17.3	sich Zeit nehmen
tomate, 11.2	Tomate
toros, 10.3	Stierkampf; Stiere
torre, 23.4	Turm
tortilla española, 11.0	spanisches Omelette
total, …, 16.2	kurzum
trabajar, 6.8	arbeiten
trabajo, 9.1	Arbeit
tradicional, 21.2	traditionell
traer, 6.2	bringen, mitbringen
tráfico, 17.4	Verkehr
traje, 15.2	Kleid; Anzug
tranquilamente, 18.1	ruhig
tranquilo, 14.2	ruhig
tratar de, 21.2	versuchen zu
tratarse de, 19.7	sich handeln um
tren, 3.4	Zug
triste, 4.7	traurig
tu, 6.4	dein
tú, 1.5	du
turista, 5.2	Tourist

U

último, 9.5	letzter
un *(art.)*, 2.7	ein (Geschlechtswort)
un poco, 3.2	ein wenig
un poco + *adj.*, 7.2	ein wenig
un poco más, 7.10	etwas mehr
una, 3.3, 4.1	(Geschlechtswort)
uno de, una de, 5.5	eine(r) von

unos 50 metros, 7.4	etwa 50 Meter
urgente: carta urgente, 19.2	eilig: Eilbrief
usted, 1.1	Sie
ustedes, 3.2	Sie

V

vacaciones, 3.1	Ferien; Urlaub
vacaciones: ir de vacaciones, 7.7	in Urlaub gehen
vacío, 24.3	leer
vale, 11.4	in Ordnung
vale la pena, 9.5	es lohnt sich
valer: ¿cuánto vale?, 15.2	kosten: was kostet das?
valer: un muchacho que vale, 23.5	wert sein: ein Junge, der etwas taugt
vamos a + *inf.*, 1.6	wir wollen …
variar: varía, 30.5	sich ändern
varias veces, 5.1	mehrmals
varios, 3.4	verschiedene; mehrere
vaso, 8.2	Glas
Vd., 1.4	Sie
Vds., 3.2	Sie
vecino, 21.1	Nachbar
vehículo comercial, 5.8	Transportfahrzeug
vendedora, 26.4	Verkäuferin
vender, 13.4	verkaufen
venir, 10.6	kommen
venir a buscar, 20.4	abholen (kommen)
venir a ver, 16.1	besuchen (kommen)
venir: ven, 22.7	(Imperativo)
venir: vendrá, 20.1	(Futuro)
venir: venga, 15.4	(Presente de subjuntivo)
venir: vengo, 14.2	(Presente de indicativo)
venir: vin-, 18.5	(Pret. perfecto simple)
ventana, 14.8	Fenster
ventanilla, 19.2	kleines Fenster; Schalter
ver, 1.6, 7.4	sehen
ver: visto, 6.3	gesehen
verano, 4.8	Sommer
verdad, 16.3	Wahrheit
verdad: de verdad que, 16.6	wirklich
¿verdad?, 6.3	nicht wahr?
verdaderamente, 17.2	wirklich
verde, 15.2	grün
verdura, 11.1	Gemüse
verse, 8.4	sich sehen/treffen
vestido, 15.2	Kleid
vez: cada vez más despacio, 17.4	immer langsamer
vez: de vez en cuando, 11.1	ab und zu
vez: esta vez, 16.7	diesmal
vez: la primera vez que, 14.2	das erste Mal, daß
vez: la próxima vez, 6.2	das nächste Mal
vez: otra vez, 16.7	wieder
vez: varias veces, 5.1	mehrmals
viajar, 17.1	reisen
viaje, 13.4	Reise
vida, 13.7, 17.2	Leben
viejo, 16.5	alt
viento, 9.5	Wind
viernes, 8.4	Freitag
vino, 4.8	Wein
vino blanco, 11.4	Weißwein
vino tinto, 11.4	Rotwein
visita, 18.1	Besuch
visitar, 12.6	besuchen
visto, 6.3	gesehen
vivir, 4.10	leben
volver a ver, 8.4	wiedersehen
volver: vuelto, 20.3	(Participio)
volver: vuelvo, 8.2	zurückkommen
volverse + *adj.*, 26.4	werden
vosotras, vosotros, 3.3	ihr
vuelo, 8.6	Flug

vuelta: a mi vuelta, 19.7	bei meiner Rückkehr
vuelta: dar una vuelta, 10.1	einen Spaziergang machen
vuelta: estar de vuelta, 19.7	zurück sein
vuelto, 20.3	zurückgekommen
vuestro, 6.5	euer

Y

y, 1.1	und
ya, 3.2	schon
ya no, 17.2	nicht mehr
ya sabes que, 10.5	du weißt ja, daß
yo, 1.1	ich

Z

zanahorias, 13.3	Karotten
zapato, 15.1	Schuh

Lösung des Rätsels von Seite 45

M	E	T	R	O	S		
U	N	O					
C	A	S	A	D	A		
H	E	R	M	A	N	A	S
O	T	O	Ñ	O			
G	E	N	T	E			
U	S	T	E	D			
S	E	M	A	N	A		
T	R	E	N				
O	E	S	T	E			
S	E	Ñ	O	R	A		

Grammatik

Inhaltsübersicht

I. Das Verb

Abschnitt 1-3:	Die Formen der regelmäßigen und unregelmäßigen Verben
Abschnitt 4-15:	Die einzelnen Zeiten des Indicativo und Subjuntivo, ihre Formen und ihre Anwendung
Abschnitt 16-17:	**ser** und **estar;** die Modalverben (müssen, können, wollen ...)
Abschnitt 18:	Die indirekte Rede

1. Die Formen der regelmäßigen Verben

Das Spanische hat Verben mit den Endungen **-ar** (1.1), **-er** (1.2) und **-ir** (1.3).

Zunächst eine Übersicht über die verschiedenen Zeiten der Verben am Beispiel **habl-ar.** (Formen in Klammern sind selten und werden nicht weiter behandelt.)

Grundformen

Infinitivo	**Inf. compuesto**	**Gerundio**	**Participio**
hablar *sprechen*	haber hablado *gesprochen haben*	hablando *(„sprechend“)*	hablado *gesprochen*

Indicativo		**Subjuntivo**	
Presente hablo *ich spreche*	**Pretérito perfecto** he hablado *ich habe gesprochen*	**Presente** hable *ich spreche*	**Pretérito perfecto** haya hablado *ich habe gesprochen*
Imperativo habla *sprich*		**Imperativo negativo** no hables *sprich nicht*	
Pret. perf. simple hablé *ich sprach*	**Pret. anterior** (hube hablado) *(ich hatte gesprochen)*	**Pret. imperfecto** hablara hablase *ich spräche*	**Pret. pluscuamperfecto** hubiera hablado hubiese hablado *ich hätte gesprochen*
Pret. imperfecto hablaba *ich sprach*	**Pret. pluscuamperfecto** había hablado *ich hatte gesprochen*		

Futuro hablaré *ich werde sprechen*	**Futuro perfecto** habré hablado *ich werde gesprochen haben*	**Futuro** (hablare)	**Futuro perfecto** (hubiere hablado)
Condicional hablaría *ich würde sprechen*	**Condicional perfecto** habría hablado *ich hätte gesprochen*		

1.1 Regelmäßige Verben auf **-ar**

Infinitivo habl-**ar**	**Participio** habl-**ado**	**Gerundio** habl-**ando**	
Presente de indicativo habl-**o** habl-**as** habl-**a**	 habl-**amos** habl-**áis** habl-**an**	**Presente de subjuntivo** habl-**e** habl-**es** habl-**e**	 habl-**emos** habl-**éis** habl-**en**
Pretérito perfecto compuesto he / has / ha > hablado	 hemos / habéis / han > hablado	**Pretérito perfecto de subjuntivo** haya / hayas / haya > hablado	 hayamos / hayáis / hayan > hablado
Pretérito perfecto simple habl-**é** habl-**aste** habl-**ó**	 habl-**amos** habl-**asteis** habl-**aron**	**Pretérito imperfecto de subjuntivo** habl-**ara** habl-**aras** habl-**ara**	 habl-**áramos** habl-**arais** habl-**aran**
Pretérito imperfecto habl-**aba** habl-**abas** habl-**aba**	 habl-**ábamos** habl-**abais** habl-**aban**	habl-**ase** habl-**ases** habl-**ase**	habl-**ásemos** habl-**aseis** habl-**asen**
Futuro hablar-**é** hablar-**ás** hablar-**á**	 hablar-**emos** hablar-**éis** hablar-**án**	**Imperativo afirmativo** – habl**a** tú habl**e** Vd.	 habl**emos** (nosotros) habl**ad** (vosotros) habl**en** Vds.
Condicional hablar-**ía** hablar-**ías** hablar-**ía**	 hablar-**íamos** hablar-**íais** hablar-**ían**	**Pluscuamperfecto:** **Plusc. de subj.:** **Futuro perfecto:** **Condicional compuesto:**	había hablado hubiera hablado hubiese hablado habré hablado habría hablado

1.2 Regelmäßige Verben auf -er

Infinitivo	**Participio**	**Gerundio**	
com-**er**	com-**ido**	com-**iendo**	
Presente de indicativo		**Presente de subjuntivo**	
com-**o**	com-**emos**	com-**a**	com-**amos**
com-**es**	com-**éis**	com-**as**	com-**áis**
com-**e**	com-**en**	com-**a**	com-**an**
Pretérito perfecto compuesto		**Pretérito compuesto de subjuntivo**	
he / has / ha comido	hemos / habéis / han comido	haya / hayas / haya comido	hayamos / hayáis / hayan comido
Pretérito perfecto simple		**Pretérito imperfecto de subjuntivo**	
com-**í**	com-**imos**	comie-**ra**	comié-**ramos**
com-**iste**	com-**isteis**	comie-**ras**	comie-**rais**
com-**ió**	com-**ieron**	comie-**ra**	comie-**ran**
Pretérito imperfecto		comie-**se**	comié-**semos**
com-**ía**	com-**íamos**	comie-**ses**	comie-**seis**
com-**ías**	com-**íais**	comie-**se**	comie-**sen**
com-**ía**	com-**ían**		
Futuro		**Imperativo afirmativo**	
comer-**é**	comer-**emos**	–	com**amos** (nosotros)
comer-**ás**	comer-**éis**	come tú	com**ed** (vosotros)
comer-**á**	comer-**án**	com**a** Vd.	com**an** Vds.
Condicional		**Pluscuamperf.:**	había comido
comer-**ía**	comer-**íamos**	**Plusc. de subj.:**	hubiera comido
comer-**ías**	comer-**íais**		hubiese comido
comer-**ía**	comer-**ían**	**Futuro perfecto:**	habré comido
		Condicional compuesto:	habría comido

1.3 Regelmäßige Verben auf **-ir**

Infinitivo viv-**ir**	**Participio** viv-**ido**	**Gerundio** viv-**iendo**	
Presente de indicativo		**Presente de subjuntivo**	
viv-**o**	viv-**imos**	viv-**a**	viv-**amos**
viv-**es**	viv-**ís**	viv-**as**	viv-**áis**
viv-**e**	viv-**en**	viv-**a**	viv-**an**
Pretérito perfecto compuesto		**Pretérito perfecto de subjuntivo**	
he / has / ha > vivido	hemos / habéis / han > vivido	haya / hayas / haya > vivido	hayamos / hayáis / hayan > vivido
Pretérito perfecto simple		**Pretérito imperfecto subjuntivo**	
viv-**í**	viv-**imos**	vivie-**ra**	vivié-**ramos**
viv-**iste**	viv-**isteis**	vivie-**ras**	vivie-**rais**
viv-**ió**	viv-**ieron**	vivie-**ra**	vivie-**ran**
Pretérito imperfecto		vivie-**se**	vivié-**semos**
viv-**ía**	viv-**íamos**	vivie-**ses**	vivie-**seis**
viv-**ías**	viv-**íais**	vivie-**se**	vivie-**sen**
viv-**ía**	viv-**ían**		
Futuro		**Imperativo afirmativo**	
vivir-**é**	vivir-**emos**	–	viv**amos** (nosotros)
vivir-**ás**	vivir-**éis**	viv**e** tú	viv**id** (vosotros)
vivir-**á**	vivir-**án**	viv**a** Vd.	viv**an** Vds.
Condicional		**Pluscuamperfecto:**	había vivido
vivir-**ía**	vivir-**íamos**	**Plusc. de subj.:**	hubiera vivido
vivir-**ías**	vivir-**íais**		hubiese vivido
vivir-**ía**	vivir-**ían**	**Futuro perfecto:**	habré vivido
		Condicional compuesto:	habría vivido

2. Die Formen der unregelmäßigen Gruppenverben

Wir sprechen von „Gruppenverben“, wenn mehrere Verben die gleichen Abweichungen von den regelmäßigen Formen haben. Im folgenden werden *nur Zeiten mit abweichenden Formen* aufgeführt. (Die anderen Formen sind regelmäßig).

2.1 cerrar / entender / sentir **-ie-**

Die Endungen sind regelmäßig. Das **-e-** des Stamms (cerr-) wird in der betonten Silbe zu **-ie-**.

Presente de indicativo		**Presente de subjuntivo**	
cierro	cerramos	cierre	cerremos
cierras	cerráis	cierres	cerréis
cierra	cierran	cierre	cierren

Wichtige Verben dieser Gruppe:

cerrar	schließen	entender	verstehen
despertar	aufwecken	perder	verlieren
empezar	beginnen	querer → 3.11	lieben; wollen
pensar	denken	divertise*	sich gut unterhalten
sentarse	sich setzen	preferir*	vorziehen
nevar	schneien	sentir*	fühlen; bedauern
encender	anzünden		

* Diese Verben haben weitere unregelmäßige Formen nach dem Muster der Gruppe 2.3 (pedir):

Pret. perf. simple:	sentí, sentiste, sintió, sentimos, sentisteis, sintieron
Pret. imperf. de subj.:	sintiera/sintiese, sintieras, sintiera, …
Gerundio:	sintiendo

2.2 encontrar / volver / dormir **-ue-**

Die Endungen sind regelmäßig. Das **-o-** des Stamms (encontr-) wird in der betonten Silbe zu **-ue-**. (Bei *jugar* wird das **-u-** zu **-ue-**).

Presente de indicativo		**Presente de subjuntivo**	
enc**ue**ntro	encontramos	enc**ue**ntre	encontremos
enc**ue**ntras	encontráis	enc**ue**ntres	encontréis
enc**ue**ntra	enc**ue**ntran	enc**ue**ntre	enc**ue**ntren

Wichtige Verben dieser Gruppe:

acordarse	sich erinnern	doler	weh tun
contar	zählen; erzählen	llover	regnen
costar	kosten	poder → 3.9	können
encontrar	finden	soler	normalerweise tun
encontrarse	sich befinden	volver → 12.2	zurückkommen
probar	(Essen) probieren	volver a hacer	wieder tun
probarse	(Kleid) probieren	dormir*	schlafen
jugar	spielen	morir*	sterben

* Diese Verben haben weitere unregelmäßige Formen:

Pret. perf. simple:	dormí, dormiste, d**u**rmió, dormimos, dormisteis, d**u**rmieron
Pret. imperf. de subj.:	d**u**rmiera/d**u**rmiese, d**u**rmieras, d**u**rmiera, ...
Gerundio:	d**u**rmiendo

2.3 pedir -i-

Die Endungen sind regelmäßig. Das **-e-** des Stamms (ped-) wird in der betonten Silbe zu **-i-**, ebenso in allen Formen, die kein betontes **-i-** in der Endung haben.

Presente de indicativo		**Presente de subjuntivo**	
p**i**do	pedimos	p**i**da	p**i**damos
p**i**des	pedís	p**i**das	p**i**dáis
p**i**de	p**i**den	p**i**da	p**i**dan

Imperativo: p**i**de tú, p**i**da Vd., p**i**damos nosotros, pedid vosotros, p**i**dan Vds.
Gerundio: p**i**diendo

Pretérito perfecto simple		**Pretérito imperfecto de subjuntivo**	
pedí	pedimos	p**i**diera/p**i**diese	p**i**diéramos
pediste	pedisteis	p**i**dieras	p**i**dierais
p**i**dió	p**i**dieron	p**i**diera	p**i**dieran

Wichtige Verben dieser Gruppe:

pedir	bitten, fordern	seguir	fortsetzen, weiter tun
reír (río)	lachen	repetir	wiederholen

2.4 conocer **-zc-**

In der ich-Form des Indikativs wird ein **-z-** eingeschoben. Es wird in allen Formen des **Presente de subjuntivo** übernommen.

Presente de indicativo		**Presente de subjuntivo**	
cono**z**co	conocemos	cono**z**ca	cono**z**camos
conoces	conocéis	cono**z**cas	cono**z**cáis
conoce	conocen	cono**z**ca	cono**z**can

Imperativo: reconoce tú, recono**z**ca Vd., recono**z**camos, reconoced, recono**z**can Vds.

Wichtige Verben dieser Gruppe:

conocer	kennen, kennenlernen	conducir	(Auto) fahren; führen
reconocer	anerkennen; wiedererkennen	producir	herstellen
		reducir	verringern

3. Die Formen der eigentlichen unregelmäßigen Verben

Die meisten unregelmäßigen Verben haben in mehreren Formen und Zeiten Abweichungen. Die unregelmäßigen Verben sind hier alphabetisch geordnet. Formen, die nicht aufgeführt sind, sind regelmäßig (vgl. 1.1–1.3).

3.1 caer

Infinitivo	**Participio**	**Gerundio**	
caer *fallen*	caído	cayendo	
Presente de indicativo		**Presente de subjuntivo**	
caigo	caemos	**caiga**	caigamos
caes	caéis	caigas	caigáis
cae	caen	caiga	caigan

3.2 dar

Infinitivo		**Participio**	**Gerundio**	
dar	*geben*	dado	dando	

Presente de indicativo		**Presente de subjuntivo**	
doy	damos	**dé**	demos
das	dais	des	deis
da	dan	dé	den

Pretérito perfecto simple		**Pretérito imperfecto de subjuntivo**	
di	**dimos**	**diera / diese**	diéramos
diste	**disteis**	dieras	dierais
dio	**dieron**	diera	dieran

Imperativo: da tú, dé Vd., demos nosotros, dad vosotros, den Vds.

3.3 decir

Infinitivo		**Participio**	**Gerundio**	
decir	*sagen*	dicho	diciendo	

Presente de indicativo		**Presente de subjuntivo**	
digo	decimos	**diga**	digamos
dices	decís	digas	digáis
dice	**dicen**	diga	digan

Pretérito perfecto simple		**Pretérito imperfecto de subjuntivo**	
dije	dijimos	**dijera / dijese**	dijéramos
dijiste	dijisteis	dijeras	dijerais
dijo	dijeron	dijera	dijeran

Pret. perf. comp.:	**he dicho**
Futuro:	**diré,** dirás, dirá, diremos, diréis, dirán
Condicional:	**diría**
Imperativo:	di tú, diga Vd., digamos nosotros, decid vosotros, digan Vds.

3.4 estar

Infinitivo		**Participio**	**Gerundio**
estar	*sein, sich befinden*	estado	estando

Presente de indicativo		**Presente de subjuntivo**	
estoy	estamos	**esté**	estemos
estás	estáis	estés	estéis
está	**están**	esté	estén

Pretérito perfecto simple		**Pretérito imperfecto de subjuntivo**	
estuve	estuvimos	**estuviera / estuviese**	estuviéramos
estuviste	estuvisteis	estuvieras	estuvierais
estuvo	estuvieron	estuviera	estuvieran

Imperativo: está / estáte tú, esté Vd., estemos nosotros, estad vosotros, estén Vds.

3.5 haber / hay

Infinitivo		**Participio**	**Gerundio**
haber	*haben*	habido	habiendo
hay	*es gibt*		

Presente de indicativo		**Presente de subjuntivo**	
he	**hemos**	**haya**	hayamos
has	habéis	hayas	hayáis
ha / hay	**han**	haya / haya	hayan

Pretérito perfecto simple		**Pretérito imperfecto de subjuntivo**	
hube	hubimos	**hubiera / hubiese**	hubiéramos
hubiste	hubisteis	hubieras	hubierais
hubo / hubo	hubieron	hubiera / hubiera	hubieran

Pret. perf. comp.:	**ha habido**
Futuro:	**habré,** habrás, habrá, habremos, habréis, habrán
Condicional:	**habría**

3.6 hacer

Infinitivo		**Participio**	**Gerundio**	
hacer	*tun, machen*	hecho	haciendo	
Presente de indicativo			**Presente de subjuntivo**	
hago		hacemos	**haga**	hagamos
haces		hacéis	hagas	hagáis
hace		hacen	haga	hagan
Pretérito perfecto simple			**Pretérito imperfecto de subjuntivo**	
hice		hicimos	**hiciera / hiciese**	hiciéramos
hiciste		hicisteis	hicieras	hicierais
hizo		hicieron	hiciera	hicieran
Pret. perf. comp.:		**he hecho**		
Futuro:		**haré,** harás, hará, haremos, haréis, harán		
Condicional:		**haría**		
Imperativo:		**haz** tú, haga Vd., hagamos nosotros, haced vosotros, hagan Vds.		

3.7 ir

Infinitivo		**Participio**	**Gerundio**	
ir	*gehen, fahren*	ido	yendo	
Presente de indicativo			**Presente de subjuntivo**	
voy		**vamos**	**vaya**	vayamos
vas		**vais**	vayas	vayáis
va		**van**	vaya	vayan
Pretérito perfecto simple			**Pretérito imperfecto de subjuntivo**	
fui		fuimos	**fuera / fuese**	fuéramos
fuiste		fuisteis	fueras	fuerais
fue		**fueron**	fuera	fueran
Pret. imperfecto:		**iba,** ibas, iba, íbamos, ibais, iban		
Pret. perf. comp.:		**he ido**		
Futuro:		**iré,** irás, irá, iremos, iréis, irán		
Condicional:		**iría**		
Imperativo:		**ve / vete** tú, vaya Vd., vayamos nosotros, id vosotros, vayan Vds.		

3.8 oír

Infinitivo		Participio	Gerundio	
oír	*hören*	oído	oyendo	
Presente de indicativo			**Presente de subjuntivo**	
oigo		oímos	**oiga**	oigamos
oyes		oís	oigas	oigáis
oye		**oyen**	oiga	oigan
Pretérito perfecto simple			**Pretérito imperfecto de subjuntivo**	
oí		oímos	**oyera / oyese**	oyéramos
oíste		oísteis	oyeras	oyerais
oyó		**oyeron**	oyera	oyeran

Imperativo: oye tú, oiga Vd., oigamos nosotros, oíd vosotros, oigan Vds.

3.9 poder

Infinitivo		Participio	Gerundio	
poder	*können*	podido	pudiendo	
Presente de indicativo			**Presente de subjuntivo**	
puedo		podemos	**pue**da	podamos
puedes		podéis	**pue**das	podáis
puede		**pue**den	**pue**da	**pue**dan
Pretérito perfecto simple			**Pretérito imperfecto de subjuntivo**	
pude		pudimos	**pudiera / pudiese**	pudiéramos
pudiste		pudisteis	pudieras	pudierais
pudo		pudieron	pudiera	pudieran

Futuro:	**podré,** podrás, podrá, podremos, podréis, podrán
Condicional:	**podría**

3.10 poner

Infinitivo		Participio	Gerundio	
poner	*stellen, legen*	puesto	poniendo	
Presente de indicativo			**Presente de subjuntivo**	
pongo		ponemos	**ponga**	pongamos
pones		ponéis	pongas	pongáis
pone		ponen	ponga	pongan

Pretérito perfecto simple		Pretérito imperfecto de subjuntivo	
puse	pusimos	**pusiera / pusiese**	pusiéramos
pusiste	pusisteis	pusieras	pusierais
puso	pusieron	pusiera	pusieran

Pret. perf. comp.:	**he puesto**
Futuro:	**pondré,** pondrás, pondrá, pondremos, pondréis, pondrán
Condicional:	**pondría**
Imperativo:	**pon** tú, ponga Vd., pongamos nosotros, poned vosotros, pongan Vds.

3.11 querer

Infinitivo		Participio	Gerundio
querer	*wollen; lieben*	querido	queriendo

Presente de indicativo		Presente de subjuntivo	
quiero	queremos	quiera	queramos
quieres	queréis	quieras	queráis
quiere	quieren	quiera	quieran

Pretérito perfecto simple		Pretérito imperfecto de subjuntivo	
quise	quisimos	**quisiera / quisiese**	quisiéramos
quisiste	quisisteis	quisieras	quisierais
quiso	quisieron	quisiera	quisieran

Futuro:	**querré,** querrás, querrá, querremos, querréis, querrán
Condicional:	**querría**

3.12 saber

Infinitivo		Participio	Gerundio
saber	*wissen*	sabido	sabiendo

Presente de indicativo		Presente de subjuntivo	
sé	sabemos	**sepa**	sepamos
sabes	sabéis	sepas	sepáis
sabe	saben	sepa	sepan

Pretérito perfecto simple		Pretérito imperfecto de subjuntivo	
supe *(erfuhr)*	supimos	**supiera / supiese**	supiéramos
supiste	supisteis	supieras	supierais
supo	supieron	supiera	supieran

Futuro:	**sabré,** sabrás, sabrá, sabremos, sabréis, sabrán
Condicional:	**sabría**

3.13 salir

Infinitivo		**Participio**	**Gerundio**	
salir	*(hin)aus-gehen*	salido	saliendo	
Presente de indicativo			**Presente de subjuntivo**	
salgo		salimos	**salga**	salgamos
sales		salís	salgas	salgáis
sale		salen	salga	salgan

Futuro:	**saldré,** saldrás, saldrá, saldremos, saldréis, saldrán
Condicional:	**saldría**
Imperativo:	**sal** tú, salga Vd., salgamos nosotros, salid vosotros, salgan Vds.

3.14 ser

Infinitivo		**Participio**	**Gerundio**	
ser	*sein*	sido	siendo	
Presente de indicativo			**Presente de subjuntivo**	
soy		**somos**	**sea**	seamos
eres		**sois**	seas	seáis
es		**son**	sea	sean
Pretérito perfecto simple			**Pretérito imperfecto de subjuntivo**	
fui		fuimos	**fuera / fuese**	fuéramos
fuiste		fuisteis	fueras	fuerais
fue		**fueron**	fuera	fueran

Pret. imperfecto:	**era,** eras, era, éramos, erais, eran
Pret. perf. comp.:	**he sido**
Futuro:	**seré,** serás, será, seremos, seréis, serán
Condicional:	**sería**
Imperativo:	**sé** tú, sea Vd., seamos nosotros, sed vosotros, sean Vds.

3.15 tener

Infinitivo		**Participio**	**Gerundio**
tener *haben*		tenido	teniendo
Presente de indicativo		**Presente de subjuntivo**	
tengo	tenemos	**tenga**	tengamos
tienes	tenéis	tengas	tengáis
tiene	tienen	tenga	tengan
Pretérito perfecto simple		**Pretérito imperfecto de subjuntivo**	
tuve	tuvimos	**tuviera / tuviese**	tuviéramos
tuviste	tuvisteis	tuvieras	tuvierais
tuvo	tuvieron	tuviera	tuvieran
Futuro:	**tendré,** tendrás, tendrá, tendremos, tendréis, tendrán		
Condicional:	**tendría**		
Imperativo:	**ten** tú, tenga Vd., tengamos nosotros, tened vosotros, tengan Vds.		

3.16 traer

Infinitivo		**Participio**	**Gerundio**
traer *(her)bringen*		traído	trayendo
Presente de indicativo		**Presente de subjuntivo**	
traigo	traemos	**traiga**	traigamos
traes	traéis	traigas	traigáis
trae	traen	traiga	traigan
Pretérito perfecto simple		**Pretérito imperfecto de subjuntivo**	
traje	trajimos	**trajera / trajese**	trajéramos
trajiste	trajisteis	trajeras	trajerais
trajo	trajeron	trajera	trajeran
Imperativo:	trae tú, traiga Vd., traigamos nosotros, traed vosotros, traigan Vds.		

3.17 venir

Infinitivo		**Participio**	**Gerundio**
venir *kommen*		venido	viniendo
Presente de indicativo		**Presente de subjuntivo**	
vengo	venimos	**venga**	vengamos
vienes	venís	vengas	vengáis
viene	vienen	venga	vengan

Pretérito perfecto simple		**Pretérito imperfecto de subjuntivo**	
vine	vinimos	**viniera / viniese**	viniéramos
viniste	vinisteis	vinieras	vinierais
vino	vinieron	viniera	vinieran

Futuro:	**vendré,** vendrás, vendrá, vendremos, vendréis, vendrán
Condicional:	**vendría**
Imperativo:	**ven** tú, venga Vd., vengamos nosotros, venid vosotros, vengan Vds.

3.18 ver

Infinitivo	**Participio**	**Gerundio**
ver *sehen*	visto	viendo

Presente de indicativo		**Presente de subjuntivo**	
veo	vemos	**vea**	veamos
ves	veis	veas	veáis
ve	ven	vea	vean

Pret. imperfecto:	**veía,** veías, veía, veíamos, veíais, veían
Pret. perf. comp.:	**he visto**
Imperativo:	**ve** tú, vea Vd., veamos nosotros, ved vosotros, vean Vds.

4. Presente de indicativo – Gegenwart

4.1 Regelmäßige Formen

habl-ar *sprechen*	**com-er** *essen*	**viv-ir** *leben*
habl-**o**	com-**o**	viv-**o**
habl-**as**	com-**es**	viv-**es**
habl-**a**	com-**e**	viv-**e**
habl-**amos**	com-**emos**	viv-**imos**
habl-**áis**	com-**éis**	viv-**ís**
habl-**an**	com-**en**	viv-**en**

4.2 Unregelmäßige Formen der Gruppenverben

pensar	denken	p**ie**nso	→ 2.1
entender	verstehen	ent**ie**ndo	→ 2.1
sentir	fühlen	s**ie**nto	→ 2.1
encontrar	finden	enc**ue**ntro	→ 2.2
volver	zurückkommen	v**ue**lvo	→ 2.2
dormir	schlafen	d**ue**rmo	→ 2.2
pedir	bitten	p**i**do	→ 2.3
conocer	kennen, kennenlernen	cono**zc**o	→ 2.4

4.3 Stärkere Unregelmäßigkeiten einzelner Verben

a) Häufigste Unregelmäßigkeit ist ein eingeschobenes **-g-** der ich-Form:

caer	fallen	**caigo**	→ 3.1
decir	sagen	**digo**	→ 3.3
hacer	machen	**hago**	→ 3.6
oír	hören	**oigo**	→ 3.8
poner	stellen, legen	**pongo**	→ 3.10
salir	(hin)ausgehen	**salgo**	→ 3.13
tener	haben	**tengo**	→ 3.15
traer	(her)bringen	**traigo**	→ 3.16
venir	kommen	**vengo**	→ 3.17

b) Andere Unregelmäßigkeiten der ich-Form (1. Person Singular):

dar	geben	**doy**	→ 3.2
estar	sein, sich befinden	**estoy**	→ 3.4
ir	gehen, fahren	**voy**	→ 3.7
ser	sein	**soy**	→ 3.14
haber	haben (Hilfszeitwort)	**he**	→ 3.5
saber	wissen	**sé**	→ 3.12
ver	sehen	**veo**	→ 3.17

4.4 Anwendung

Das **Presente de indicativo** wird wie die Gegenwart im Deutschen verwendet.

Me llamo José.
Trabajo en Madrid.

5. Pretérito perfecto compuesto – Eine Vergangenheit mit Verbindung zur Gegenwart

5.1 Regelmäßige Formen

Das zusammengesetzte Perfekt wird für alle Verben mit **haber + Participio** gebildet, also z. B. auch **he estado** – ich „habe" gewesen.

haber hablado
(gesprochen haben)

haber comido
(gegessen haben)

haber vivido
(gelebt haben)

he
has
ha
hemos
habéis
han

hablado
comido
vivido

5.2 Unregelmäßige Formen

Einige Verben haben ein unregelmäßiges Participio: → 14.2.

He vuelto.	Ich bin zurückgekommen.
Lo he visto. etc.	Ich habe es gesehen.

5.3 Anwendung

Das zusammengesetzte Perfekt steht in enger Beziehung zur Gegenwart: die Folge der Handlung wird **als gegenwärtig empfunden.** Darum steht diese Form auch in Sätzen mit Zeitangaben wie *hoy, esta semana, etc.*

¿Ha estado Vd. en…? = ¿Lo conoce?
¿Ha visto a Juan? = ¿Sabe algo de él?

Hoy he trabajado mucho.
Esta semana he estado en Madrid.
Este fin de semana he estado en casa.

6. Presente de subjuntivo – Gegenwart oder Zukunft in besonderer Sichtweise

6.1 Regelmäßige Formen

Die Verben auf **-ar** einerseits und die auf **-er** und **-ir** andererseits tauschen den charakteristischen Vokal der Endungen.

habl-**ar**	com-**er**	viv-**ir**
habl-**e**	com-**a**	viv-**a**
hables	comas	vivas
hable	coma	viva
hablemos	comamos	vivamos
habléis	comáis	viváis
hablen	coman	vivan

Bei Verben auf **-car, -gar, -zar, -ger** treten Veränderungen in der Schreibweise auf, die keine Unregelmäßigkeit bedeuten. Die Schreibung muß die Aussprache wiedergeben: sacar – **saque,** coger – **coja,** pagar – **pague,** empezar – **empiece.**

6.2 Unregelmäßige Formen

a) Bei den Verbengruppen mit Diphthong (**-ie-**, **-ue-**) besteht die gleiche Regel wie im **Presente de indicativo.**

Infinitivo	**Presente de indicativo**	**Presente de subjuntivo**
cerrar	c**ie**rro	c**ie**rre, c**ie**rres, c**ie**rre, cerremos, cerréis, c**ie**rren
poder	p**ue**do	p**ue**da, p**ue**das, p**ue**da, podamos, podáis, p**ue**dan

b) Bei fast allen anderen Verben wird der Stamm der ich-Form (1. Person Singular) des Presente de indicativo in **alle Formen** des Presente de subjuntivo übernommen.

Infinitivo	**Presente de indicativo** (yo)	**Presente de subjuntivo**
conocer	**conozco**	**conozca,** conozcas, conozca,...
pedir	**pido**	**pida,** pidas, pida,...
ver	**veo**	**vea,** veas, vea,...
caer	**caigo**	**caiga,** caigas, caiga,...
decir	**digo**	**diga,** digas, diga,...
hacer	**hago**	**haga,** hagas, haga,...
oír	**oigo**	**oiga,** oigas, oiga,...
poner	**pongo**	**ponga,** pongas, ponga,...
salir	**salgo**	**salga,** salgas, salga,...
tener	**tengo**	**tenga,** tengas, tenga,...
traer	**traigo**	**traiga,** traigas, traiga,...
venir	**vengo**	**venga,** vengas, venga,...

c) Bei wenigen Verben besteht diese direkte Ableitung aus der ich-Form des **Presente de indicativo** nicht:

Infinitivo	**Presente de indicativo**	**Presente de subjuntivo**
dar	(doy)	**dé,** des, dé, demos, deis, den
estar	(estoy)	**esté,** estés, esté, estemos, estéis, estén
ir	(voy)	**vaya,** vayas, vaya, vayamos, vayáis, vayan
haber	(he)	**haya,** hayas, haya, hayamos, hayáis, hayan
ser	(soy)	**sea,** seas, sea, seamos, seáis, sean
saber	(sé)	**sepa,** sepas, sepa, sepamos, sepáis, sepan

6.3–6.10 Anwendungen

6.3

a) **Subjuntivo** wird verwendet, wenn die Handlung gewünscht wird, also nach Verben wie **querer, pedir, decir** (auffordern). Ebenso nach **permitir.**

Quiere que trabaje. — Er will, daß ich arbeite.
¿Quiere que trabaje? — Soll ich arbeiten?
Pide que le llame. — Er bittet, daß ich ihn anrufe.
Dice que le llame — Er sagt, ich soll ihn anrufen.
¿Permite que pase? — Erlauben Sie, daß ich hereinkomme?

b) Vgl. die Formen des **Subjuntivo** als Aufforderung: **Imperativ.**

¡Trabaje Vd.! — Arbeiten Sie!
¡Llame Vd.! — Rufen Sie an!

c) Es gibt ein paar Formeln für gute Wünsche, die nur noch aus dem Nebensatz mit **Subjuntivo** bestehen.

¡Que se mejore Vd.! — Gute Besserung!
¡Que se divierta Vd.! — Viel Vergnügen!
¡Que cumplas muchos años! — Glückwunsch zum Geburtstag!

6.4

Subjuntivo drückt aus, daß jemand der Handlung mit einem Gefühl der Freude, Hoffnung, des Bedauerns usw. gegenübersteht, also nach **alegrarse, esperar, sentir, lástima que, perdonar.**

Me alegro que venga. — Ich freue mich, daß er kommt.
Espero que venga. — Ich hoffe, daß er kommt.
Siento que no venga. — Es tut mir leid, daß er nicht kommt.
Lástima que no venga. — Schade, daß er nicht kommt.
Perdone que no vaya. — Entschuldigen Sie, daß ich nicht hinfahre.

6.5

Subjuntivo steht, wenn jemand **nicht glaubt,** d. h. **bezweifelt,** daß die Handlung stattfindet.	*No creo que venga.*	Ich glaube nicht, daß er kommt.
	No creo que esté.	Ich glaube nicht, daß er da ist.
	Aber: *Creo que no viene. Creo que no está.*	

6.6

Subjuntivo wird verwendet, wenn unpersönliche Ausdrücke den Nebensatz einleiten, also nach **es posible que, es probable que, es mejor que, es lástima que.** *Aber:* **es seguro que + Indicativo:** Ausdruck der festen Überzeugung.	*Es posible que venga.*	Es ist möglich, daß er kommt.
	Es probable que venga.	Es ist wahrscheinlich, daß er kommt.
	Es mejor que venga.	Es ist besser, daß er kommt.
	Es lástima que venga.	Es ist schade, daß er kommt.
	Es seguro que viene.	Es ist sicher, daß er kommt.

6.7

Subjuntivo steht nach **para que:** Es wird ein Zweck, eine Absicht, ein Wunsch ausgedrückt. Vgl. 6.3	Le llamo *para que venga.*	..., damit er kommt.

6.8

Subjuntivo steht nach **cuando** im Sinne von „sobald". Die erwartete Handlung tritt später ein (oder auch nicht). Der Hauptsatz steht dabei meist in der Zukunft.	*Cuando venga,* se lo diré.	Wenn / sobald er kommt, werde ich es ihm sagen.

6.9

Subjuntivo steht nach **cuando, como, lo que** in höflichen Formeln: man überläßt es dem andern, was er tun will bzw. wie oder wann er es tut.	¿Qué hacemos?	*Lo que quiera.* (Was Sie wollen.)
	¿Cómo vamos?	*Como quiera.* (Wie Sie wollen.)
	¿Cuándo vamos?	*Cuando quiera.* (Wann Sie wollen.)

6.10

Subjuntivo kann nach **quizás** stehen. (Aber auch Indikativ, meist eine Zukunftsform).	*Quizás venga* mañana. Vielleicht kommt er morgen. *Quizás va a venir* mañana.

7. Pretérito imperfecto (und Pretérito pluscuamperfecto) – Erzählen, wie es war...

7.1 Regelmäßige Formen

Die Formen des **Pretérito imperfecto** sind in allen Personen auf der gleichen Silbe betont. Die Endungen der Verben auf **-er** und **-ir** sind gleich.

habl-**ar**	com-**er**	viv-**ir**
habl**aba**	com**ía**	viv**ía**
habl**abas**	com**ías**	viv**ías**
habl**aba**	com**ía**	viv**ía**
habl**ábamos**	com**íamos**	viv**íamos**
habl**abais**	com**íais**	viv**íais**
habl**aban**	com**ían**	viv**ían**

Imperfekt von **hay: había.** *No había autopistas.* Es gab noch keine Autobahnen.

Mit dem **Imperfekt** von **haber** wird das **Pretérito pluscuamperfecto** gebildet. Es drückt wie im Deutschen eine Vorvergangenheit aus.	*Lo había comprado.* *Ella ya se había ido cuando nosotros llegamos.*	Ich hatte es gekauft. Sie war schon weggegangen, als wir ankamen.

7.2 Unregelmäßige Formen

Nur drei Verben haben unregelmäßige Formen: **ser, ver, ir.**

ser:	**era,** eras, era, éramos, erais, eran
ver:	**veía,** veías, veía, veíamos, veíais, veían
ir:	**iba,** ibas, iba, íbamos, ibais, iban

7.3 Anwendung

a) Erzählen, **was war** oder **wie es war** (aber nicht, was passierte: 8.3)	*Cuando yo tenía 15 años, vivíamos* en Madrid. Mi padre *trabajaba* en un Banco, *teníamos* un coche,...
b) Vom **Hintergrund** einer anderen Handlung sprechen, **Begründungen** geben oder den **Zeitpunkt** einer anderen Handlung angeben.	*Tenía tantas ganas de verte.* (Por eso te he invitado). *Quería decírtelo.* Por eso te llamo. No fui con ellos porque *no tenía ganas.* Nos robaron *mientras nos bañábamos.*
c) **Pretérito pluscuamperfecto** gibt wie im Deutschen an, daß die Handlung früher als eine andere vergangene Handlung stattfand.	Volví a casa porque *había olvidado el dinero*...

d) Vgl. die Zeitenfolge der indirekten Rede. → 18.3

8. Pretérito perfecto simple – Erzählen, was geschah, was jemand tat usw.

8.1 Regelmäßige Formen

Alle Formen sind auf der Endung betont. Die Formen der Verben auf **-er** und **-ir** sind gleich.

habl-**ar**	com-**er**	viv-**ir**
habl-**é**	com-**í**	viv-**í**
habl-aste	com-iste	viv-iste
habl-ó	com-ió	viv-ió
habl-amos	com-imos	viv-imos
habl-asteis	com-isteis	viv-isteis
habl-aron	com-ieron	viv-ieron

8.2 Unregelmäßige Formen

a) **dar** übernimmt die regelmäßigen Endungen der Verben auf **-er / -ir.** Ähnlich sind die Endungen von **ser** und **ir.** Die Formen beider Verben sind gleich.

dar: **di,** diste, dio, dimos, disteis, dieron
ir: **fui,** fuiste, **fue,** fuimos, fuisteis, **fueron**
ser: **fui,** fuiste, **fue,** fuimos, fuisteis, **fueron**

b) Ein eigenes Endungs- und Betonungsschema haben einige andere Verben. Als Modell kann **tener** dienen.

tuv-e	tuv-**imos**
tuv-**iste**	tuv-**isteis**
tuv-**o**	tuv-**ieron**

decir	sagen	**dij-e**	→ 3.3 (dijeron)
estar	sein	**estuv-e**	→ 3.4
hacer	machen	**hic-e**	→ 3.6 (hizo)
querer	wollen	**quis-e**	→ 3.11
venir	kommen	**vin-e**	→ 3.17
traer	herbringen	**traj-e**	→ 3.16 (trajeron)
tener	haben	**tuv-e**	→ 3.15
poder	können	**pud-e**	→ 3.9
poner	stellen, legen	**pus-e**	→ 3.10
sentir	fühlen	**sintió**	→ 2.1
pedir	verlangen, bestellen	**pidió**	→ 2.3
dormir	schlafen	**durmió**	→ 2.2

8.3 Anwendung

Diese Form beschreibt Handlungen, die in der Vergangenheit zum Abschluß kamen. Sie wird daher auch nach Zeitangaben wie *ayer, la semana pasada* usw. verwendet.

Bajé del tren, *fui* al hotel, *dejé* la maleta allí y *fui* a casa de mis amigos.	Ich stieg aus, ging ins Hotel, ...
Ayer hablé con él.	Gestern ...
El año pasado fui a Roma.	Letztes Jahr ...

9. Futuro – Was man tun wird (oder was man vermutet)

9.1 Regelmäßige Formen

Die Endungen des **Futurs** sind für alle Verben ohne Ausnahme gleich. In der Regel werden sie an den Infinitiv angehängt.

habl**ar** / com**er** / viv**ir**	**-é**
	-ás
	-á
	-emos
	-éis
	-án

9.2 Unregelmäßige Formen

a) Bei einigen Verben verändert sich der Stamm. Meist wird er verkürzt, oder es wird ein **-d-** eingeschoben.

decir	**diré**	→ 3.3	saber	**sabré**	→ 3.6
hacer	**haré**	→ 3.6	poner	**pondré**	→ 3.10
haber	**habré**	→ 3.5	salir	**saldré**	→ 3.13
poder	**podré**	→ 3.9	tener	**tendré**	→ 3.15
querer	**querré**	→ 3.11	venir	**vendré**	→ 3.17

b) Mit **habré + Participio** wird das sogenannte **Futuro perfecto** (Futur II) gebildet:

Lo habrá olvidado. — Er wird es wohl vergessen haben.

9.3 Anwendung

a) Wie im Deutschen drückt das **Futur** eine Vermutung aus: *Er wird wohl…*

Pepe estará en casa. — Er wird jetzt zu Hause sein.

Das **Futuro perfecto** drückt die Vermutung aus, daß die Handlung schon beendet ist.

Ya habrá llegado. — Er wird wohl schon angekommen sein.

b) **Futuro** bedeutet Zukunft.

Llamaré mañana. — Ich werde anrufen.

Zukunft wird häufig durch **ir a + Infinitiv** ausgedrückt, besonders wenn sie als nahe Zukunft empfunden wird.

Este año vamos a ir a Roma. — Wir werden nach Rom fahren.

10. Condicional – Was man tun würde, wenn … (und eine Form der Höflichkeit)

10.1 Regelmäßige Formen

Die Endungen des **Condicional** sind für alle Verben gleich. In der Regel werden sie an den Infinitiv angehängt.	habl**ar** / com**er** / viv**ir** + **-ía**, **-ías**, **-ía**, **-íamos**, **-íais**, **-ían**

10.2 Unregelmäßige Formen

Verben mit einer Unregelmäßigkeit im **Futur** (→ 9.2) haben die gleiche Unregelmäßigkeit im **Condicional.**

decir	**diría**	saber	**sabría**
hacer	**haría**	poner	**pondría**
haber	**habría**	salir	**saldría**
poder	**podría**	tener	**tendría**
querer	**querría**	venir	**vendría**

Mit **habría** + **Participio** wird das **Condicional compuesto** gebildet. (Vgl. 11.3.b)

Yo no lo *habría comprado.*	Ich hätte es nicht gekauft. (Ich würde es nicht gekauft haben).

10.3 Anwendung

a) **Condicional** ist eine Form zur höflichen Äußerung von Wünschen.

Me gustaría ir en tren.	Ich würde gern …
¿Podría Vd. decirme …?	Könnten Sie mir sagen …?

b) Von **querer** wird häufig eine eigene Form der Höflichkeit gebraucht: **quisiera** – ich möchte gern.

Querría hablar con Vd.	
Quisiera hablar con Vd. → 11.2	Ich möchte mit Ihnen sprechen.

c) Wie im Deutschen kann **Condicional** einen Rat ausdrücken, auch Kritik.	*Yo no compraría ese coche.* *Yo no habría comprado ese coche.*	Ich (an deiner Stelle) würde… dieses Auto nicht kaufen. Ich hätte das Auto nicht gekauft.
d) **Condicional** drückt aus, **was man alles tun würde, (wenn…).** → 11.3	*Iría con Vd.* (si tuviera tiempo).	Ich würde mitgehen (wenn ich Zeit hätte.
e) Verwendung in der Zeitenfolge der indirekten Rede → 18.3.	*Creía que vendría.*	Ich glaubte, er werde / würde kommen.

11. Pretérito imperfecto de subjuntivo – Unerfüllte Bedingungen oder Wünsche

11.1 Regelmäßige Formen

Die Formen werden aus der 3. Person Plural des **Pretérito perfecto simple (hablaron, comieron, vivieron)** abgeleitet. Die Endungen **-ra / -se** treten an die Stelle von **-ron.**

Die Formen **tomara / tomase** usw. sind gleichbedeutend und werden unterschiedslos gebraucht.

habla-**ron** → habla-**ra** / habla-**se**

comie-**ron** → comie-**ra** / comie-**se**
vivie-**ron** → vivie-**ra** / vivie-**se**

habl-ar		com-**er**		viv-**ir**	
habla-**ra**	habla-**se**	comie-**ra**	comie-**se**	vivie-**ra**	vivie-**se**
habla-**ras**	habla-**ses**	comie-**ras**	comie-**ses**	vivie-**ras**	vivie-**ses**
habla-**ra**	habla-**se**	comie-**ra**	comie-**se**	vivie-**ra**	vivie-**se**
hablá-**ramos**	hablá-**semos**	comié-**ramos**	comié-**semos**	vivié-**ramos**	vivié-**semos**
habla-**rais**	habla-**seis**	comie-**rais**	comie-**seis**	vivie-**rais**	vivie-**seis**
habla-**ran**	habla-**sen**	comie-**ran**	comie-**sen**	vivie-**ran**	vivie-**sen**

11.2 Unregelmäßige Formen

Es gilt die gleiche Ableitungsregel wie für die regelmäßigen Verben → 11.1.

Infinitivo	Pret. perf. simple	Pretérito imperfecto de subjuntivo	
dar	dieron	**diera**	**diese**
decir	dijeron	**dijera**	**dijese**
estar	estuvieron	**estuviera**	**estuviese**
haber / hay	(hubieron)	**hubiera**	**hubiese**
hacer	hicieron	**hiciera**	**hiciese**
ir	fueron	**fuera**	**fuese**
oír	oyeron	**oyera**	**oyese**
poder	pudieron	**pudiera**	**pudiese**
poner	pusieron	**pusiera**	**pusiese**
querer	quisieron	**quisiera**	**quisiese**
saber	(supieron)	**supiera**	**supiese**
ser	fueron	**fuera**	**fuese**
tener	tuvieron	**tuviera**	**tuviese**
traer	trajeron	**trajera**	**trajese**
venir	vinieron	**viniera**	**viniese**

Mit **hubiera / hubiese + Participio** wird das **Pluscuamperfecto de subjuntivo** gebildet.

Si lo hubiera sabido, ... / Si lo hubiese sabido, ... Wenn ich das gewußt hätte, ...

11.3 Anwendung

a) Die Verwendung entspricht in vielen Fällen dem deutschen Konjunktiv II im wenn-Satz: es wird eine **gedachte Bedingung oder Voraussetzung** ausgedrückt. (Die mögliche oder gedachte Folge steht im **Condicional** → 10.3). (**Pretérito imperfecto de subjuntivo** steht normalerweise nicht im Hauptsatz).

Si tuviera tiempo (iría con Vd.). Wenn ich Zeit hätte, (würde ich mit Ihnen gehen).

b) **hubiera + Participio** ersetzt häufig das **Condicional compuesto.** (In diesem Sonderfall steht **hubiera** im Hauptsatz).	*Me hubiera gustado dar un paseo.* (Me habría gustado dar un paseo).	Ich hätte gern einen Spaziergang gemacht.
c) **quisiera** (nicht **quisiese**) ersetzt oft im Hauptsatz die höfliche Form **querría.**	*Quisiera saber cuánto cuesta.*	Ich möchte gern wissen, wieviel das kostet.

12. Imperativo - Bitte, Aufforderung, Befehl

12.1 Regelmäßige Formen

a) Der **bejahte Imperativ**

Ableitung für **tú** aus der 3. Person Singular: él habl**a** → ¡habl**a** tú!
Ableitung für **vosotros** aus dem Infinitiv (-d statt -r): habl**ar** → ¡habl**ad** vosotros!
Auch der **Infinitiv** selbst wird in der Umgangssprache als **Imperativ** für **vosotros** verwendet: ¡habl**ar,** com**er,** ven**ir** (vosotros)!

Für die anderen Personen wird **Presente de subjuntivo** als **Imperativ** verwendet.

habla (tú)	**come** (tú)	**escribe** (tú)
hable (Vd.)	**coma** (Vd.)	**escriba** (Vd.)
hablemos (nosotros)	**comamos** (nosotros)	**escribamos** (nosotros)
hablad (vosotros)	**comed** (vosotros)	**escribid** (vosotros)
hablen (Vds.)	**coman** (Vds.)	**escriban** (Vds.)

Nach den gleichen Ableitungsregeln ergeben sich bei allen „Gruppenverben" und vielen unregelmäßigen Verben die Formen des **Imperativs.**

él piensa	→ **piensa** (tú)
él vuelve	**vuelve** (tú)
yo traigo	**traiga** Vd.
yo oigo	**oiga** Vd.

b) Als **verneinter Imperativ** wird **Presente de subjuntivo** verwendet:

no hables	**no comas**	**no escribas**
no hable Vd.	**no coma Vd.**	**no escriba Vd.**
no hablemos	**no comamos**	**no escribamos**
no habléis	**no comáis**	**no escribáis**
no hablen Vds.	**no coman Vds.**	**no escriban Vds.**

12.2 Nicht regelmäßig abzuleitende Formen

Für die du- und wir-Form gibt es einige nicht regelmäßig abgeleitete Imperative:

hacer	¡**haz** (tú)!	venir	¡**ven** (tú)!
ser	¡**sé** (tú)!	poner	¡**pon** (tú)!
decir	¡**di** (tú)!	salir	¡**sal** (tú)!
ir	¡**ve / vete** (tú)!	tener	¡**ten** (tú)!
ir	¡**vamos** (nosotros)!		

12.3 Imperativo + Pronombre personal

Das **Personalpronomen** wird an den **bejahten Imperativ** angehängt.	*Tráiganos dos cafés.* *Tráiganoslos.*	Bringen Sie uns zwei Kaffee. Bringen Sie sie uns.
Es wird dem **verneinten Imperativ** vorangestellt.	*No se preocupe Vd.*	Machen Sie sich keine Sorgen!
Beim **Imperativ** reflexiver Verben (z. B. *sentarse* – sich setzen) fällt in der wir- und ihr-Form der Endkonsonant des Verbs weg.	*¡Sentémonos!* (nicht: sentémos-nos) *¡Sentaos!* (nicht: sentad-os)	Setzen wir uns! Setzt euch!

13. Infinitivo – Grundform des Verbs

13.1 Der Infinitiv ohne vorangehende Präposition

Zwischen Modalverb **(querer, tener que, poder, deber, quisiera)** und Infinitiv steht **keine Präposition.**

Quiero marcharme.	Ich will gehen.
Tengo que marcharme.	Ich muß gehen.
Puedo marcharme.	Ich kann gehen.

Ebenso nach einigen anderen Verben und unpersönlichen Ausdrücken. (Im Deutschen steht häufig **zu + Infinitiv**).

Me gusta hacerlo.	Es gefällt mir, das zu tun.
Es difícil hacerlo.	Es ist schwierig, es zu tun.
Es posible hacerlo.	Es ist möglich, das zu tun.
He olvidado hacerlo.	Ich habe vergessen, es zu tun.
Me interesa hacerlo.	Es interessiert mich, das zu tun.
Le prometo hacerlo.	Ich verspreche Ihnen, es zu tun.
Me permiten hacerlo.	Sie erlauben mir, es zu tun.
Me prohiben hacerlo.	Sie verbieten mir, es zu tun.
Suelo hacerlo.	Ich „pflege es zu tun". Ich tue es oft.
Prefiero hacerlo.	Ich ziehe vor, es zu tun. Ich tue es lieber.
Espero poder hacerlo.	Ich hoffe es tun zu können.
Siento no poder hacerlo.	Es tut mit leid, es nicht tun zu können.

13.2 Der Infinitiv mit vorangehender Präposition

a) Nach einer Reihe von Verben folgt der **Infinitiv** (bzw. ein anderes Wort) **mit** einer bestimmten **Präposition**. → 31.7.

Empiezo a comer. — Ich beginne zu essen.

b) Zwischen Substantiv und folgendem **Infinitiv** steht immer eine Präposition, meist **de.**

Es hora de salir. — Es ist Zeit zu gehen.

14. Participio – Mittelwort der Vergangenheit

14.1 Regelmäßige Formen

habl-**ar**	com-**er**	viv-**ir**
habl-**ado**	com-**ido**	viv-**ido**

14.2 Unregelmäßige Formen

Einige Verben haben ein **unregelmäßiges Participio.**

abrir	**abierto**	romper	**roto**
escribir	**escrito**	romperse	**roto**
volver	**vuelto**	ver	**visto**
poner	**puesto**	decir	**dicho**
morir	**muerto**	hacer	**hecho**

14.3 Anwendung

a) In den zusammengesetzten Zeiten – **haber** + **Participio** – ist das Partizip **unveränderlich**.

Luis ha tomado café.
Había invitado a Carmen.
Habrá venido.

b) **estar** + **Participio** bezeichnet einen Zustand bzw. das Ergebnis einer Handlung. Das **Participio** ist **veränderlich** wie ein Adjektiv.

La casa está alquilada. — Das Haus ist gemietet / vermietet.

Las tiendas están cerradas. — Die Läden sind geschlossen.

c) Auch bei der Bildung des Passivs – **ser** + **Participio** – ist das **Participio veränderlich**. → 16.6.

La casa ha sido alquilada. — Das Haus ist vermietet worden.

15. Gerundio

Gerundio ist eine Form des Spanischen, für die es im Deutschen keine direkte Entsprechung gibt.

15.1 Regelmäßige Formen

habl-**ar**	com-**er**	viv-**ir**
habl-**ando**	com-**iendo**	viv-**iendo**

Die Endung für die Verben auf **-er** und **-ir** ist gleich: **-iendo.**

Unbetontes **-i-** zwischen Vokalen wird als **-y-** geschrieben.

(le-iendo)	le-**y**-endo
(ca-iendo)	ca-**y**-endo

15.2 Unregelmäßige Formen

Einige Verben und Verbengruppen haben im **Gerundio** eine Veränderung des Stammvokals.
→ 2.1, → 2.2, → 2.3

decir	**diciendo**
venir	**viniendo**
sentir	**sintiendo**
pedir	**pidiendo**
dormir	**durmiendo**
morir	**muriendo**

15.3 Anwendung

a) **estar + Gerundio:**
was gerade passiert, was jemand gerade tut/tat/tun wird, usw.

Estamos tomando café.
Está lloviendo.
Estaba hablando con un amigo.

b) **seguir + Gerundio:**
was immer noch der Fall ist, was jemand weiterhin tut, usw.

¿Sigue lloviendo?	Regnet es noch?
¿Sigues fumando?	Rauchst du immer noch?

16. Der Gebrauch von ser, estar und hay

16.1

ser Personen oder Sachen identifizieren, definieren, ihre wichtigsten Daten und Merkmale angeben. (Dazu gehört immer die Verbindung **ser + Substantiv**).	*¿Quién es ese señor?* *Es un amigo.* *Es español.* *Es camarero.* *¿Qué es esto?*	Wer ist das? Es ist ein Freund. (Nationalität) (Beruf) Was ist das?

16.2

ser + Adjektiv Wesentliche Merkmale (Eigenschaften) angeben. (Ausnahme für Essen und Trinken: **La comida está rica** – schmackhaft.)	*La habitación es grande.* *El libro es interesante.* *El coche es rojo.* *Ana es guapa/morena.*	 (hübsch/dunkel)
estar + Adjektiv Einen Zustand angeben. Zustände werden oft durch Veränderungen hervorgerufen: braun geworden, hübsch geworden, warm geworden. (In Angaben über das Wetter wird vor allem **hacer + Substantiv** gebraucht.)	*¡Qué morena estás!* *¡Qué guapa está Ana!* *El vino está caliente.* (*Hace calor/frío/sol/viento*/etc.)	(braungebrannt) (heute, in letzter Zeit) (warm, warm geworden)
estar + Participio Den Zustand angeben, der nach Abschluß einer Handlung erreicht ist. Vgl. 14.3b und 16.6	Lo han prohibido. *Está prohibido.* Se han casado. *Están casados.*	 Es ist verboten (worden). Sie sind verheiratet.

16.3

ser Zur Angabe von Zahlen, Nummern und in Zeitangaben.	*¿Cuántos somos?* *¿Qué hora es?* *Es la una. Son las dos.* *Ya es tarde.*	Wie viele sind wir? Wieviel Uhr ist es? Es ist eins/zwei. Es ist schon spät.

16.4

estar Zur Angabe des Befindens: - örtliches Befinden - gesundheitliches Befinden - in übertragener Bedeutung: *o. k., in Ordnung.*	 *- ¿Dónde está Vd.? - Estoy en casa.* *- ¿Cómo está Vd.? - Estoy bien.* *Muy bien, está bien.*

16.5

hay → 3.5 Von der Existenz/vom Vorhandensein von Personen oder Dingen sprechen.	*Hay varias posibilidades.* *Hoy hay mucha gente aquí.* *Antes no había autopistas.*
hay Ein unbestimmter Gegenstand (unbestimmter Artikel!) ist an einem bestimmten Ort. (Meist wird der Ort zuerst genannt.)	*¿Dónde hay un bar por aquí?* *Allí hay una tienda.* *En la mesa hay un libro.*
estar Angeben, wo ein bestimmter, bekannter Gegenstand sich befindet. (Meist wird der Gegenstand - mit bestimmtem Artikel - zuerst genannt.)	*Sevilla está en el Sur de España.* *El libro está en la mesa.* *¿Dónde está el bar «La Habana»?*

16.6

ser + Participio: Passiv (Statt des eigentlichen Passivs werden bevorzugt: **se vende** – „man" verkauft → 24.6; **venden** – „sie" verkaufen.)	*ser vendido* *El bar ha sido vendido.*	verkauft werden Das Café ist verkauft worden.

17. Die Modalverben

Die Modalverben – **können, wollen, müssen, sollen, dürfen** – gehören zu den am häufigsten gebrauchten Verben. (Wir schließen hier auch **ir a** und **gustar** ein).

17.1

ir a + Infinitiv: Eine Absicht ausdrücken.	*Vamos a aprender español.*	Wir wollen/werden Spanisch lernen.
querer – wollen: Einen Wunsch ausdrücken.	*Quiero aprender español.*	Ich will...
quisiera – ich möchte gern: Einen (höflichen) Wunsch ausdrücken, besonders wenn der Angesprochene den Wunsch erfüllen soll.	*Quisiera hablar con Vd.* *Quisiera probarme esos zapatos.*	Ich möchte...
me gustaría – ich würde gern: Der Wunsch richtet sich nicht unbedingt an den Angesprochenen.	*Me gustaría ir a España.*	Ich würde gern...

¿Quiere Vd. que + Subjuntivo? – Soll ich...? Anbieten, etwas zu tun = nach dem Wunsch des anderen fragen. (Oft auch ohne Modalverb: **¿Le llevo a casa?** – Soll ich Sie nach Hause fahren?)	*¿Quiere Vd. que le lleve a casa?*	Soll ich Sie nach Hause bringen?

17.2

poder Eine Möglichkeit angeben. Höflich fragen (**¿podría?**). Eine Bitte äußern, um Erlaubnis fragen. Eine Möglichkeit anbieten. Erlaubnis oder Verbot ausdrücken.	*(No) puedo llevarle a casa.* *¿Podría Vd. decirme dónde está?* *¿Puedo dejar esto aquí?* *Puede Vd. ir con nosotros, si quiere.* *Aquí (no) puede Vd. aparcar el coche.*	Ich kann Sie (nicht) nach Hause fahren. Könnten Sie mir sagen, wo das ist? Kann ich/darf ich das hier lassen? Sie können mit uns kommen, wenn Sie wollen. Hier können/dürfen Sie (nicht) parken.

17.3

saber Von einer erlernten Fähigkeit sprechen.	*¿Sabe Vd. español?* *¿Sabe Vd. conducir?*	Können Sie Spanisch? Können Sie Auto fahren?

17.4

tener que drückt eine Notwendigkeit oder starke Verpflichtung aus.	*Tengo que salir. Es tarde.* *Tengo que invitarla.*	Ich muß gehen/sie einladen.
hay que drückt ebenso eine Notwendigkeit aus, aber nicht nur für eine bestimmte Person, sondern allgemein für alle.	*Hay que ver el museo del Prado.* *Hay que aprender español.*	Man muß das Museum sehen. Man muß Spanisch lernen.
deber drückt eine persönliche (oft moralische) Verpflichtung aus.	*Luis está enfermo. Debo ir a verlo. Debería visitarlo.*	Ich muß/müßte ihn besuchen.
drückt eine logische Vermutung aus: *Nach allem, was man weiß, …*	*El bar «Roma» debe estar por aquí.* *Ese coche debe ser muy caro.*	Das Café muß hier in der Nähe sein. Das Auto muß teuer sein.

17.5

no hay que drückt aus, daß etwas nicht nötig ist: **Man braucht nicht...**	*No hay que pedir hora.* *No hay que esperar mucho.*
drückt aus, daß etwas nicht erlaubt (oder nicht gut) ist: **Man darf nicht...**	*No hay que hacer siempre lo mismo.* *No hay que comer demasiado.*

18. Die indirekte Rede und ähnliche Berichtsformen

Indirekte Rede nennt man es, wenn jemand davon spricht oder schreibt, was jemand anderer (oder er selbst) sagt, denkt, fragt, usw.

In der linken Spalte steht die direkte Aussage. In der mittleren und rechten Spalte steht die Wiedergabe in der indirekten Rede. Die Erläuterungen folgen in 18.1 bis 18.3.

Dice/dijo	Dice/ha dicho	Dijo/había dicho
- Puedo llevarle.	que puede llevarme.	que podía llevarme.
- Le voy a llevar.	que me va a llevar.	que me iba a llevar.
- He comprado un coche.	que ha comprado un coche.	que había comprado un coche.
- Lo compré ayer.	que lo compró ayer.	que lo había comprado ayer.
- Le llevaré a casa.	que me llevará a casa.	que me llevaría a casa.
- Espéreme aquí.	que le espere aquí.	que le esperara aquí.
Pregunta/preguntó	Pregunta/ha preguntado	Preguntó/había preguntado
- ¿Me vas a esperar?	si le voy a esperar.	si le iba a esperar.

18.1

In der indirekten Rede steht **Indikativ**, wenn nicht in dem ursprünglichen Satz bereits **Subjuntivo** stand. (Im Deutschen kann auch **Konjunktiv** stehen: Er sagt, er **könne** mich mitnehmen.)

18.2

Ein Wunsch oder eine Aufforderung wird mit **Subjuntivo** wiedergegeben. → 6.3	*Espérame aquí.* *Dice que le espere.*	Warte auf mich. Er sagt, ich soll auf ihn warten.

18.3

Steht das einleitende Verb in der Vergangenheit **– dijo, etc. –**, so wird - eine Gegenwart zur Vergangenheit - ein Futur zu Condicional - ein Imperativ zu Pret. imperf. de subjuntivo. Vgl. die Übersicht in 18.	 *Dijo que podía llevarme.* *Dijo que me llevaría a casa.* *Dijo que le esperara aquí.*
Das Pret. perfecto compuesto ist in diesem Sinne keine Vergangenheit, sondern ein **noch gegenwärtiger Wunsch.**	*Ha dicho que le espere.*

II. Andere Wortarten

19. Der Artikel - Geschlechtswort

19.1

Bestimmter Artikel: **el, la**	*el señor*	*la señora*
Plural: **los, las**	*los señores*	*las señoras*
Unbestimmter Artikel: **un, una**	*un señor*	*una señora*
Plural: **unos, unas**	*unos señores*	*unas señoras*
Der Plural bezeichnet eine kleine,	*unos amigos = algunos amigos*	
unbestimmte Anzahl (einige...)	*unos zapatos*	Schuhe
oder paarweise Gegenstände.	*unas gafas*	Brille

19.2

lo + Adjektiv:	*lo bueno*	das Gute
Das Adjektiv wird zum Substantiv.	*lo mejor*	das Beste

19.3

a + el = al	*ir al restaurante*
de + el = del	*el garaje del hotel*

19.4

Weibliche Substantive, die mit	*el agua mineral f*	das Mineralwasser
betontem a-/ha- beginnen, haben	*el hambre f*	der Hunger
in der Einzahl den Artikel **el/un.**	*el ama de casa f*	die Hausfrau

19.5

Vor **señor, señora, señorita** und vor Titeln steht der **bestimmte Artikel** (außer in der direkten Anrede).

el señor Salas	Herr Salas
el doctor Carrillo	Dr. Carrillo
Por favor, señor Salas, ...	

19.6

Zur Angabe von Nummern, Prozentsätzen und Uhrzeiten steht der **bestimmte Artikel.**

Mi número de teléfono *es el* 8 34 24 61.

el 25 por ciento	25%
A la una, a las dos, a las tres, ...	Um ein Uhr, zwei Uhr, drei Uhr...

19.7

Vor **medio** (halb) und **otro** (ein anderer, noch einer) steht **kein unbestimmter Artikel.**

media hora	eine halbe Stunde
una hora y media	eineinhalb Stunden
otro café	noch einen Kaffee

19.8

In **en + Verkehrsmittel** steht **kein Artikel.**

ir en coche	mit dem Auto fahren

20. Das Substantiv – Hauptwort

20.1

Substantive auf **-o** sind **männlich** (maskulin, m.).

el libro

Substantive auf **-aje, -ón** sind **männlich** (maskulin, m.).

el garaje, el balcón

Substantive auf **-a** sind **weiblich** (feminin, f.).

la casa

Ausnahmen: **el día m., el idioma m.,** und einige internationale Wörter wie **el telegrama, el clima, el problema, el sofá, el turista.**	
Substantive auf **-ión** sind **weiblich** (feminin, f.).	*la televisión, la habitación*
Im allgemeinen bestimmt der Artikel das Geschlecht des Substantivs. Darum sollte er immer mitgelernt werden. Ausnahme: **el agua f.,** usw. → 19.4	*el hotel, el tomate, el café, la sed, la clase*

20.2

Zur Bildung der **Mehrzahl:** An Vokal (Selbstlaut) wird **-s** angehängt, an Konsonant (Mitlaut) **-es.** Dadurch kann ein Akzent wegfallen.	*el amigo* *el señor* *la pensión*	*los amigos* *los señores* *las pensiones*
Die **männliche Mehrzahl** kann **Mann + Frau** bedeuten.	*mis padres* *los señores D.*	meine Eltern Herr und Frau D.
Die Mehrzahl von Wochentagen bedeutet: **Wiederholung, Regelmäßigkeit.**	*los domingos*	(immer) sonntags

20.3

Deklination (4 Fälle des Hauptworts): Nominativ und Akkusativ sind gleich. Genitiv (*wessen?*) und Dativ (*wem?*) werden mit den Präpositionen **de/a** angegeben.	*la pensión* *de la pensión* *a la pensión* *la pensión*	wer? was? wessen? wem? wen? was?

20.4

Der **Akkusativ** für Personen (*wen?*) wird mit der Präposition **a** angegeben.	- *¿A quién busca?* - *A José.* - *A nadie.*	wen? (Den) José. Niemanden.
Damit sind Dativ und Akkusativ der Person (*wem?, wen?*) gleich.	*Escribo a Carmen.* *Conozco a Carmen.*	wem? wen?
Nach **tener** steht aber kein **a.**	*Tengo un amigo.*	

20.5

Es gibt **Verkleinerungs- und Vergrößerungssilben**. Verkleinerung drückt oft (positive) Gefühle aus. Die wichtigste Verkleinerung ist **-ito, -ita** (auch für Adjektive).	*un pisito* *una casita* una niña muy *pequeñita*	eine kleine Wohnung ein Häuschen ein kleines Mädchen
Das Anhängen von **-ito** an Adverbien ist eine lateinamerikanische (besonders mexikanische) Eigenart.	*¡Hasta lueguito!*	Auf Wiedersehen!

21. Das Adjektiv - Eigenschaftswort

21.1

Das **Adjektiv** stimmt mit dem Substantiv in Zahl (Einzahl/Mehrzahl) und Geschlecht (männlich/weiblich) überein. (Plural wie beim Substantiv → 20.2.)	*buenos días* *un hotel bonito* *varios hoteles* *José está cansado.*	*buenas tardes* *una casa bonita* *varias pensiones* *Eva está cansada.*

21.2

Die meisten Adjektive haben eine **weibliche Form** auf **-a.** Dazu gehören alle Adjektive auf **-o** und fast alle Nationalitäten.	*bueno* *español* *alemán*	*buena* *española* *alemana*
Adjektive, die auf **-e** oder Konsonant enden, haben meist nur eine Form. (Plural wie beim Substantiv → 20.2.)	un libro *interesante* una chica *interesante* un día *normal* una cosa *normal*	

21.3

Stellung des Adjektivs: Das Adjektiv **als echtes Unterscheidungsmerkmal** steht **nach** dem Substantiv.	*un amigo español* *un turista rico*
Vor dem Substantiv stehen	
- Adj. ohne starke Eigenbedeutung	*un buen amigo*
- **mucho/poco**	*mucho tiempo/poco tiempo*
- **tanto/demasiado** - soviel/zuviel	*tanto dinero/demasiado dinero*
- **Ordnungszahlen; último**	*la primera vez/el último tren*
- **otro** - ein anderer, noch einer	*otro café; otro amigo*
- **medio** - ein halber → 19.7	*medio kilo*
- **el mismo** - derselbe, der gleiche	*el mismo día; la misma pensión*

21.4

Verkürzung: Verkürzt werden vor dem männl. Substantiv Einzahl: **bueno, malo, alguno, ninguno, primero, tercero.**	*buen tiempo/mal tiempo* *algún amigo/ningún amigo* *el primer piso/el tercer piso*	
Vor jedem Substantiv in der Einzahl wird **grande** zu **gran** verkürzt.	*una gran ciudad* *un gran hotel*	eine große Stadt ein großes Hotel

21.5

Gleichheit: **tan + Adjektiv + como** **tanto (+ Substantiv +) como**	*tan bueno como* *tanto como* *tanto dinero como*	so gut wie soviel wie soviel Geld wie
tan poco (+ Substantiv +) como	*tan poco (pan) como*	so wenig (Brot) wie
el mismo + que **lo mismo + que** **igual + que**	*Tiene el mismo coche que yo.* *Tomo lo mismo que tú.* *La foto es igual que la otra.*	(den gleichen wie) (dasselbe wie) (genauso wie)

21.6

Ungleichheit: Steigerungsform Komparativ **más + Adjektiv + que** **menos + Adjektiv + que** **más/menos + Substantiv + que**	*más caro que* *menos caro que* *más dinero que* *menos dinero que*	teurer als weniger teuer als mehr Geld als weniger Geld als
no + Angaben der Gleichheit → 21.5	*no tan bueno,* *no tanto como*	etc.

21.7

Höchster Grad im Vergleich: Der Superlativ wird durch den Artikel beim Komparativ ausgedrückt. Eine eigene Form wie im Deutschen (billigst) gibt es im Spanischen nicht.	*el más grande* *el hotel más grande* *lo más barato*	der größte das größte Hotel das billigste

21.8

-ísimo = muy + Adjektiv: Ohne direkten Vergleich mit etwas anderem wird ein hoher Grad angegeben.	*un coche comodísimo* *una comida carísima*	sehr bequem sehr teuer
Bei Endung des Adjektivs auf **-co** (rico) oder **-z** (feliz) ergeben sich Änderungen der Schreibung!	*unas gambas riquísimas* *una persona felicísima*	

21.9

Unregelmäßige Steigerungsformen einiger Adjektive: **mejor** – besser/der beste **peor** – schlechter/der schlechteste	*un vino mejor* *el mejor vino* *peor que ayer* *lo peor de todo*	ein besserer Wein der beste Wein schlechter als gestern das schlimmste, das schlechteste

21.10

Allmähliche Steigerung: **cada vez + Komparativ** **cada día + Komparativ**	*cada vez más caro* *cada día mejor*	immer teurer immer besser

22. Das Adverb – Umstandswort

Adverbien geben Auskunft auf Fragen wie: **wie?, wo?, wann?, in welchem Maße?** usw. Viele Adverbien sind leicht als Wortschatz zu lernen und anzuwenden. Die folgenden Erklärungen beschränken sich auf einige wichtige oder besondere Regeln und Formen.

22.1

Aus der weiblichen Form des Adjektivs entsteht durch Anhängen von **-mente** ein **Adverb:** **directa → directamente.**	*un tren directo* *es normal*	*va directamente* *normalmente es así*

Nicht selten wird mit **forma/ manera** umschrieben: *auf … Weise.*	*de una forma sencilla* = sencillamente	
	de manera diferente = diferentemente	
	de esta manera	so
	de otra manera	anders

22.2

Die Adverbien für *gut/schlecht* heißen **bien/mal.** Steigerung: **mejor/peor.**	*Estoy muy bien.*	Es geht mir gut.
	Habla mal.	Er spricht schlecht.
	Habla mejor/ peor que tú.	Er spricht besser/ schlechter als du.

22.3

Adverb + Adjektiv: Das Adverb dient der Verstärkung oder dem Vergleich des Adjektivs (caro). Vgl. 21.5 – 21.8.	*muy caro*	sehr teuer
	tan caro	so teuer
	más/menos caro	teurer/billiger
	mucho más caro	viel teurer
	bastante caro	ziemlich teuer
	demasiado caro	zu teuer
Adverb + Adverb: Ebenso wird durch ein Adverb ein anderes Adverb (temprano) abgestuft.	*muy temprano*	sehr früh
	tan temprano	so früh
	más/menos temprano	früher/später
	mucho más temprano	viel früher
	bastante temprano	ziemlich früh
	demasiado temprano	zu früh
Zeit- und Ortsadverbien werden durch **mismo** verstärkt.	*ahora mismo*	jetzt gleich
	aquí mismo	direkt hier

22.4

Verb + Adverb:		(muy)	*bien*
a) Qualität, Art und Weise: *wie?*	*trabaja*	(tan)	*mal*
		(bastante)	*rápidamente*
			más
wie im Vergleich?	*trabaja*	(mucho)	*mejor*
			peor

b) Quantität und Intensität *wie sehr (gefällt es ihm)?* *wie intensiv (liebt er sie)?* *wie viel (reist er, ißt er)?* (Vgl. ¡Cuánto lo siento! → 28.6)	*trabaja* *viaja* *le gusta* *la quiere* *come*	*demasiado* *mucho, muchísimo* *bastante* *tanto* *(muy) poco* *(mucho) más/menos*

22.5

Die Bedeutung einiger **deutscher Adverbien** wird im **Spanischen** durch **Verben** ausgedrückt:

gerade etwas tun	*está hablando*	er spricht gerade
gern etwas tun	*me gusta mirar*	ich schaue gern
lieber etwas tun	*prefiero esperar*	ich warte lieber
gleich etwas tun	*voy a llamar*	ich rufe gleich an
gerade getan haben	*acaba de llegar*	er ist gerade gekommen
weiter/immer noch tun	*sigue esperando*	er wartet immer noch
normalerweise etwas tun	*suele venir*	er kommt meistens
leider	*siento no poder ir*	ich kann leider nicht
wieder etwas tun	*volver a verle*	ihn wiedersehen
nochmal etwas tun	*volver a preguntar*	noch einmal fragen

23. Das Zahlwort

23.1 Grundzahlen

0	cero	10	diez	20	veinte	30	treinta
1	uno, una	11	once	21	veintiuno, -a	31	treinta y uno/una
2	dos	12	doce	22	veintidós	32	treinta y dos
3	tres	13	trece	23	veintitrés	40	cuarenta
4	cuatro	14	catorce	24	veinticuatro	50	cincuenta
5	cinco	15	quince	25	veinticinco	60	sesenta
6	seis	16	dieciséis	26	veintiséis	70	setenta
7	siete	17	diecisiete	27	veintisiete	80	ochenta
8	ocho	18	dieciocho	28	veintiocho	90	noventa
9	nueve	19	diecinueve	29	veintinueve	100	ciento; cien pesetas

101	ciento uno, una etc.	800	ochocientos, -as
		900	novecientos, -as
200	doscientos, -as	1000	mil
300	trescientos, -as	1100	mil cien
400	cuatrocientos, -as	2000	dos mil
500	quinientos, -as	100.000	cien mil
600	seiscientos, -as	1.000.000	un millón (de pesetas)
700	setecientos, -as	1.000.000.000	mil millones (Milliarde)

a) **uno/una: un** marco, veinti**ún** marcos, **una** peseta, veinti**una** pesetas

b) Die Endungen der Hunderter gelten auch vor Tausendern: quinient**as** pesetas, quinient**as** mil pesetas. *Aber:* quinient**os** millones de pesetas.

c) **ciento** wird vor Substantiven und größeren Zahlen verkürzt: **cien** pesetas, **cien** mil pesetas, **cien** millones de pesetas.

d) **millón** ist ein Substantiv, daher: **un millón de** pesetas → 31.6

e) Das Wort *Milliarde* fehlt im Spanischen, daher: **mil millones (de...)**

23.2

Grundzahlen werden verwendet - für Jahreszahlen („eintausend...“).	*en 1991 (mil novecientos noventa y uno)*	
- für das Datum, mit Artikel.	*el 1 de mayo de 1990 (el uno/primero)* *el 2 de mayo de 1990 (el dos de mayo)*	
- zur Angabe des Alters, mit **tener.**	*Tiene 10 años.*	Er ist 10.
- zur Angabe der Uhrzeit, mit Artikel **la/las** (ausführlich in Lektion 8).	*Es la una.* *Son las dos.*	Es ist 1 Uhr. Es ist 2 Uhr.

23.3 Ordnungszahlen

el primero → 21.4	el cuarto	el séptimo	el décimo
el segundo	el quinto	el octavo	(el once)
el tercero → 21.4	el sexto	el noveno	(el doce)

a) Ordnungszahlen (der erste, der zweite, usw.) werden – mit Ausnahme des Ersten – nicht für die Datumsangabe gebraucht. → 23.2

b) Ordnungszahlen werden meist nur bis zum zehnten – **décimo** – gebraucht. Dann treten die Grundzahlen ein: el piso **trece** – 13. Stock, el siglo **XX** (veinte) – das 20. Jahrhundert.

c) Ordnungszahlen sind gleichzeitig Bruchzahlen: **medio** kilo – ½, **un cuarto de** kilo – ¼, **un cuarto de hora** – eine Viertelstunde.

24. Das mit dem Verb verbundene Personalpronomen – Persönliches Fürwort

Das Spanische hat zwei verschiedene Serien von Personalpronomen. Die einen können allein oder mit einer Präposition stehen → 25, die anderen nur in Verbindung mit dem Verb. Abschnitt 24 behandelt diese „verbundenen Personalpronomen". Zuerst aber eine Übersicht über beide Serien.

Allein:	**Mit Präposition:**	**Beim Verb:** Dativ: *wem?*		Akkusativ: *wen/was?*
yo	mí (a mí, de mí)		me	
tú	ti (a ti, de ti)		te	
él, Vd.	él/Vd. (a él/a Vd.)	le		lo (le)
ella, Vd.	ella/Vd. (a ella/a Vd.)	le		la
ello	ello (para ello)	le		lo
nosotros, -as	nosotros, -as		nos	
vosotros, -as	vosotros, -as		os	
ellos, Vds.	ellos, Vds.	les		los
ellas, Vds.	ellas, Vds.	les		las
	sí		se	

24.1

Akkusativ der Person: *wen?*
lo wird in Spanien und Lateinamerika verwendet, **le** nur in Spanien, besonders in der direkten Anrede: **Le** invito (a Vd.).

me	invitan	mich
te	invitan	dich
lo/le	invitan	ihn, Sie
la	invitan	sie, Sie
nos	invitan	uns
os	invitan	euch
los	invitan	sie, Sie
las	invitan	sie, Sie

Die reflexiven (rückbezüglichen) Formen sind dieselben, mit Ausnahme von **se** – sich.	me lavo te lavas **se** lava nos lavamos os laváis **se** lavan	

24.2

Akkusativ der Sache: *was (kauft er)?* Das Pronomen für Gegenstände ist gleich dem Artikel, mit Ausnahme von **lo** (maskulin Einzahl).	(*el* coche) (*la* casa) (*los* libros) (*las* copas)	*lo* compro *la* compro *los* compro *las* compro
Das sächliche Pronomen heißt **lo.** Es bezieht sich auch auf ganze Aussagen.	(*todo esto*) (*¿Viene Paco*?)	*lo* compro No *lo* sé.

24.3

Dativ der Person: *wem?* (Auch für Sachen: ¿No funciona **el coche**? ¿Qué **le** pasa? – Was fehlt ihm?)	**me** escribe **te** escribe **le** escribe **nos** escribe **os** escribe **les** escribe	mir dir ihm, ihr, Ihnen uns euch ihnen, Ihnen
Reflexive (rückbezügliche Form): **se**	**se** compra algo **se** compran algo	er kauft sich etwas sie kaufen sich etwas
Den Dativ erfordern **preguntar** und **interesar.**	**le** pregunto (a Carmen) **le** interesa (a Carmen)	

24.4

Zwei Pronomen (Person + Sache): Das Pronomen der Person (wem?) steht vor dem der Sache (was?). **le/les** werden in dieser Verbindung durch **se** ersetzt: **se lo, se la, se los, se las.**	me / te / **se** / nos / os / **se** + lo / la / los / las + da	es mir es dir es ihm/ihr/Ihnen es uns es euch es ihnen/Ihnen

Das hier verwendete Ersatzpronomen **se** hat nichts zu tun mit dem rückbezüglichen **se** → 24.3.		
Zwei Pronomen (Person + Person): Das reflexive Pronomen **se** steht vor dem zweiten Pronomen der Person.	**Se me** acaba el dinero.	Das Geld geht „sich" mir aus.

24.5

Viele Verben bilden mit dem reflexiven Pronomen eine Bedeutungseinheit. Wir nennen sie **reflexive Verben.**	**llamarse** **marcharse/irse** **quedarse** **llevarse**	heißen weggehen dableiben mitnehmen

24.6

se + 3. Person Singular: „man". Wenn das Objekt im Plural steht, steht meist auch das Verb im Plural.	*Se habla español.* *¿Cómo se escribe?* *Se ven flores.*	Man spricht Spanisch. Wie schreibt man das? Man sieht Blumen. (Sie sind zu sehen.)

24.7

Das **Dativobjekt der Person** *(wem?)* wird häufig durch das Pronomen beim Verb ergänzt. Diese Verdoppelung **muß** sein, wenn das Objekt vorangestellt ist.	¿Qué *(le) pasa* a tu hermano? *A tu hermano,* ¿qué *le* pasa? *A mí me gusta* mucho, ¿y *a ti?* *¿A Vd. le gusta?*	
Ein zur Betonung **vorangestelltes Akkusativobjekt** wird durch das Pronomen beim Verb wieder aufgenommen.	Los libros *los tenemos* ya. (Die Bücher, die haben wir schon). A él no *lo invitan.*	
Dies gilt nicht für Fragepronomen.	*¿A quién llamas?* *¿Qué coche compras?*	
Wenn **todo** Akkusativ ist, steht meist zusätzlich **lo** beim Verb.	*Lo limpio todo.* *Lo entiendo todo.*	Ich mache alles sauber. Ich verstehe alles.

24.8

Das **„verbundene Personalpronomen"** steht	
a) **vor dem konjugierten Verb** (d. h. vor der Form, deren Endung die Person angibt.)	*La invito.* *La he invitado.* *Se lo traigo.*
b) **vor dem verneinten Imperativ.**	*No se preocupe Vd.* *No se moleste Vd.*
c) **angehängt an den Infinitiv** (oder das **Gerundio**).	*(para) mirarlo,* *mirándolo*
d) **angehängt an den bejahten Imperativ.**	*Llámeme Vd.* *Tráigamelo.*
e) Die Regeln a) und c) gelten gleichberechtigt nebeneinander.	*Les voy a traer / voy a traerles fotos.* *Las vamos a mirar. / Vamos a mirarlas.* *Lo quiero hacer. / Quiero hacerlo.* *Me están esperando. / Están esperándome.*

25. Das selbständige Personalpronomen – Persönliches Fürwort

Vergleichen Sie die Einleitung und die Übersichtstabelle → 24.

25.1

Der Nominativ der Person: ¿wer? Die Formen stehen zur Betonung beim Verb: Ahora hablo **yo.** Sie können auch ganz allein stehen: – ¿Quién es? – **El.**	*yo* *tú* *él* *ella* *usted (Vd.)*	*nosotros, -as* *vosotros, -as* *ellos* *ellas* *ustedes (Vds.)*
Das sächliche **ello** wird oft durch **esto** ersetzt.	*Ello* no le interesa. *Esto* no le interesa.	

25.2

Zur **Verbindung mit Präpositionen** (vgl. 20.4) gibt es nur zwei eigene Formen: **mí, ti.**
Die anderen sind gleich den Formen des Nominativs → 25.1.

a mí / a ti	mir, mich / dir, dich
para él, ella, Vd.	für ihn, sie, Sie
de nosotros, -as	von uns
con vosotros, -as	mit euch
a ellos, -as, Vds.	ihnen, Ihnen, sie, Sie

Das selbständige reflexive (rückbezügliche) Pronomen ist **sí:** sich.

Carmen alquila la casa *para sí misma.*
Juan habla sólo *de sí mismo.*

mí, ti, sí bilden zusammen mit der Präposition **con** Sonderformen: **conmigo, contigo, consigo.**

¿Va Vd. *conmigo?*	mit mir
Voy *contigo.*	mit dir
Habla *consigo* mismo.	mit sich

26. Das Possessivpronomen – Besitzanzeigendes Fürwort

26.1

Die nebenstehenden Formen stehen unbetont vor dem Substantiv. Mehrzahlbildung mit **-s: mis, tus,** usw.

mi	libro/casa	mein
tu		dein
su		sein, ihr, Ihr
nuestro, -a		unser
vuestro, -a		euer
su		ihr, Ihr

26.2

Die Formen **mío, tuyo, suyo** usw. können beim Sprechen betont werden. Mehrzahlbildung mit **-s.**

mío, mía	*nuestro, -a*
tuyo, tuya	*vuestro, -a*
suyo, suya	*suyo, suya*

Anwendungen:
ser + mío: mir gehören
ser + el mío: der meine sein
un + Substantiv + mío: ein… von mir
mío/nuestro steht in formellen Briefanreden.

Esta casa es mía.
Este libro es el mío.
un amigo mío, una foto mía

Muy señor mío/Muy señores míos:…

27. Das Demonstrativpronomen – Hinweisendes Fürwort

27.1

Mit **hinweisenden Fürwörtern** kann im Spanischen der Raum eingeteilt werden:	*este* / *ese* / *aquel* → señor	*estos* / *esos* / *aquellos* → señores
este – nahe beim Sprecher **ese** – näher beim Angesprochenen **aquel** – weiter entfernt: „jener"	*esta* / *esa* / *aquella* → señora	*estas* / *esas* / *aquellas* → señoras
Stehen die Formen allein (ohne Substantiv), tragen sie Akzent.	¿Cuánto cuesta *este* libro? *¿Y éste?*	
Die sächlichen Formen stehen oft in Verbindung mit **todo.**	*todo esto* *todo eso* *todo aquello*	alles das
Die sächlichen Formen ersetzen oft auch **ello** → 25.1.	*para esto* *por esto*	dazu, dafür deshalb

27.2

Das Geschlecht des Substantivs, auf das hingewiesen wird, wird berücksichtigt (nicht: „Das" ist…).	*Este es mi padre.* *Esta es mi madre.* *Estos son mis padres.*	Dies(er) ist… Dies(e) ist… Dies(e) sind…

28. Das Interrogativpronomen – Fragefürwort

28.1 Die wichtigsten Fragefürwörter

¿cuándo?	wann	**¿dónde?**	wo?
¿cuál?	welcher?	**¿adónde?**	wohin?
¿cuánto?	wieviel?	**¿qué?**	was?
¿cuántos?	wie viele?	**¿para qué?**	wozu?, wofür?
¿cuánto tiempo?	wie lange?	**¿por qué?**	warum?
¿cómo?	wie?	**¿quién?/¿a quién?**	wer?/wen?, wem?

28.2

Fragefürwörter (immer mit Akzent) stehen
- in der direkten Frage
- in der indirekten Frage
- im Ausruf

¿Cómo se llama ese señor?
No sé cómo se llama.
¡Cuánto me alegro! Wie sehr ich mich freue!

28.3

¿qué + Substantiv?: Welcher? Was für ein…?

¿Qué número de teléfono tiene Vd.?
¿Qué coche tiene Vd.?

28.4

¡qué + Substantiv/Adjektiv/Adverb! steht als Ausruf der Freude, Überraschung, des Entsetzens, usw.

Dem Adjektiv nach dem Substantiv wird oft **tan/más** hinzugefügt.

¡Qué día! Was für ein Tag!
¡Qué bien! Wie gut!
¡Qué guapa! Wie hübsch!

¡Qué chica más guapa!
¡Qué mariscos tan frescos!

28.5

¿cuál es...? ¿cuál de...? steht als Frage bei begrenzter Wahlmöglichkeit.	*¿Cuál (de los abrigos) quiere probarse?* *¿Cuál es su coche? ¿Ese?* *¿Cuál es su opinión?*	(„Was" ist...?)

28.6

¡cuánto + Verb! betont als Ausruf, wie stark oder intensiv die Handlung empfunden wird. (Vgl. 22.4 b).	*¡Cuánto lo siento!* *¡Cuánto me gusta!*	Tut mir so leid! Wie es mir gefällt!

28.7

(no) saber + Fragewort + Infinitiv verkürzt einen Fragesatz.	*No sé adónde ir.* *No sé qué hacer.*	Ich weiß nicht, wohin ich gehen soll. Ich weiß nicht, was ich tun soll.

28.8

Im Gegensatz zum Deutschen steht bei **gustar** kein Fragewort. Bei **parecer** steht nicht **¿cómo?**, sondern **¿qué?**	*¿Te gusta?* *¿Qué te parece?*	(Wie) gefällt es dir? Wie findest du es, was meinst du dazu?

29. Das Relativpronomen – Bezügliches Fürwort

Die spanischen Relativpronomen sind:

que → 29.1	der, die das; welcher, -e, -es
el cual, la cual, los/las cuales → 29.2	der, die, das; welcher, -e, -es
el que, la que, los que, las que → 29.2	der, die, das; derjenige, der
lo que → 29.3	(das,) was
quien → 29.1	der, die, das (nur für Personen)
cuyo, -a → 29.4	dessen, deren

29.1

que bezieht sich auf Sachen und Personen in der Einzahl und in der Mehrzahl.	*el señor que viene* *el señor que ves* *las cosas que compro*	der Herr, der kommt der Herr, den du siehst die Dinge, die ich kaufe
que steht auch nach (kurzen) Präpositionen.	*la casa en que vivo* *el amigo con que voy*	das Haus, in dem ich wohne der Freund, mit dem ich fahre
quien bezieht sich nur auf Personen.	*el señor de quien te he hablado.*	

29.2

Vor allem nach mehrsilbigen Präpositionen steht **el que/la que, el cual/la cual, los/las que, los/las cuales.**	el amigo *con el que* voy la plaza *cerca de la cual* está el hotel el hotel *delante del cual* estamos las chicas *de las que* hablo las condiciones *en las que* trabaja
el que usw. kann am Satzanfang stehen.	– ¿Qué zapatos? – *Los que están allí.* – ¿Qué amigo? – *El que viene de París.*

29.3

lo que + Verb ist eine häufige Einleitung, die der Betonung dient.	*Lo que tengo es sed.* *Lo que me interesa es…*	Durst habe ich, (nicht Hunger).
lo que steht häufig im indirekten Fragesatz statt des Frageworts **qué.**	*No sé qué quiere.* *No sé lo que quiere.*	Ich weiß nicht, was er will.

29.4

cuyo, cuya – dessen, deren – richtet sich nach dem folgenden Substantiv (und nicht nach dem „Besitzer“, wie im Deutschen).	*el señor cuya madre* *la señora cuyo padre*	dessen Mutter deren Vater

30. Das indefinite Pronomen – Unbestimmtes Fürwort

Wir führen hier nur einige Besonderheiten auf. Vgl. „man" → 24.6

30.1

todo + Artikel + Substantiv: ganz (Statt des Artikels kann das Possessivpronomen stehen.)	*todo el día* *toda la casa* *toda su familia*	den ganzen Tag das ganze Haus seine ganze Familie
todo lo + Adjektiv: alles … **todo lo que …:** alles, was …	*todo lo viejo* *todo lo que tengo*	alles Alte alles, was ich habe
todos + Artikel + Substantiv: alle	*todos los días* *todos sus amigos*	alle Tage, jeden Tag alle seine Freunde

30.2

cada + Substantiv oder **cada uno/una:** jeder (einzelne)	*cada año* *cada uno de Vds.*	jedes Jahr jeder von Ihnen

30.3

mismo, -a – selbst – steht nicht allein: **yo mismo, él mismo.**	*Carmen lo hace ella misma.*	Carmen macht es selbst.

31. Die Präpositionen – Verhältniswörter

Präpositionen (wie *in, an, auf*) haben viele Bedeutungen und Verwendungen. Dieser Abschnitt behandelt die wichtigsten Grundregeln und -bedeutungen.

31.1

en ist die wichtigste **Präposition des Orts.**	*en España* *en la mesa*	in Spanien auf dem Tisch
Es gibt aber auch Ortsangaben mit **a.**	*a la derecha* *a la izquierda* *al otro lado*	rechts links auf der anderen Seite

31.2

a ist die wichtigste **Präposition** für Angaben von **Richtung/Ziel.**	*ir a Sevilla* *ir al hotel*	nach Sevilla fahren ins Hotel gehen
a dient der Bildung eines **Dativs** und des **Akkusativs der Person.** → 20.4	*dar algo a Juan* *invitar a Juan*	(wem?) (wen?)
a steht zur Angabe der **Uhrzeit.** (Die folgende Tageszeit steht mit **de**.)	*¿a qué hora?* *a la 1 de la tarde*	um wieviel Uhr? um 1 Uhr mittags
a steht zur Angabe der **Entfernung** und in **Höhenangaben.**	*a 50 metros de aquí* *a 1.000 metros*	50 Meter von hier in 1000 m Höhe

31.3

por läßt **Ortsangaben** ungenauer erscheinen.	*por aquí*	hier irgendwo
por steht zu Ortsangaben in Verbindung mit einer **Bewegung.**	*un viaje por España* *pasar por el Banco* *ir por la autopista*	durch Spanien kurz zur Bank gehen Autobahn fahren
por steht zur Angabe des **Grundes.** (Es kann auch ein innerer Beweggrund sein).	*¿por qué?* *por eso* *Lo hago por ti.*	warum? deshalb für dich, deinetwegen
por steht zur Angabe des **Preises.**	*por 1.000 pesetas*	für 1000 Peseten
por steht zur Angabe der **Art der Übermittlung/Übersendung.**	*por carta* *llamar por teléfono*	per Brief anrufen, per Telefon
Aber: **en**, wenn man selbst in dem Verkehrsmittel fährt.	*ir en tren*	mit dem Zug fahren

31.4

antes de bezeichnet einen Zeitpunkt, **vor dem** etwas geschieht.	*antes de las dos* *antes de comer*	vor zwei Uhr vor dem Essen → 31.8
hace + Angabe eines **Zeitraums** gibt an, **wie lange etwas her ist.** Oft folgt ein daß-Satz: **hace años que…** – es ist Jahre her, daß…	*hace una hora* *Hace años que no fumo.*	vor einer Stunde (es ist 1 Stunde her) Schon seit Jahren rauche ich nicht mehr.
desde hace + Angabe eines **Zeitraums** gibt an, **wie lange schon** etwas der Fall ist.	*Estoy esperando desde hace una hora.*	seit einer Stunde (seit einem Moment, der eine Stunde her ist)

31.5

para weist auf **Ziel, Zweck, Bestimmung** hin (**para + Infinitv** → 31.8).	*una carta para Vd.* *fruta para el viaje*	für Sie für die Reise

31.6

de steht zur Verbindung von **Substantiven**. (Bindestrich ist sehr selten).	*el número de teléfono* *el coche-cama*	die Telefonnummer der Schlafwagen
de steht als Verbindung zwischen **Substantiv und Infinitiv.**	*Tengo ganas de ir al cine.*	Ich habe Lust, ins Kino zu gehen.
de steht nach (substantivischen) **Mengenangaben.**	*un vaso de vino* *un poco de queso* *algo de deporte*	ein Glas Wein etwas Käse etwas Sport
de bezeichnet einen **örtlichen** oder **zeitlichen Ausgangspunkt.**	*de aquí a Madrid* *de 3 a 5*	von… nach… von… bis…

31.7

Viele Verben verlangen die Verwendung einer bestimmten Präposition. Nach der Präposition kann ein Infinitiv, ein Substantiv, ein Pronomen oder ein Nebensatz stehen:

Me acuerdo de	haberlo visto. su amigo. él. que lo ha dicho. lo que ha dicho.	Ich erinnere mich	es gesehen zu haben. an seinen Freund. an ihn. daß er es gesagt hat was er gesagt hat.

acabar de hacer	gerade getan haben	*Acabo de llamar por teléfono.*
acordarse de	daran denken zu	*Acuérdate de saludarlos.*
alegrarse de	sich freuen über	*Me alegro de verle.*
aprender a	lernen zu	*Aprendo a esquiar.*
ayudar a	helfen zu	*Te ayudo a hacer las camas.*
cambiar por	(um)tauschen gegen	*He cambiado el jersey por otro.*
cambiar de	wechseln, umsteigen	*Cambiamos de tren.*
decidirse a	sich entschließen zu	*Me he decidido a hacerlo.*
dejar de	aufhören zu	*Voy a dejar de fumar.*
empezar a	anfangen zu	*Empieza a llover.*
enfadarse con	sich ärgern über	*Me he enfadado con él.*
entrar en	hineingehen in	*Entramos en la tienda.*
informarse de	sich erkundigen nach	*Me voy a informar del horario.*
invitar a	einladen zu	*Te invito a tomar café.*
llegar a	ankommen in	*Mañana llegamos a Barcelona.*
ocuparse de	sich kümmern um	*Me ocupo de los niños.*
olvidar (ohne Präpos.)	vergessen zu	*No olvide Vd. llamarme.*
olvidarse de	vergessen zu	*No se olvide Vd. de llamarme.*
pensar en	denken an	*Siempre pienso en ella.*
preguntar a → 24.3	fragen (span.: wem?)	*Pregunte a un guardia.*
preguntar por	fragen nach	*¿Han preguntado por mí?*
quedar en	vereinbaren zu	*Hemos quedado en vernos mañana.*
quedar con	sich verabreden mit	*He quedado con mis amigos.*
quedarse con	behalten	*Me quedo con este jersey.*
tardar en	(Zeit) brauchen, um zu	*Tardamos una hora en llegar.*
terminar de	aufhören zu	*¿Cuándo terminas de trabajar?*
tratar de	versuchen zu	*Vd. puede tratar de llamarme.*
se trata de	es geht um	*¿De qué se trata?*
volver a → 22.5	wieder tun	*Mañana volvemos a vernos.*

31.8 Präposition + Infinitiv statt Nebensatz

para + Infinitiv: um zu...	*Aprendemos español para ir a España.*	...um zu fahren...
antes de + Infinitiv: vor/bevor...	*antes de comer*	vor dem Essen
después de + Infinitiv: nach/nachdem...	*después de comer*	nach dem Essen
	después de llamar	nachdem ich angerufen habe
al + Infinitiv gibt den **Zeitpunkt** an, in dem etwas geschieht/geschah.	*Siempre paso por aquí al salir de la oficina.*	..., wenn ich aus dem Büro komme.
	Le he visto al salir de la oficina.	..., als ich aus dem Büro kam.
sin + Infinitiv: ohne zu...	*Lo vamos a hacer sin perder tiempo.*	...ohne Zeit zu verlieren.

32. Konjunktionen – Bindewörter

Konjunktionen verbinden Satzteile oder Sätze. Die wichtigsten Konjunktionen:

y	und	**cuando**	wenn/als
o	oder	**mientras**	während
pero	aber	**porque**	weil
aunque	obwohl	**como**	wie/da
que	daß	**si**	ob/wenn
para que → 6.7	damit	**si no,...**	sonst

32.1

cuando stellt eine **zeitliche Beziehung** zwischen Handlungen her: **immer wenn...; als...; sobald...**

Cuando tengo tiempo, me gusta leer.
Cuando salí, llovía.
Cuando venga mi padre, se lo digo.

si nennt eine **Voraussetzung** oder **Bedingung: wenn = falls.** → 11.3.

Si mañana tengo tiempo, te llamo.
Si tuviera tiempo, te llamaría.

32.2

porque leitet eine **nachgestellte, como** eine **vorangestellte Begründung** ein.	Hoy no voy *porque no tengo tiempo.* *Como no tengo tiempo,* no voy hoy.

32.3

In der indirekten Frage steht ein Fragewort oder **si** - ob.	*No sé si viene.* *No sé cuándo viene.*	Ich weiß nicht, ob er kommt. Ich weiß nicht, wann er kommt.

33. Die Negation - Verneinung

no ist die wichtigste Verneinung. Sie steht **vor dem Verb** bzw. **vor dem verbundenen Pronomen.**	*No voy.* *No me gusta.* *Todavía no sé.* *Ya no viene.* *No tengo teléfono.* *Hoy no, sino mañana.*	Ich gehe nicht. Es gefällt mir nicht. Ich weiß noch nicht. Er kommt nicht mehr. Ich habe kein Telefon. Heute nicht, sondern morgen.
Verneinungen, die nach dem Verb stehen, werden vor dem Verb durch **no** angekündigt.	*No lo sabe nadie.* *No veo a nadie.* *No lo sabe ninguno de ellos.* *No he visto nada.* *No voy nunca.* *Yo no voy tampoco.*	(niemand) (niemand[en]) (keiner von ihnen) (nichts) (nie) (auch nicht)

33.1

ni setzt eine **vorangegangene Verneinung** fort.	*No lo conozco ni me interesa.*	
ni - nicht einmal ist eine **verstärkte Verneinung**.	*ni una peseta* *No puedo ni comer.*	(keine einzige) (nicht einmal)
no ..., ni mucho menos: überhaupt nicht	*No es tonto, ni mucho menos.*	Er ist alles andere als dumm.

33.2

Andere Verneinungen: **poco + Adjektiv** **nada + Adjektiv**	*Lo veo poco caro.* *No es nada caro.*	(nicht teuer) (gar nicht teuer)
des- und **im-**	*desagradable* *imposible*	(unangenehm) (unmöglich)
en absoluto - überhaupt nicht	- ¿Le molesta? - *En absoluto.*	

III. Alphabet, Schrift und Aussprache, Betonung und Akzent

34. Das Alphabet

a	b	c	ch	d	e	f	g	h	i	j	k	l
a	**be**	**ce**	**ce hache/che**	**de**	**e**	**efe**	**ge**	**hache**	**i**	**jota**	**ka**	**ele**
ll	m	n	ñ	o	p	q	r	rr	s	t	u	v
elle	**eme**	**ene**	**eñe**	**o**	**pe**	**cu**	**erre**	**erre doble**	**ese**	**te**	**u**	**uve**
w	x	y	z									
uve doble	**equis**	**y griega**	**zeta**									

ch, ll und **rr** können nicht getrennt werden. **ch** und **ll** gelten auch im Alphabet von Wörterbüchern als eigener Buchstabe (in der angegebenen Reihenfolge).

35. Schrift und Aussprache

a) **Vokale – Selbstlaute**
Alle Vokale werden kurz und offen (hell) gesprochen.

i, u sind „schwächer“ als **a, e, o** und bilden deshalb mit einem anderen Vokal eine einsilbige Einheit (Diphthong, Doppellaut):

ie:	bien, tie-ne, vie-ne	**ei:**	vein-te, trein-ta
ue:	bue-no, nues-tro, nue-ve	**eu:**	Eu-ro-pa
ia:	Bo-li-via, gra-cias	**ai:**	vais, to-máis
ua:	cua-tro, in-di-vi-dual	**au:**	gau-cho
iu:	ciu-dad	**ui:**	Lui-sa

b) **Konsonanten – Mitlaute**

b Am Wortanfang und nach **n, m:** **b** zwischen den Lippen.	bien, buenas tardes, buenos días, en Bolivia
Zwischen Vokalen und in **-bl-, -br-: w** zwischen den Lippen.	¡qué bien!, muy buenas tardes, hablar, abrir

c	**ca-, co-, cu-, -c: k** gesprochen, ohne nachfolgenden Hauchlaut. **ce-, ci-:** wie stimmloses englisches **th** gesprochen.	carta, poco, cosa, Cuba, cuatro, coñac, lec-ción centro, cerca, gracias, internacional, lec-ción
ch	**tsch** gesprochen.	ocho, ochenta, mucho, muchas gracias
d	Am Wortanfang und nach **n: d.** Zwischen Vokalen: ähnlich einem englischen stimmhaften **th.**	aprender, entender, con ducha, radio, moderno
g	Als **g** gesprochen, jedoch meist weicher als im Deutschen. **ge-, gi-:** als **ch**-Laut gesprochen. **gue-: ge-** gesprochen.	grupo, gracias, tengo, me gusta gente, general, Giralda, Gerona, Miguel
h	Wird nicht ausgesprochen.	hola, hotel
j	Als **ch**-Laut gesprochen.	garaje, trabajo, mujer, junio, julio
k	**k** gesprochen (Fremdwörter).	kilo, kilómetro, folklore
ll	**„lj"** oder **j-** gesprochen.	se llama, calle
ñ	**„nj"** gesprochen.	España, español
p	Ohne nachfolgenden Hauchlaut.	para aprender, España, grupo
qu	**k** gesprochen (in **que-, qui-**)	¿qué número?, ¿quién?, máquina
r	Zungen-**r**, kurz gerollt. Am Wortanfang und nach **n-** stark gerollt.	Perú, hablar, para, aprender, la radio, el restaurante, en Roma
rr	Zungen-**r**, stark gerollt.	cerrar
s	Stimmlos gesprochen.	televisión, vamos
t	Ohne folgenden Hauchlaut.	televisión, hotel, restaurante
v	Ebenso wie **b** je nachdem, ob am Wortanfang oder zwischen Vokalen.	vamos, veinte televisión
w	Nur in Fremdwörtern.	(whisky, Washington)
x	Nicht zu hartes **x.** Vorsilbe **ex-** vor **-p, -t, -c** häufig **es-** gesprochen.	taxi exportación, explicar, excursión

y	**i** gesprochen, steht am Wortanfang und -ende im Doppellaut. Ebenso zwischen Vokalen.	y, yo, muy, Uruguay leyendo
z	Wie stimmloses englisches **th** gesprochen. (Nur in **za-**, **zo-**, **zu-**, und **-z** geschrieben).	plaza, marzo, azúcar, Jerez, diez

Die Aussprache legt damit in fast allen Wörtern die Schreibung fest. Ausnahmen: **h** ist nicht hörbar, die Aussprache von **b/v** wird nicht unterschieden, für die Schreibung von **je/ge** und **gi/ji** gibt es keine Regeln.

36. Betonung und (geschriebener) Akzent

Für die Betonung ist die Zahl (und Zählung) der Silben sowie die Endung des Worts wichtig. In 35.a ist erklärt, daß **i** oder **u** zusammen mit einem weiteren Vokal (Selbstlaut) nur eine Silbe bilden.

a) Die meisten Wörter enden auf einen **Vokal,** auf **-n** oder auf **-s. Die vorletzte Silbe ist betont.**	**Vokal:** **ra**dio, **car**ta, latinoameri**ca**no **-n:** **Car**men, **to**man **-s:** **car**tas, ga**ra**jes, **to**mas, **va**mos
b) Wörter, die auf **Konsonant (außer -n** und **-s)** enden, sind **auf der letzten Silbe betont.**	espa**ñol**, ho**tel**, internacio**nal**, habl**ar**, entend**er**, Ma**drid**, us**ted**
c) Wörter, die von den Regeln a) oder b) abweichen, tragen **Akzent.**	**nú**mero, **Mé**xico (**drittletzte Silbe**) est**á**, Per**ú** televisi**ó**n, habitaci**ó**n quiz**á**s, Tom**á**s
Der Akzent trennt auch den Doppellaut.	Ma-r**í**-a, d**í**-a, o-**í**-a
d) Aus Gründen der Unterscheidung tragen Fragewörter und einige andere Akzent.	como — da, wie ¿c**ó**mo? — wie? mi — mein a m**í** — mich

Damit Sie schneller vorwärts kommen

Wolfgang Halm/Alberto Barrera-Vidal

Spanischer Mindestwortschatz

Neubearbeitung

164 Seiten, kt. DM 16,80 öS 131,–

ISBN 3-19-004058-3

Der Wortschatz enthält ca. 1600 wichtige Wörter in alphabetischer Reihenfolge. Durch Anwendungsbeispiele können Sie Ihre Kenntnisse selbständig überprüfen, festigen und erweitern.

Wolfgang Halm

Das spanische Verb

Systematische Konjugationstabellen
Gebrauch der Zeiten und Modi

88 Seiten, kt. DM 13,50 öS 105,–

ISBN 3-19-004005-2

Die wichtigsten Konjugationsmuster für die Hilfsverben, die regelmäßigen und die unregelmäßigen Verben und die Gruppenverben sind in weitgehend vollständigen, übersichtlichen Tabellen dargestellt.

Wolfgang Halm

Moderne spanische Kurzgrammatik

244 Seiten, kt. DM 30,– öS 234,–

ISBN 3-19-004020-6

Das Werk gibt einen klaren Überblick über die grammatischen Erscheinungsformen der spanischen Sprache.

Spanisch zum Zuhören

30 Dialoge aus dem Alltag

2 Cassetten (136 min)
1 Begleitheft (32 Seiten)
zusammen DM 26,– öS 234,– △

ISBN 3-19-004063-X

Ein Hörprogramm für „nebenbei" – auf dem Weg zur Arbeit, in der Freizeit – wann immer ein paar freie Minuten bleiben. Geeignet für alle, die vorhandene Fremdsprachenkenntnisse mühelos auffrischen und sich mit Alltagssprache vertrauter machen möchten.

△ = unverbindliche Preisempfehlung

Absender

Name

Vorname

Straße/Nr.

Postleitzahl/Wohnort

Bitte bestellen Sie bei Ihrer Buchhandlung.

Auskunft erteilt gern:
Max Hueber Verlag
Postfach 1142
85729 Ismaning

4060/1.3

sprachen der welt
hueber

bitte frankieren

Antwort
Postkarte – Carte Postale